小胖微商课堂 系列丛书①

（入门版）

胡小胖 著

人民日报出版社

图书在版编目（CIP）数据

小胖微商课堂：微商升职记：入门版 / 胡小胖著.
—北京：人民日报出版社，2017.7
ISBN 978-7-5115-4828-3

Ⅰ.①小… Ⅱ.①胡… Ⅲ.①网络营销 Ⅳ.
①F713.365.2

中国版本图书馆CIP数据核字（2017）第180284号

书　　名：	小胖微商课堂：微商升职记：入门版
作　　者：	胡小胖
出 版 人：	董　伟
责任编辑：	袁兆英
封面设计：	中尚图
出版发行：	人民日报出版社
社　　址：	北京金台西路2号
邮政编码：	100733
发行热线：	（010）65369527　65369512　65369509　65369510
邮购热线：	（010）65369530
编辑热线：	（010）65363105
网　　址：	www.peopledailypress.com
经　　销：	新华书店
印　　刷：	北京天宇万达印刷有限公司
开　　本：	710mm × 1000mm　1/16
字　　数：	345千字
印　　张：	22
印　　次：	2017年9月第1版　2017年9月第1次印刷
书　　号：	ISBN 978-7-5115-4828-3
定　　价：	59.00元

你好，我叫胡小胖！

一转眼，微商已经走过了好几个年头，也许很多人听见微商这个词仿佛还在昨天。但时间就是过得这么快，正如我从一个帅小伙不知不觉也变成一个发福的胖子。

当读者在看一本书的时候，习惯性的会去研究作者，以此来衡量这本书可能存在的价值。也许有些小伙伴会疑惑：胡小胖是何方神圣，又或者是何方妖孽？我想说的是，胡小胖既不是神圣，也不是妖孽，我只是千千万万微商人中的光荣一员。其实，胡小胖是谁并不重要，重要的是你能从这本书中获得什么。

胡小胖其实不是我的本名，只能算是一个艺名或昵称。但就是这么一个艺名，他在我生活中的使用频率却远远超过了我的本名。为什么不用本名而用艺名呢？原因很简单，因为我的本名不具备易记性，自然也不具备传播性。

在这个人人都想打造自明星的时代，要想让别人记住你是谁，名字尤为重要。于是我们会发现，在微商圈中，很多微商导师或大咖都给自己取了一个艺名。所以，如果你觉得自己的本名不具备易记性，但又想在微商圈中混出个名来，不妨也给自己取一个易于记忆和传播的艺名。

有小伙伴曾和我说，胡小胖这个名字虽然易于记忆和传播，读起来也很顺溜，但是总感觉有点俗气，不够诗情画意。其实，胡小胖这个名字并不是我自己取的，而是我老婆平时在家使唤我的名字。例如，"胡小胖，赶紧把碗洗了！"

至于为什么给我取名叫胡小胖,据我老婆说,她是从《失恋33天》中汲取的灵感。因为这部剧中的男女主角就叫"王小贱"、"黄小仙",加上我本名姓胡,又是个胖子,于是"胡小胖"便诞生了。慢慢的,我也就习惯了这个名字,最后索性就当作艺名用了。有时候,我甚至怀疑我老婆已经把我的本名忘记了,也许在她心中,我就叫"胡小胖"。

有小伙伴会问,为什么我要讲胡小胖这个名字的由来呢?原因很简单,为了加深你对我名字的记忆,这样有利于我将自己的个人品牌软植入到你的大脑中。现在不妨闭着眼回想一下,我叫什么名字?没错,胡小胖。所以,如果你也想让别人记住你的名字,你需要赋予你的名字一个由来的故事,这样才会让别人加深对你名字的记忆。

这是一本关于微商的书籍。谈到微商,也许很多人并不陌生,尤其是2014年的微商红利期,那一年"微商"这个词被推上了风口浪尖。现在,随着微商慢慢的被人们所接受和肯定,每天都有成百上千,又或是成千上万的人加入微商这个行业。

微商,是一个能让创业者点燃梦想的地方,是一个能让梦想不再遥不可及的地方,是一个能让草根逆袭的地方。只要脚踏实地,梦想的终点就会一步步的接近,奇迹也将一次次的发生。

马云说过:很多人输就输在,对于新兴事物,第一看不见,第二看不起,第三看不懂,第四,来不及。小胖希望通过这本书,让那些看不见、看不起、看不懂微商的人,能够看得见、看得起、看得懂,最终来得及,这也是我写这本书的初衷。我希望有更多像我一样的草根创业者能够在微商的创业路上来一次华丽的逆袭。

《小胖微商课堂》是一个系列书籍,框架内容大致规划为微商梦想篇、微商基础篇、微商装修篇、微商粉丝篇、微商营销篇、个人品牌篇、微商社群篇、微商团队篇、微商文案篇等等。这些篇章将覆盖微商需要学习的大部分知识领域。

这本书是系列书籍的第一本书，将从微商梦想篇、微商基础篇、微商装修篇和微商粉丝篇来展开讲解。

由于小胖个人的知识和经验是有限的，有些观点和看法不一定都是对的。作为读者的你，需要学会去其糟粕，取其精华。总之，如果觉得小胖讲得有道理，你就吸收有益的部分，然后思考如何将这部分内容运用到微商的实践中。如果觉得小胖讲得没道理，你也可以找我吐槽一下，然后左耳进，右耳出，就当随风烟消云散。

和其他微商书籍不一样的是，这本书的配套图片并不多，大多是文字描述。这么做的原因并不是舍不得印刷成本，而是这本书有配套的视频版。没错，这是第一本可以读、可以听、也可以看的微商书籍。在视频版本中，我们向你展示的信息将远比图片更加丰富。

所以，小胖一直认为，看这本书的正确开场模式应该是：一边拿着书籍，一边看视频讲解。就像学生时代的我们，一边拿着课本，一边听着老师授课。视频版本可以在微信公众号"小胖分享圈"或"小胖微商课堂"中观看。

在阅读本书的过程中，如果你有任何的疑问，欢迎随时找小胖沟通。小胖的微信号在公众号"小胖分享圈"或"小胖微商课堂"中可以找到。

当读完这本书后，如果你觉得这本书对你有价值，给了你一些新的思考和感悟，还希望你能够将这本书分享到朋友圈，让更多的人来了解微商，让更多想从事微商的人少走弯路。当然，作为感谢，如果你愿意，可以将分享的截图发送给我，我会回馈给你一份超值的惊喜。

目 录　　　　　　　　　　　　　　　　小　　胖　　微

微商梦想篇

01 第一章

002

第一课　什么是微商　　　003

- 购书人群分析　　　　　005
- 微商的定义　　　　　　006
- 微商的英文诠释　　　　007
- 微商的广狭义　　　　　008
- 微商的类型　　　　　　009
- 微商的误区　　　　　　010
- 课堂小结　　　　　　　011

第二课　为什么要做微商　　012

- 移动互联网现状分析　　　　　013
- 微商主要社交工具和载体——微信　014
- 新形势下的创业分析　　　　　016
- 微商创业的优势　　　　　　　018
- 课堂小结　　　　　　　　　　019

第三课　哪些人适合做微商　　021

- 人人的创业梦　　　　　021
- 微商的创业情怀　　　　022
- 小马过河的故事　　　　023
- 哪些人群适合做微商　　025
- 微商的职业类型　　　　028
- 微商创业需要理性　　　029
- 真实的微商创业历程　　030
- 课堂小结　　　　　　　031

第四课	微商的未来趋势	032
	微商之痛	032
	微商的时代背景	033
	微商的六个趋势	034
	课堂小结	040

第五课	微商存在的误区和解读	041
	微商与刷屏	041
	微商与囤货	042
	微商与加粉	044
	微商与价格高、品质差	045
	课堂拓展	046

微商基础篇

第二章 050

第一课	微商的运营模式（一）	051
	微商和线下模式的异同点	051
	微商代理销售模式解析	053
	微商升职记	056
	微商模式的思考	059
	课堂小结	062

第二课	微商的运营模式（二）	063
	微商分销模式	063
	微商直营模式	066
	课堂小结	067

第三课　微商如何选对产品　　068

微商选品的要求　　068
新老品牌和大小品牌的博弈　　077
选品不当的思考　　078
课堂小结　　080

第四课　微商需要具备的思维　　081

产品思维　　081
社交思维　　083
社群思维　　084
信任思维　　085
分享思维　　087
团队思维　　089
课堂小结　　090

微商装修篇

第三章　092

第一课　微商必备的硬件工具　　093

手机　　093
电脑　　095
拍照神器　　095
170手机卡　　096
快递公司　　096
快递单打印机　　099
课堂小结　　100

第二课　微商必备的软件工具　　101

聊天工具　　101
微商辅助工具　　104
手机小号　　106
美图工具　　107
支付工具　　108
淘宝店　　108
微网店　　110

办公三剑客	110
草料二维码	112
网络存储工具	115
荔枝FM	116
录屏工具	117
其他工具	118
课堂小结	120

第三课　微信朋友圈装修技巧　　121

微信号	122
微信名	124
微信头像	127
个性签名	129
相册封面	129
课堂小结	130

第四课　QQ朋友圈装修技巧　　131

QQ号	131
QQ名	132
QQ头像	132
个性签名	133
背景商城	133
QQ空间	134
课堂小结	137

第五课　微信公众号的创建和使用　　139

艰难的决定	140
公众号的作用	141
公众号的创建步骤	142
公众号的使用	144
如何找到公众号	148
微商公众号使用现状	148
课堂小结	150

微商粉丝篇

第四章 152

第一课	微商吸粉大法之主动出击	153
	微信导入加粉	154
	QQ群加粉	154
	微信群加粉	155
	淘宝店主加粉	157
	如何编写验证语	157
	课堂小结	159

第二课	微商吸粉大法之引流入室（一）	160
	QQ群吸粉	161
	微信群吸粉	172
	QQ空间和公众号吸粉	176
	课堂小结	178

第三课	微商吸粉大法之引流入室（二）	179
	百度知道吸粉	179
	百度贴吧吸粉	187
	百度文库吸粉	194
	百度热词吸粉	197
	百度网盘吸粉	199
	百度经验吸粉	202
	百度百科吸粉	202
	百度付费吸粉	202
	课堂小结	205

第四课	微商吸粉大法之引流入室（三）	207
	淘宝论坛引流	207
	淘宝评价引流	209
	淘宝回复引流	215
	淘宝店铺引流	216
	淘宝合作引流	217
	课堂小结	218

第五课　微商吸粉大法之引流入室（四）　220

- 微博引流　220
- 视频引流　224
- 微信群导航站引流　227
- 热播剧引流　228
- 分类信息引流　229
- 转介绍引流　231
- 课堂小结　234

第六课　微商吸粉大法之引流入室（五）　235

- 活动引流　235
- 付费推广引流　243
- 吸粉引流的辅助工具　245
- 课堂小结　246

第七课　微商吸粉大法之线下引流（一）　247

- 活动聚会引流　247
- 培训活动引流　254
- 课堂小结　261

第八课　微商吸粉大法之线下引流（二）　262

- 门店引流　262
- 地推扫码　266
- 课堂小结　274

第九课　微商吸粉大法之线下引流（三）　275

- 合作引流　275
- 线下媒体引流　281
- 事件引流　283
- 课堂小结　289

第十课　微商吸粉大法之思维拓展（一）　291

- 粉丝的类别　291
- 微商引流思维　293
- 微商引流方法的类型　294
- 微商掉粉的原因　294
- 鱼塘和大海的故事　297
- 微商运营公众号的思维　297
- 微商运营公众号的思路　298
- 公众号运营三部曲　299
- 公众号的引流方法　308
- 个人微信引流精准粉　309
- 课堂拓展一　310
- 课堂拓展二　312

第十一课　微商吸粉大法之思维拓展（二）　314

- 上家和下家的博弈　314
- 大战僵尸粉　315
- 如何玩转微信规则　320
- 微信养号三部曲　325
- 微信安全操作范围　330
- 微信常见问题解答　331
- 微信常见诈骗手段　332
- 课堂小结　335

第一章
微商梦想篇

第一课
什么是微商

第一课

什么是微商

时间总是过得很快,这让我想起了学生时代英语课本中的一句话,"How time flies"。在我的印象中,依然很清晰地记得去年的今天我在忙活什么。2016年的下半年,我花了整整半年的时间,只做了一件事,那就是创立了一个以微商为主体的资源和知识对接的社群——小胖分享圈。

从2016年下半年开始,我们不断地在摸索中前行,在前行中成长,在成长中一直思索着如何才能更好地服务于社群成员?如何更好地帮助社群成员做好资源和知识的对接?这种思索将伴随着小胖分享圈的成长一路前行。值得欣慰的是,经过一段时间的探索,我和我的社群小伙伴在微商领域都有了长足的进步。这种进步是相互给予的:当我服务于社群成员的同时,也从他们的互动中汲取了宝贵的经验和知识,这些经验和知识又形成了我对微商的新思维。

2017年,是小胖分享圈真正意义上的创始元年,因为2016年下半年都处于社群运营的摸索期。虽然在摸索期积累了一定的经验,但我认为这种经验远远不足。所以在2017年上半年,我并没有积极主动地招募新成员,只是通过社群成员的口碑传播,招募了一些我认为适合在社群摸索期成长的微商伙伴。

让我感到很欣慰的是,即使是口碑传播,也依然有很多的微商小伙伴申请加入小胖分享圈，在此，我一并表示感谢。在这期间，我也拒绝了一些人的入群申请，也有很多的被拒绝者理解我们的用心良苦。被拒绝不是他们不够优秀，而是小胖分享圈在当时还不够好。小胖分享圈入群后的会员资格只有三年，期限满后需要重新加入。所以，既然想加入，何不等我们成熟了再加入，届时获得的价值也将最大化，至少让三年的学费没有白交。当你看到这本书的时候，我们也许已经开始正式招募了，届时欢迎你的加入。

很多申请入群的小伙伴喜欢问一个问题：为什么会员资格只有三年期限？

我觉得这个问题应该这样问：为什么会员资格居然有三年期限？没错，你应该感到惊喜，而不是充满疑惑。如果你加入过其他有价值的付费社群，应该知道很多社群的会员资格都只有一年期限，目的在于让社群永远充满活力。小胖自己每年都会加入很多有价值的付费社群，会员资格的期限都是一年，每年我都会续费重新加入。

原本我也想将会员期限定为一年，但想想微商还是抱团比较暖和，就索性定为三年，这应算是一个比较合理的期限。如果在小胖分享圈的三年里，你不能从社群中收获到任何有价值的信息，给你再多的三年也没有用。如果在小胖分享圈的三年里，你收获的价值不能让你赚到续费的钱，给你再多的三年也没有用。所以，三年的时间，足矣。

由于"小胖分享圈"有五个字，读起来比较费劲，所以微商圈子里的人习惯性地将它简称为"胖圈"。但胖圈的小伙伴觉得这个简称会让大众误认为是一个胖子聚集的圈子，所以他们又给"胖圈"取了一个洋气的名字，内部代号"PQ"。按照这种逻辑，胖圈的社群就叫"PQ社群"或"PQ圈"。

也许很多人会觉得全名很俗气，简称很有趣，代号很洋气，但无论这个社群是叫"小胖分享圈"，还是叫"胖圈"，又或是内部代号"PQ"，这些都不重要，重要的是这个社群存在的意义。

小胖分享圈存在的意义在于整合微商资源和知识，让需要对接资源和知识的人聚集在一起。简单的理解，这是一个聚集微商人的社群和圈子。在这个圈子里，有分享知识和经验的微商，也有想学习知识和经验的微商；有寻求上家的微商，也有招募下家的微商；有微商导师和大咖，也有创业小白和创业迷茫的微商。在这里，只有微商，都是微商。

购书人群分析

微商经历了四五个年头，期间各种微商培训和书籍已经琳琅满目。按理说，你已经不缺一本像我这样的关于微商营销方面的书籍。所以，小胖一直在想，现在还愿意买我这本书的小伙伴究竟会是哪些人呢？想来想去，可能是以下三种人群。

第一种人群：想加入微商，但目前还在犹豫和徘徊。

犹豫和徘徊，也许是因为对微商的不了解，又或是道听途说，对微商前途产生未知的担忧。

如果是对微商不了解，我想这一本书或许可以帮你答疑解惑，你唯一要做的就是认认真真地把这本书看完。

如果是道听途说对微商的前途担忧，这本书或许依然可以帮你答疑解惑，本篇后面有一堂课是关于微商趋势分析的，或许你可以尝试坚持看到那堂课，然后再考虑是否选择从事微商。

第二种人群：刚刚加入微商的新手，但目前不知所措。

如果说在三四年前的微商萌芽和红利期，不管你会不会做微商，只要加入到这个行业，或多或少都可以赚到一桶金。就像去鱼塘抓鱼，面对着密密麻麻的鱼，即使闭着眼睛我们都可以抓到一条。

但现在的微商经历了几年的发展，已经处于稳定和成熟期，这个时候就不是每个人都可以抓到鱼了。有人会问，鱼塘的鱼变少了吗？小胖认为鱼没有变少，而是变精了，或者钻到泥巴里又或者藏到石缝里。这个时候，我们再想浑水摸鱼就难了，因此，我们需要学会另外一种生存法则——钓鱼，钓鱼就需要一定的本领和技巧。和钓鱼一样，想做好现阶段的微商就需要有一定的微商运营知识和技巧。

第三种人群：微商做得不是很满意或者一塌糊涂，但有一颗不甘放弃的心，想重新学习。

正如上面所说，鱼塘里的鱼已经变得很精明，想得到鱼，我们需要学习钓鱼的本领。当初那批能够浑水抓到鱼的微商，也许在现阶段不能够像当初那样得心应手了。

微商在发展，我们的知识储备也应该与时俱进。虽然之前微商做得不是很满意，但我相信，只要有一颗不甘放弃的心，愿意静下心来重新学习，我们依然可以东山再起。失败算什么，大不了从头再来。

微商的定义

不管你是上面哪种人群，现在我们一切从头开始。既然做微商，那我们就来聊一聊，什么是微商？

从2013年开始，逐渐出现了一群在微信朋友圈营销的人。这群人通过影响身边的朋友来达成交易，很快被大家认为这是一种非常好的社交式营销。由于微商的进入门槛低，在朋友圈里发布一些产品信息就能够被一些对产品感兴趣的朋友发现并有可能达成交易。于是，越来越多的创业者加入到这个行业，我们称这群人为微商。

说到微商，也许大家并不陌生。很多人都误认为，微商就是一群每天在朋友圈刷屏卖货的人。但在小胖的眼里，这并不是真正意义上的微商，充其量可以说这只是微商众多表现形式中的一种。那有人会问，真正的微商是什么？

微商目前并没有一个官方的解释和定义，简单的理解：**微商是人们利用移动社交工具，通过互动建立信任，通过分享建立口碑，为满足粉丝需求而达成交易的一种商业模式。**

这里举个例子也许大家更容易理解微商。小胖曾帮好友运营过的一个微商品牌，它旗下有一款面膜，小胖在一次聚会中遇见了一位朋友小王，在愉快的交流中我向她推荐了这款面膜，并和她说明了我推荐的理由，例如性价比高、产品效果好等等。小王使用后发现这款面膜效果和我说的一样，还不错，价格也不贵，于是就在自己的朋友圈分享这款面膜。通过她的分享引起了她朋友们的关注，于是她的朋友们就向小王问起了这款面膜的情况，经过一番交流沟通后，小王的朋友们对这款产品也很感兴趣，想从小王这里购买。小王心想，既然朋友们喜欢这款面膜，又都愿意从我这里购买，不如我直接做代理，这样还能赚到一笔钱。

从这里可以看出，小王从一个消费使用者华丽转身变成了一个卖家，这里的小王就是所谓的"微商"。有时候，我们会发现自己不知不觉就变成了微商。虽然有些人并不是有意识地想进入微商这个行业，但最终还是莫名地成了微商，只能说微商无处不在。

微商的英文诠释

一个完全由中国人创造的词语，在英文字典中也许我们还查不到对应的词汇。一些人习惯性地把微商的英文翻译为 WeChat business，但小胖却不完全认同，我认为有另外一个翻译能够更好地诠释微商的定义，叫 Micro business，我习惯把它缩写为一个单词，MIBU。如果在本书中看到这个单词，就是微商的意思。

Micro business 和 WeChat business，两者的区别在于 WeChat 和 Micro，

我们知道 WeChat 在英文中是"微信"的意思，Micro 在英文中是"微小"的意思，微商的"商"business 这里指的是商人。那微商究竟应该是什么样商人呢？因此，我们需要重新定义"微"。

小胖认为"微"分为两层含义：

第一，使用工具的微小，我们称之为移动端社交工具。例如微信、QQ、陌陌等等。

第二，从业人群的微小，我们称之为小资人群。在微商的从业者中，大部分都是小资。这里的小资人群指的是创业资金不多，但又充满了梦想的一群创业者。例如年轻的宝妈、大学生、公司白领、创业小青年等等。

通过对微商英文的诠释，我们对微商又有了一层新的定义：**微商是小资人群通过移动社交工具进行商品交易的商家**。这里的商品不仅仅是有形的实物，也可以是无形的服务。

关于微商的英文翻译，现在还有一种比较流行的说法：We business，意思是"我们的生意"。当然，这种英文翻译并不符合语法，只是将"微"翻译成谐音"we"，但是却能很好地表达众多微商的内心独白：微商是属于我们每一个人自己的生意，我们不是在为别人打工，而是在为自己奋斗。

微商的广狭义

微商，又叫移动电商或社交电商，它不仅是一种社交生态和商业模式，更是建立这种生态和模式的一群人的简称。

微商人群有广义和狭义之分。

第一课
什么是微商

从广义上说，只要是利用移动互联网工具从事商品宣传或交易的商家都可称之为微商。例如，一个经营实体店或淘宝店的商家，当他希望在朋友圈通过分享店内产品吸引公众关注或购买的时候，他就是微商。为什么说未来人人皆微商，因为未来人人都会利用移动互联网工具从事商品的宣传或交易。

相对于广义微商，狭义微商的一个显著区别在于所销售产品的渠道。在产品的销售渠道中，出现了一种专供微商渠道的品牌产品，而狭义的微商就是指专业从事于微商渠道品牌产品销售的人群。

从目前的认知来看，当人们提到微商的时候，更多想到的是狭义的微商，但随着移动互联网的发展，未来人人将成为广义的微商。

微商的类型

微商从赢利点上可以分为四种类型：

产品微商
产品微商是指以产品为赢利点的商家。绝大部分的微商都是产品微商，都是靠代理或销售产品为收入来源。
产品微商是其他类型的微商赖以生存和发展的基础。

平台微商
平台微商是指以平台为赢利点的商家。微商平台有很多，例如采源宝、有赞、微店等产品分销平台，以及向微商提供技术支持或服务的开发平台。
平台微商为其他类型的微商提供了运营的保证。

培训微商
培训微商是指以培训为赢利点的商家。在微商培训行业中，我们可以看到各种微商培训平台或机构以及个人或团队组建的讲师团。

培训微商为其他类型的微商提供了知识的保障。

社群微商

社群微商是指以社群为赢利点的商家。例如小胖通过为社群成员服务获取收益。

微商的核心价值在于人和社交，而社群是连接人与人最好的社交桥梁，是搭建资源对接和知识分享的纽带。

社群微商为其他类型的微商之间提供了对接。

微商的误区

从目前的情况来看，微商基本都活跃在微信朋友圈里，于是，一些人狭义的认为微商就是在微信里做生意的商人。这里其实是一个误区，微信只是微商用来互动交流的一个社交工具，不是只有在微信上卖货的才叫微商，凡是在移动端平台销售产品的，都是微商。

微信的产生，只是移动互联网时代造就一个偶然，即使没有微信，也必然会有另外一个移动社交工具来取代微信，供微商作为载体使用。也许在不久的未来，阿里会带给我们一个取代微信的社交工具，未来总是值得期待的，虽然来往和支付宝的社交之路不顺畅，但只要有"社交虐我千百遍，我待社交如初恋"的阿里精神，一切皆有可能。

课堂小结

移动互联网时代是一个人人皆微商的时代,微商离每个人都不遥远,可谓近在咫尺。

正如下面这首改编的诗歌所描述的:

你做,或是不做,微商就在这里,不悲不喜。
你念,或是不念,微商就在这里,不来不去。
你爱,或是不爱,微商就在这里,不增不减。
你跟,或者不跟,微商就在心里,不舍不弃。

第二课

为什么要做微商

微商始于 2013 年，爆发于 2014 年，发展于 2016 年。2016 年微商从业者达到近 3000 万人，微商品牌销售额达到 5000 亿元。

据来自中国电子商会微商专委会和《2016—2020 中国微商行业全景调研与发展战略研究报告》数据预测显示，2017 年预计会释放出 8600 亿元市场，并保持 70% 以上的增速，微商的价值洼地已经形成。另据相关行业机构的数据预测，2017 年—2020 年，微商将继续保持着稳健的增长速度。

2017 年 2 月，中国社科院国情调查与大数据研究中心联合腾讯互联网与社会研究中心联合发布《生活在此处——社交网络与赋能研究报告》。报告显示，半数以上的青年愿意尝试以互联网和社交网络为平台的职业选择。青年人在社交网络相关职业的选择中，排名前三的分别为微商、公众号写手、电子游戏玩家，其分别对应的百分比为 30.3%、18.6%、16.8%。

2017 年 7 月，中国互联网协会微商工作组发布了《2017 中国微商行业发展报告》。报告显示，微商市场正处于高速发展期，预计 2017 年市场依然会接近翻倍式增长。尽管市场增长的加速度小幅放缓，但绝对增长速度依然领先于传统电子商务等其他商业领域。

既然微商行业这么有潜力，那这一堂课我们就来聊一聊为什么要做微商？这里不是说你非要做微商不可，而是给你一个选择微商的理由。

移动互联网现状分析

谈到微商，不得不提移动互联网，因为微商是移动互联网的产物，微商的发展得益于移动互联网的普及。接下来，我们将通过几组数据来分析移动互联网发展的现状。

据工信部统计，截至 2017 年 2 月，我国移动互联网用户总数已达 11.2 亿。

据 CNNIC 统计，截至 2016 年 12 月，我国网民规模达 7.31 亿，其中手机网民规模达 6.95 亿，较 2015 年底增加 7550 万人。网民中使用手机上网的比例由 2015 年底的 90.1% 提升至 95.1%，提升 5 个百分点，网民手机上网比例在高基数基础上进一步攀升，网民上网设备进一步向移动端集中。

随着移动通信网络环境的不断完善以及智能手机的进一步普及，移动互联网应用向用户各类生活需求深入渗透，促进手机上网使用率增长。

据 CNNIC 统计，截至 2016 年 12 月，我国网络购物用户达到 4.67 亿，占网民比例为 63.8%，较 2015 年底增长 12.9%，我国网络购物市场依然保持快速、稳健增长趋势。其中，手机网络购物和手机支付的用户规模均增长迅速，我国手机网络购物用户规模达到 4.41 亿，占手机网民的 63.4%，年增长率为 29.8%。

2016 年双 11 当天，天猫总交易额达 1207 亿，移动端交易额占比 81.87%；京东交易额同比增长 59%，移动端交易额占比 85%；苏宁交易额同比增长 358%，移动端交易额占比 67%；国美交易额同比增长 366%，移动端交易额占比 72%。

通过以上数据可以得出：中国互联网全面"移动化"已近完成。移动互联网的全面普及将进一步推动微商行业的发展，未来人们的购物习惯将偏向于移动端。

一句话总结眼花缭乱的数据：
勤奋比不上天分，天分比不上大时代，移动互联网的大时代已经来了。

微商主要社交工具和载体——微信

2016年，网民在手机端最经常使用的 App 应用是即时通信。据 CNNIC 调查显示，79.6% 的网民最常用使用的 App 是微信；其次为 QQ，占比为 60%；淘宝、手机百度、支付宝分列 3—5 位，占比分别为 24.1%、15.3% 和 14.4%。

微信，作为手机端最常使用的 App 应用，同时也是微商的主要社交工具和载体，我们来看下它的相关数据：

2011 年 8 月，微信推出 7 个月左右，注册用户量达到 1500 万；到 2011 年年底，微信的注册用户已超过 5000 万；2012 年 3 月，经过了 13 个月的快速发展，微信注册用户数破亿；2014 年底超 5 个亿，2016 年超 9 个亿，其中开通微信支付的已超 4 亿。

2016 年第一个季度，微信月活跃用户数达 7.62 亿，同比增长 39%；第二个季度，微信月活跃用户数达 8.06 亿，同比增长 34%；第三季度，微信月活跃用户数达 8.46 亿，同比增长 30%；第四季度，微信月活跃用户数达 8.89 亿，同比增长 28%。

微信团队在 2017 微信公开课 PRO 版上发布了《2016 微信数据报告》，报告中显示：微信 9 月平均日登录用户达到 7.68 亿，较去年增长 35%；50% 的用户每天使用微信时长达 90 分钟。2017 年第一个季度，微信月活跃用户数达 9.38 亿，同比增长 23%。

经过 6 年的发展历程，微信从最初的社交通信工具，成长为链接人与人、人与服务、人与商业的平台，微信已经成为人们日常沟通不可或缺的工具。在微信中，除了文字聊天外，还可以用图片、语音、多媒体、在线视频等多种沟通形式完成人与人的社交需求。

第二课 为什么要做微商

有人说,这是一个充满个性的时代,这是一个张嘴网络、闭嘴充电、醒时自拍、睡着了还能直播的时代。而这一切的到来,皆是因为移动互联网工具的发展和普及。

我们来回忆一下自己或身边的朋友,大部分人每天早上起来的第一件事情就是看手机,睡觉前的最后一件事情也是看手机;在上下班途中、日常工作空隙中最常做的事情也是低头看手机。手机作为社交工具,已经抢占了客户的几乎所有碎片化时间。而看手机的时间中,有一大半的时间是在看微信。

在腾讯公布的微信用户数据中,曾描述过典型微信用户的一天:

07:00　准备起床　刷刷朋友圈
07:45　出门上班　路上读两篇文章、玩两盘游戏
08:30　准备早餐　微信支付买早餐
09:00　开始工作　处理群消息
10:00　忙里偷闲　刷刷朋友圈、收发微信消息
12:00　开始午饭　拆红包付饭钱
12:45　准备午休　逛下京东、群里聊聊天
17:00　准备下班　刷刷朋友圈
18:00　下班回家　微信支付做晚饭所需食材
20:00　看看电视　读文章、刷朋友圈、点赞、聊天、玩游戏、逛京东
22:00　准备睡觉　和朋友聊聊天、再抢个红包

微信是以熟人和好友为核心建立起来的一个社交圈子,所以在微信的朋友圈中,互动更容易展开,信任更容易建立。通过朋友圈,我们可以时刻关注着身边朋友发生的大小事情,比如开心、悲伤、娱乐、爱好等等。微信给我们提供了一个充分展现自我的平台,每个人的朋友圈都是一份生活的写真集。

在生活中,关系是维系出来的,再好的关系如果一段时间不互动慢慢也会变

淡，再普通的关系如果持续培养也会变成紧密关系。而微商就是在朋友圈中通过相互沟通、相互分享来赢得口碑，从而获得信任，将弱关系变成强关系，最终达成交易的一个过程。

在移动互联网时代，口碑传播有了一个很好的载体。当我觉得某个产品不错时，可以很方便地阐述我对这个产品的喜欢，让所有朋友第一时间看到关于这个产品的信息分享，同时进行商业化的购买，这个载体就是微信朋友圈。

一句话总结啰里八嗦的数据：
有人的地方就有微信，有微信的地方就有微商，微商是有群众基础的。

新形势下的创业分析

互联网及移动互联网的相继到来，使商业模式和人们的生活习惯都发生了翻天覆地的改变。既有经验已经不能为创业者提供足够的参考价值，这就使得创业似乎更难了。在这种新的形势下，如何突破困境？微商无疑给创业者多了一份新的选择。

创业是很多人的梦想，也是很多人心中的伤疤，因为创业变得越来越难了。在新的形势下，对于一个刚毕业的大学生或者刚走向社会的青年，如果没有任何的积累就想创业，成功的概率很渺茫。这里的创业瓶颈主要体现在资金不足、经验不足、资源缺乏和机会缺乏上。

在目前的创业瓶颈期，对于那些想创业的小资人群该何去何从呢？有句话说得好，上帝关闭一扇门的同时会为你打开一扇窗户，这扇窗户就是诞生于移动互联网下的微商。

传统商业和微商

在传统商业时代，创业对于普通人，尤其是一些刚走入社会的年轻人、大学生、草根阶层等小资人群来说，要想实现创业梦非常困难。

数据调查表明，创业的困难主要表现在：缺少创业资金（31%），市场推广困难（25%），缺乏管理经验（20%），技术水平不高（8%），项目论证不够（4%）。

传统创业流程：考察项目→寻找店面→装修店面→进货库存→销售产品

传统创业流程非常的烦琐，一旦失败所有努力都会白费，所有投资都会血本无归。同时，完成以上步骤需要一定的时间，往往努力了一年后发现不仅创业失败，还浪费时间。这里并不是说传统创业就不可以，而是传统创业需要具备有一定资金和经验积累。对于那些心怀梦想但是一没资金、二没经验、三没技术的人来说，创业的失败率很高。

微商创业流程：注册社交号→吸粉引流→互动分享→销售产品

微商创业的整个流程非常简洁，操作基本上都通过社交号完成，无须寻找和装修店面，创业所花费的成本要远远低于开一个传统的实体店。只要掌握相应的运营知识，其成功率还是很高的。即使失败了，所承担的风险相对于传统店也会低很多。

电商和微商

淘宝用了10年的时间，才发展了不到1000万个卖家，微商仅用了1年，就有超过1000万个卖家。淘宝经过了14年的发展，玩法已经非常成熟，对经验、团队、资金、产品有了非常高的要求，刚刚入行的创业者很难在激烈的竞争中生存。

现在的淘宝已经不是 10 年前的淘宝，电商的创业成本偏高。

虽然开淘宝店简单，但是真正想运营起来并不如想象得那么容易。做过淘宝的人都知道，没有信誉、没有评价、没有销量，想运营好一家网店是多么的艰难。想运营好就需要花钱做各种站内或站外的推广，甚至要每天刷单、刷评价，一不小心被系统查到店铺就会受到降级、下架等处罚。店铺依赖平台方的程度过强，生杀予夺全由平台方决定。对于一个电商的初创者，在激烈的电商竞争中，如果没有一定的资金实力和运营经验，结果往往会以失败而告终。

相比电商，微商没有了平台的限制，一切运营决策由自己当家做主。不同微商之间的竞争差异性更多来源于微商创业的运营知识和技巧，而非资金的投入，这让很多草根阶层的创业者摆脱了资金不足的困扰。

微商创业的优势

通过和传统商业、电商的比较分析，我们可以总结出微商创业具有三大优势。

第一，起步成本低

传统品牌的加盟费少则数千动辄上万，对于小资创业人群而言难以承受，加盟费越高，其创业失败所承受的风险性也越大。微商品牌的代理门槛相比传统品牌要低很多，很多微商品牌只需要几百元即可加盟，这种低门槛的创业模式让草根创业者降低了创业失败的风险性。

第二，营销成本低

相比传统商业和电商，微商创业只需要一部手机、一个社交账号，不仅没有场地等费用，也无须高额的推广费用，将来发展壮大了也无须担心，再大的团队也养得起。

移动互联网下的微商是去中心化的，对于团队的需求不像传统公司那样需要集中管理。微商团队的每个成员都是一个点,他们分散在全国各地却又团结在一起,相互关联又相互独立,不需要你给他们发工资,大家又能共同创造价值,抱团取暖。团队的所有行为都可以通过社交工具来沟通和实现。现在的很多微商团队都已经超过百人,优秀的甚至超过千人。

第三,经验成本低

微商是一个新的商业领域,至今发展也就三四年,微商又叫作社交电商,而社交又是每个人的天性,无论是谁,从出生开始就在学习社交,所以说,每个创业者都有微商的基因。

在微商的发展过程中,微商培训行业如雨后春笋般的兴起。在生活中,我们可以看到各种微商培训机构和讲师团,其培训费用相比传统行业和电商行业要低很多。与此同时,微商品牌和微商团队内部也有相应的培训课程。对于创业者而言,获取知识和经验的成本会大大降低。得益于微商的低门槛,微商创业可以通过边操作、边学习、边积累来完成,这是电商行业和传统行业所不具备的。

课堂小结

也许一些小伙伴会觉这一堂课的内容比较枯燥和无味,全是一堆眼花缭乱的数据和硬邦邦的理论分析。的确,我也这么认为,作为微商实战派的一分子,我并不擅长写这种纯数据和理论分析的文章。但小胖作为一名微商,无论我怎么夸赞微商行业,总会有人认为我是在王婆卖瓜自卖自夸,所以,想让公众认同微商创业的可行性,我必须拿出权威的数据和理性的分析,同时也给那些还在犹豫徘徊的创业者吃一颗定心丸。

在本堂课中,我们之所以选择分析移动互联网和微信的相关数据,是因为微商的发展与这两者息息相关:移动互联网的近乎普及宣告了一个新时代的到来,而微商正是这个时代的产物,它顺应了时代的潮流和步伐,必将顺势而为;微信用户数量的增长和使用频率的增加，让微商拥有了更广阔的消费市场和更大的消费人群，这是微商得以发展的基石。

通过对新形势下的创业分析，让我们更加理性地认识到：微商的到来突破了传统创业中可能遇到的瓶颈，微商让暂时无法突破传统创业瓶颈的小资群体多了一次新的创业选择。

这一堂课我们用数据和理论分析给大家阐述了一个选择做微商的理由，但并不意味着所有想创业的人都要一股脑地去选择微商创业。因为并不是所有人都适合微商创业。虽然微商创业的门槛和风险降低了，但并不是所有人都能创业成功。面对微商创业，我们要在充分了解微商的基础上理性决策，切不可凭一腔热血盲目为之。

第三课
哪些人适合做微商

此刻,能够愿意静下心来读这本书的小伙伴,我坚信你一定有一个创业梦想,想通过微商实现收入的倍增,从而让自己的生活变得更加美好。除此之外,我找不到一个合适的理由能够让你心甘情愿地浪费时间和精力来读这本枯燥无味的书。既然我们都是有梦想的人,那不妨一起来开启这一堂课的内容。

人人的创业梦

作为一个有梦想的人,我们一起来回想下,在你的人生中有没有设定过这样的目标:看着父母日渐苍老,想带行动尚算方便的他们,到你所奋斗的城市逛一逛、看一看。有没有设定过这样的目标:想等哪一天有钱了,买一套房子把你的父母接过来跟你一起享福。有没有设定过这样的目标:这几年多赚点钱,让自己和伴侣能够在这个打拼多年的城市有一个属于自己的家。

可是,我们赚钱的速度赶不上父母苍老的速度,赚钱的速度赶不上房价上涨的速度。年复一年,日复一日,似乎每年我们都在重复设定这些目标,但却一直都没有实现。有时候觉得目标越来越远,慢慢地连自己都不敢触碰这些目标。我们常常告诉自己要不忘初心，可当自己的目标一直没有实现时，似乎我们已经忘了自己的初心，忘了自己当初为什么要选择离开自己的家乡来到这个陌生的城市打拼的初心，忘了刚毕业时那个信誓旦旦地在内心呐喊"我一定要混出个人样"的初心。

世界上唯一可以不劳而获的是贫穷，唯一可以无中生有的是梦想。每个人都有属于自己的梦想，希望自己能够拥有赚钱的能力，给自己的家庭、爱人、孩子一份安心的呵护；希望自己能够在经济上独立，买得起一切自己想要的，不靠啃老也不靠另一半；甚至希望让自己身边的朋友羡慕嫉妒恨。在实现梦想的过程中，总有那么一群人会选择把创业作为实现梦想的一种途径。

创业是一把双刃剑，我们在互联网上可以看到很多创业励志的名言名句和一些创业成功的案例，看完以后觉得人不创业就白活了。在羡慕嫉妒恨的时候，很多人只看到了创业者成功的喜悦，却没有看到他们在创业道路上背负的艰辛，以及那些失败者的泪水。

在我的价值观中，我并不认为所有人都适合去创业，也并不鼓励所有人都去创业。因为创业除了需要具备项目、资源、资金等外在条件，还需要有承担失败的勇气、有坚定不移的信心，而想创业成功的人，更需要有一种创业情怀。

微商的创业情怀

在讲微商情怀之前，先来解释下什么叫情怀。所谓情怀，不同的人有不同的理解和感悟。字典的解释是一种高尚的心境、情趣和胸怀。有人说，情怀这个东西很虚。的确，我也觉得很虚。它看不见摸不着，不能当饭吃也不能当钱花，但情怀这东西又是每一位创业者所必须具备的。它是一种情感，更是一种信念。一个没有情怀的创业者是无法走到成功的彼岸的。

曾有人问我，什么样的人做微商成功率会比较高？我的回答是具有微商情怀的人。事实也证明，这群人做微商的成功率的确很高。

所谓有微商情怀的人，我的理解是：**热爱微商这份职业，愿意把微商当作一份人生的事业来经营，在赚钱的同时能传递一份价值。**

在一次社群聚会中，我问我的小伙伴从事微商给她们带来了什么，答案居然出乎意料的统一。她们说：微商可以让她们获得还算不错的收入，更重要的是她们可以获得别人的认同，从而实现自己的价值。

在小胖的认知中，我把做微商的人分为两种：一种是具有微商情怀的人，我更愿意把他们称呼为微商人，这群人一直在坚持捍卫微商的口碑，他们热爱这份职业，传递着每一份价值；另外一种人虽然从事着微商，但是并没有对这份职业充满着情怀，我把他们定义为假微商，这群人经常做出破坏微商口碑的事情，为了赚钱拼命地忽悠代理，卖假货欺骗消费者。

庆幸的是，当微商过了红利期，慢慢朝正规化发展后，假微商也越来越少，因为他们发现靠忽悠和欺骗已经行不通了。所以，我经常和胖圈小伙伴说：**现在才是做微商的最佳时机。**

小马过河的故事

虽然小胖已经老大不小了，但这并不妨碍我们重拾一下儿时的回忆。在我们的小学课本上，有一篇故事叫《小马过河》，也许很多人已经忘记了，接下来小胖给大家重新讲一讲这个故事。

话说有一天，故事的主角小马要帮妈妈把半口袋麦子驮到磨坊去，但在去磨坊的路上，一条小河挡住了去路，河水哗哗地流着。小马为难了，心想：我能不能过去呢？小马向四周张望，看见一头老牛在河边吃草，于是便跑过去问老牛他是否能蹚过河。老牛说水很浅，刚没小腿，能蹚过去。当小马准备过河的时候，又从树上跳下一只松鼠，告诉他别过河，河水很深，会淹死的。

小马不知所措，只好跑回去，向妈妈述说了刚才的对话。妈妈说："那么河水到底是深还是浅呢？你仔细想过他们的话吗？"小马低下了头，说："没……没想过。"妈妈亲切地对小马说："孩子，光听别人说，自己不动脑筋，不去试试，是不行的，河水是深是浅，你去试一试，就知道了。"小马听了妈妈的话，下了河，小心地蹚到了对岸，心想原来河水既不像老牛说的那样浅，也不像松鼠说的那样深。

上面就是小马过河故事的精简版，有人会疑惑，小胖为什么要讲故事呢？难道是返老还童了吗？答案当然是"呵呵"。我们可以对照着故事，看看自己过去或现在像不像故事中那匹不知所措的小马，在选择微商和放弃微商之间摇摆不定，被一些所谓的闲言碎语和世人的眼光左右着。也许，此刻需要有一位故事中的妈妈来告诉你：孩子，光听别人说，自己不动脑筋，不去试试，是不行的，微商能不能做，你去试一试，就知道了。

虽然微商已经走过了四五个年头，但直到现在，依然有一些人对微商存在误解，依然有一些创业者在选择微商时踌躇不前。马云曾说过：**很多人输就输在，对于新兴事物，第一看不见，第二看不起，第三看不懂，第四来不及。**

每个人的时间和精力都是有限的，不要让那些不相关的人和不重要的事左右你的情绪，影响你的决定。你唯一要做的，就是把自己变强大，坚定自己的选择，用实践和时间让那些曾经不支持、不理解你的人都认同你的梦想，这才是你要做的事情。任何东西只有选择尝试、努力过，你才会知道哪个才是属于你自己的机会。正如郭敬明在《爵迹》中写过的那句话：**再渺小的希望，在绝望面前，都有无限大的可能。**

互联网上流传着一个关于微商创业的段子，小胖觉得很经典，代表着大部分微商的心声，段子是这么描述的：

"当你决定做自己的事业，选择微商创业的时候，你的朋友中90%都不相信你会成功，80%的人认为你可能被洗脑了，包括你的家人；当你小有成就的时候，70%的人会认为不是你有能力，只不过运气好；当你的收入慢慢增加的时候，50%的人认为你的事业才刚刚开始；当你开始慢慢拥有他们渴望的东西，比如：收入、家庭、事业、车子、房子的时候，20%的人会对你竖起大拇指，承认你当初的选择是对的，而剩下80%的人都在羡慕嫉妒恨。"

为什么我常说有微商情怀的人容易成功，因为当你真心热爱这份事业的时候，无论遇到什么挫折，你都会想办法把自己选择的路努力走完。而没有微商情怀的人，在遇到挫折的时候很容易放弃。

哪些人群适合做微商

在CNNIC统计，截至2016年12月，在中国网民职业结构中，学生群体占比最高，为25%；其次为个体户和自由职业者，比例为22.7%，较2015年底增长0.6个百分点；公司的管理人员和一般职员占比合计达到14.7%，这三类人群的占比保持相对稳定。

综合中国网民三大职业人群和现有微商从业人群的分析，我们发现以下六种人群最适合做微商：

全职太太和全职宝妈

我们把不工作、在家照顾家庭的女性称作全职太太。一部分全职太太是为了照顾好家庭和孩子而放弃工作，而另一部分则是因为生孩子而被解雇，等孩子大一点了又因为与社会脱节找不到合适的工作，而成了全职太太。

所谓宝妈就是宝宝的妈妈。有调查显示：婴幼儿在三周岁之前是离不开母亲的，否则长大后会因为童年时和母亲接触较少，而和母亲关系疏远，所以很多女性在生完宝宝后的三年内会选择作为一名全职宝妈专心照顾孩子。

无论是全职太太还是全职宝妈都有一个共同点，就是不工作，把全部都奉献给了家庭和孩子。因此，她们的空闲时间也会相对较多。有人说，作为一名全职太太或宝妈是一件有风险的事情，因为成为全职太太或宝妈你可能要承受生活枯燥、失去生存能力、失去自我、最终可能失去宠爱的风险。为了避免这种风险，人们提倡女性要三独立，即思想独立、能力独立、经济独立，独立的女性才是最美的。

但很多时候，选择成为一名全职太太或全职宝妈，往往存在着一定现实情况的需求，或者是一种无奈的选择。如何让全职太太或宝妈在照顾家庭和孩子的同时，能够实现自我独立呢？微商无疑是最好的选择。在我的社群里面，全职太太和宝妈占了40%，她们在微商事业中都有不错的成绩。一方面可以缓解老公的工作压力，贴补家用；另一方面又可以广交好友，实现自我价值，不仅能够实现女性的自我独立，还能让家庭生活变得更加的幸福美满。

在校大学生和高校毕业生

上过大学的人都知道，大学空闲时间真的很多。很多在校大学生尤其是家境一般的往往都会选择通过勤工俭学来缓解父母的压力。在这些人群中，有一部分人会将父母给的生活费或勤工俭学赚来的钱作为在校创业的资本，而微商创业降低了在校大学生创业的门槛和风险，似乎成为一种合理的选择。

有人说，毕业就等于失业。据人社部统计，2017年高校毕业生达到795万人，比2016年增加30万人，被称为"最难就业季"。与此同时，新增就业岗位明显不足，这意味着一部分高校毕业生会面临失业或者找不到适合自己的岗位的困境。在这种背景下，各级地方政府相继出台了鼓励大学生创业的优惠政策，微商创业无疑成为大学生创业的一种新选择。

希望实现创业梦想的有志青年

我给有志青年特意加了一个限定词，希望实现创业梦想。创业的人很多，但是能够实现创业梦想的人不多。根据市场调查，我国的创业成功率仅有5%，在这样并不高的概率中，青年创业者如何提高自身创业的命中率，微商创业也许能够突破瓶颈。

不满足现状的在职者

现实生活中，有些人从事的职业也许并不是他自己选择的，也不是他自己喜欢的，只是迫于就业和生计不得不在岗位上埋头苦干。很多时候，尤其是在同学或朋友聚会的时候，我们经常会发现有些同学或朋友明明以前成绩或资质不如自己，可现在却创业当老板了，而自己只能羡慕嫉妒恨，这种滋味我想很多工作的人都有体会。

让一位在职者创业，也许是一件需要勇气的事情，因为创业意味着要舍弃现有的工作，如果创业失败了可能会赔了夫人又折兵。有没有一种选择可以既不舍弃现有工作又可以去创业呢？微商创业也许能够满足这个需求。

以上就是六类最适合，也是目前从事微商的主流人群，这六种人群也许会存在一定的重合，我们就暂且忽略这些。结合上我们分析的微商创业优势，这些人群创业的成功率会相对较高，因为他们都有想创业的动力和理由。

我们经常看到一些文章说做微商的人越来越少，以此来唱衰微商。我认为做微商的人数，不是减少，而是回归了理性人数。因为微商初期的爆发式增长并不是一个健康的增长模式。同时，小胖相信微商在回归理性人数后，未来会有稳步增长的趋势。随着年龄的增长，每年都会有一群女性成为新的全职太太和全职宝妈，每年都会有一批大学新生和高校毕业生，每年都会有不满足现状的在职者和有志青年希望通过创业实现梦想。而这些新增加的人中，一定会有一部分选择从事微商创业，老微商和新微商的叠加将实现微商人数的稳步增长。

微商的职业类型

微商职业类型按照工作属性分为全职微商和非全职微商。

全职微商

全职微商又叫职业微商，微商是从业者的全部事业。它比较适合上面我们提到的全职太太和宝妈、高校毕业生以及有创业梦想的有志青年这四类人群。全职微商也是目前微商职业类型中最大的主力军。她的优点在于可以集中精力做微商，有精力就可以更好地去经营自己的朋友圈，分享更多的话题，塑造更好的口碑。

非全职微商

非全职微商又分为兼职型微商和混合型微商。

兼职型微商

顾名思义，兼职型微商就把微商当作一份兼职来做的商家。它比较适合在校大学生和上班族。在校大学生从事兼职微商，一来可以锻炼自己的能力，二来可以缓解家庭压力。在白领阶层中，微商已经成为很多年轻人的第二职业，白天在公司上班，中午趁休息经营朋友圈，下班后赶回家发货，是现在很多在职白领的生活写照。

混合型微商

混合型微商是从经营模式上来定义的，当商家把微商作为众多经营模式中的其中之一时，他就是混合型微商。例如，既经营实体又从事微商的商家，既经营电商又从事微商的商家，或者实体、电商、微商都经营的商家。随着微商的发展，未来混合型微商会越来越多，商家可以通过不同的渠道宣传产品，将产品通过合适的方式送达消费者手中。

不论是从事全职微商还是非全职微商，我相信他们都是在现实情况下的最佳合理选择，没有孰优孰劣。但从微商创业的角度来看，如果想把微商做大，想创建属于自己的微商团队，全职微商是最终的选择。对于兼职型微商，如果只是想把微商作为增加自己收入的一个选项，那么可以把兼职一直进行下去；如果觉得做微商比你现在的工作更快乐、收入更多，在慎重考虑后也可以选择成为全职微商。

微商创业需要理性

每个人都希望两件事发生在自己身上：第一件是躺着都能赚钱，第二件是天上掉馅饼。然而，梦想很美好，现实很残酷。躺着都能赚钱往往是在白日做梦；天上也不会掉馅饼，只会掉鸟屎。

在朋友圈或互联网中，我们经常能够看到一些微商在招代理的时候，习惯用一些诱惑力很大的宣传语，让很多微商小白激动的失去理性，类似的宣传语有"微商赚钱很容易""微商躺着都能赚钱"等夸大微商创业成功率的语句。

小胖想说的是，微商创业相比其他创业模式有它的很多优势，但无论是什么创业包括微商创业，都是需要付出努力和汗水的，没有任何人能随随便便成功，就像我们经常听到的那句话：你只看到我的成功与洒脱，却没看到我为此所付出的努力与汗水。

曾经，在关于微商的宣传中，我们会经常看到朋友圈中一会儿这个月收入几十万，一会又那个年收入几百万，今天这个微商晒出一堆钱炫耀，明天又有微商晒个豪车来炫耀。其实，这不过是一些人利用大家想赚钱的心理而制造出的让你冲动的假象。也许很多人一冲动就掏钱了，结果发现其实微商创业并没有想象中的那么轻松和容易。

当然，我们并不否认的确存在一些微商大咖能够真的做到月收入几十万甚至上百万，小胖身边也有这样的朋友。但这样的人在整个微商群体中占比很小，一般都是一些级别高的代理商。在某些微商的营销推广中，他们往往喜欢把这群占比很小的微商作为宣传的突破口，但对于那些想从事微商的创业者，心里应该有一把明镜，至少要辨别出哪些是营销噱头，哪些是客观现实。作为一个创业者，如果连基础的辨别能力都没有，建议慎重创业。

在我看来，一个微商在衡量自己是否成功的时候不能仅仅去和其他人比较赚钱的多少，更要和从前的自己比较。如果你在做微商后发现比从前过得更好，那么你就是成功的。成功的衡量标准有很多，对于微商，除了赚钱，获得价值存在感也很重要。从微商收入上来看，一个全职微商如果很稳定的保持月收入万元已经很不错了，兼职微商月入千元也相当可观。至于那些月入几十万或几百万的营销噱头，我们可以把它当作一个激励自己奋斗的目标，也许通过自己的努力在未来的某一天会梦想成真。

真实的微商创业历程

有人说，微商过的是狗年，因为狗的一年等于人类的七年到八年时间，有些人是在度日如年，而微商是在度年如日。在互联网中，有很多微商创业成功的励志故事，这些故事才是一个微商创业者应该去关注和学习的，因为这些故事展现了微商的真实创业历程。

在我的身边，也有一位从事微商的励志姐，她的成功并不是因为像宣传中描述的微商很好做，而是因为她付出了很大的努力。她利用所有空闲时间来学习微商营销知识，甚至有时候凌晨两点我还能收到她的微信消息；她每天坚持加好友，每天坚持和好友互动、分享；为了塑造她的专业形象，在我的推荐下，她用了半年的时间看了不下一百本相关专业书籍，为此，她还花钱去参加各种相关的培训；为了结识更多的人脉，只要有合适的线下聚会，她都会想办法参加……

当人们在娱乐消遣的时候，她在工作；当人们在睡觉的时候，她还在工作；当人们把赚来的钱投入到消费享受的时候，她会把钱投入到接下来的学习中。这样的历程才是一名微商创业者所需要经历的。

做微商并不是每一个人都会一帆风顺，有的人可能在做微商前由于家庭或职业的关系，人脉和经验比较多，在微商起步的时候相对会容易些；但有些人在做微商前，她的人脉和经验并不是很多，在微商起步的时候会相对难一些。做微商本身又是一件需要有毅力的事情，每天都要重复着同样的事情，还要看一些如果不做微商这辈子都不可能接触到的专业书籍，同时还要面对一些人的不支持和不理解。因此，我常和社群小伙伴说：**微商的创业路是一个需要有毅力的人才能走完的路。**

课堂小结

在今天这个时代，如果你想创业，想成就梦想，就必须顺势而为。

小米的雷军有一句很经典的话："如果台风来了，你站在台风口，就算是一头猪都会被吹起来。"相信很多创业者都曾听过这句话，小胖认为那头猪如果想被台风吹起来需要有一个前提，就是当那头猪远远地看见台风时不能撒腿就跑，而是要勇敢地面对台风的洗礼。

如今的微商，在人们眼中就好比台风的到来，但有些人只看到了台风的凶残，却没看到台风所带来的扶摇直上的机会。在微商的创业路上，作为一名有情怀的微商人，也许会遇到诸多挫折，在通往梦想的路途中，我们要有"坚持到让困难崩溃，努力到让自己感动"的勇气和决心。

第四课

微商的未来趋势

大部分人了解微商是在 2014 年,因为这一年是微商的爆发年,相信很多人都在这一年感受到了微商的气息。我们习惯性地把微商爆发的这一段时期,叫作红利期。所谓红利期,通俗讲就是一个浑水都可以摸到鱼的时期,只要你愿意干,基本都可以赚到钱。

2015 年,被一些微商媒体人称为"微商元年"。从当年年中开始,微商不再那么好做了,货卖不动了,代理不好招了,压力非常大,一些没有坚持下来的微商放弃了。加上一些媒体的负面报道四处散播,例如微商类似传销、微商卖假货和三无产品等等煽风点火的报道,给微商贴上了一个即将灭亡的标签。值得庆幸的是,2016 年,我们没有消失;2017 年,我们依然存在;2018 年,我们会继续前行。

微商之痛

在微商初期,的确有一小撮害群之马打着微商的旗号在朋友圈卖假货和三无产品,以及暴力刷屏。

关于微商卖假货，我想任何一个商业模式都有卖假货的。在电商、在传统商业里面也有这种问题。假货并不是微商的专利，不能因为微商里面有卖假货的就否定了微商整个行业。如果按照这种逻辑思维，电商有卖假货的，实体有卖假货的，国内有卖假货的，国外也有卖假货的，那你岂不要否定整个世界？小胖一直坚信，在微商行业里最痛恨假货的并不只有消费者，也包含每一个微商人。所以，我的结论是：无论有无微商，假货都会一直存在着，微商与假货之间没有必然的关联，假货是任何一个商业模式共同的痛。

关于微商暴力刷屏，在微商初期，的确存在一些不懂微商技巧的小白盲目刷屏引发朋友圈对微商的厌恶。任何一个行业在最初的摸索期都会出现这样那样的问题，这就需要我们所有微商人一起去摸索，在摸索中前进，在前进中不断让这个行业正规化、成熟化。

现在的微商就如同当年的电商，初出茅庐不被人看好。当时一些媒体对电商的负面报道也层出不穷，直到现在淘宝的假货问题依然饱受争议。但经过十几年的发展，天猫、京东、苏宁易购等等电商平台接踵而至，电商不但没有灭亡，反而势如破竹地发展起来。

小胖一直在想，为什么在有些人的眼里看到的永远是微商行业消极不利的一面，而看不到这个行业给人们带来的积极利好的一面？我想了又想，终于有了答案：因为这些人从来都没有真正进入过微商的圈子。换句话说：你看到什么，取决于你站在哪里。

微商的时代背景

在 2014 年的达沃斯论坛上，李克强总理说过这么一段话："让每个有创业愿望的人都有自主创业的空间，让创新、创造的血液在全社会自由流动，让自主发展的精神在人民当中蔚然成风。借改革创新的东风，在中国 960 万平方公里的大地上掀起一个大众创业、草根创业的新浪潮。"

这是李克强总理首次提出"大众创业，万众创新"的概念。在2015年的两会期间，李克强总理在《政府工作报告》中更是将"双创"提升到中国经济转型和保增长的"双引擎"之一的高度。这对创业者尤其是对于众多草根阶层的微商创业者来说无疑是一剂强心剂，说明国家已经把创业上升到了国家战略的角度。

在2015年的达沃斯论坛上，在经济新常态，全民创新万众创业时代背景下，李克强总理专门提到了"分享经济"这个词，他指出："目前全球分享经济呈快速发展态势，是拉动经济增长的新路子，通过分享、协作方式搞创业创新，门槛更低、成本更小、速度更快，这有利于拓展我国分享经济的新领域，让更多的人参与进来。"

在2016年的达沃斯论坛上，李克强总理对共享经济进行了诠释，他指出："共享经济也是众创经济，它可以让人人参与、人人受益，有利于形成合理的收入分配格局，为每个人都提供平等竞争的机会，壮大中等收入群体，也让每个人都有发挥自己潜能的机会，去追求人生的价值，促进社会公平正义。"

微商的六个趋势

有人说，未来几年，微商行业会遇冷，将迎来寒冬。在小胖看来，机遇与挑战总是并存，所谓的寒冬遇冷不过是微商行业在发展中遇到的挑战，一个新兴行业的发展必将经历风雨，但在风雨之中我们依然可以看见太阳，正如微商的机遇一直都存在。随着人口红利的消失，微商不再追求速度为王和粗犷式发展，对于产品和营销的选择更为理性和严谨。在大众创业、万众创新和分享经济的时代背景下，微商行业又将发生哪些趋势呢？

微商规范化

在移动互联网的迅猛发展下，微商从最初的野蛮式发展逐步过渡到成熟稳定阶段。自微商诞生至今，经过无数微商人和微商品牌的努力，微商行业慢慢走向了正规化。

在此期间，中国电子商会微商专业委员会、中华全国工商联美容化妆品业商会微商专业委员会、中国电子商务协会微商发展工作委员会、中国商业经济学会微商专业委员会、中国互联网协会微商工作组等行业组织相继成立，微商行业组织的诞生必将助力于微商行业的规范和健康发展。

与此同时，中国微商服务者大会、世界微商大会、中国微商博览会等各种微商行业的高规格论坛和交易会相继展开，必将推动整个微商行业朝着系统化、规范化发展，帮助微商行业走得更远更长。53国际微商节、微商春晚等活动的举办再一次为微商正言，促进了微商行业的发展。

2016年被称为"微商品牌化元年"。微商作为一个崛起的新渠道，被越来越多的传统企业和品牌所接受。在此期间，广药集团、三九集团、哈药集团、立白、韩束、浪莎、云南白药、百雀羚等相继进军微商，就连阿里巴巴也在2016年宣布正式进军微商。2017年，董小姐带着格力也进军了微商行业。微商正在成为传统企业或品牌零售的一个新渠道和新增长点，传统企业或品牌的加入必将加速微商行业的规范化发展。

任何行业的发展和规范都离不开法制化的建设，在十二届全国人大常委会第二十五次会议上，由商务部牵头组织编制的《中华人民共和国电子商务法（草案）》首次提交审议。相信在不久的未来，《电子商务商法》的公布和实施将为微商这个新兴行业的健康发展提供法制保障。

2017年1月，中国电子商会微商专委会、中国政法大学传播法研究中心和中国公司法务研究院等组织联合起草了《微商行业规范》（征求意见稿）。2017年6月，商务部通过了中国互联网协会协同创奇社交电商研究中心提出的行业标准《社交电商经营规范》的项目申请。这些微商行业规范的出台，对于规范行业健康发展将有深远的意义和运营指导价值。

每个新商业、新产业发展之初，都是在发展中规范，在规范中发展，微商也不例外，微商的规范化意味着行业进入了"由乱而治"的高速发展轨道，必将助力于微商行业的长期发展。

微商融合化

在 2016 年杭州云栖大会上，马云说过这么一段话："我认为电子商务没有冲击传统商业，更没有打击传统商业，真正冲击各行各业，冲击就业，冲击传统行业是昨天的思想，是对未来的无知，对未来的不拥抱。"

同时，马云还提出了一个新零售概念："纯电商时代很快会结束，未来的十年、二十年，没有电子商务这一说，只有新零售这一说，也就是说线上线下和物流必须结合在一起，才能诞生真正的新零售，线下的企业必须走到线上去，线上的企业必须走到线下来，线上线下加上现代物流合在一起，才能真正创造出新的零售起来。"

小胖把马云提出的新零售概念理解为新 O2O 概念，即从线上到线下，再从线下到线上这么一个循环模式。

在微商模式中，从产品宣传到成交的整个购物流程都集中在线上，线下往往是一个被忽视的场景。虽然微商的购物环节极为便利，消费者只需要一部手机即可搞定购物的所有环节，但也存在一些缺陷，即消费者在购物时只能凭借微商发送的图片和文字介绍了解到产品，并不能真正看到实物，无法获得切身的体验，也就难免会造成一定的误差。

随着微商行业的发展和众多品牌的纷纷加入，未来微商产品的同质化和竞争的白热化将逐渐形成。消费水平的提升加速了消费者购物体验意识的增强，使得微商品牌在未来的竞争中要将聚焦点放在用户体验场景上，未来谁解决了用户体验谁就赢得了微商市场。按照新零售的趋势，小胖认为，未来的微商品牌将是"线上建立微商渠道，线下布局体验场景"。

一方面，微商品牌的体验场景可以通过在线下开设体验店来实现。体验店的开设是以改善消费者体验，拉近产品与客户距离为目的，而不是为了和代理商争夺市场份额。体验店更多的是提供一种展示、体验的场景，它不需要传统实体店销售的功能，所以体验店不需要密集布局，不需要备很多货，也不需要雇佣很多店员，甚至可以不用付费雇佣店员，直接由同城代理商做义务店员，从而实现品牌方和代理商的双赢。另一方面，在体验店布局不完善的城市，微商团队要起到先锋作用，通过地推或与实体店合作等线下模式构建体验场景。

微商品牌布局体验店是"体验式营销"的一种手段，是弥补微商品牌线下推广、产品认知和用户体验不足的突破口。"线下体验，线上购买，线上线下同质同价"将是微商新零售的生态模式。

微商同城化

微商的一大优势在于，可以将分散在不同地域的人群通过社交工具聚集在一起。这种优势在一定程度上加速了微商团队的规模化。与此同时，当我们看得太广太远的时候却常常忽视了眼前的美景。随着微商团队数量的猛增，团队之间的竞争将日趋激烈。在这种背景下，微商团队是时候将目光回归到本地化。

伴随着微商融合化的到来，微商同城化也初现雏形。微商的同城化主要表现在服务的同城化、配送的同城化、培训的同城化、团队的同城化等。本地化的微商资源整合将是我们需要探索的方向。

未来，无论是招商还是销售，微商都应该立足于本地化市场，立足身边的圈子，然后再逐渐向外扩散，通过服务好身边的客户裂变出更多的新客户，通过深入到本地社群获取更多的资源和人脉。

小胖认为，随着微商同城化和融合化的到来，未来的微商购物模式一定是以消费者的购物体验为中心，通过"线下体验，线上购物，同城配送"的购物模式实现资源的整合配置。

微商网红化

阿里巴巴集团 CEO 张勇说，2016 年的双十一有三个大的变化，其中之一是娱乐和商业的结合。阿里巴巴做了双十一晚会，用户可以通过电视屏和手机屏来消费，另一方面，很多网红店在双十一零点后半小时内就卖完了商品。

在 2017 年，我们经常会听到两个词汇："微商"和"网红"。网红通过在社交媒体上聚集人气创造影响力，依托庞大的粉丝群体进行定向营销，从而将粉丝转化为购买力，达到流量转化的目的，从而实现商业化过程。如今的市场经济是粉丝经济，微商成功离不开粉丝，而粉丝更多的来源是基于对品牌的认可。在微商的运营中，我们一直强调微商要学会打造个人品牌成为自明星，通过个人的专业度和影响力带动商业的变现能力。

通过观察发现，网红和微商自明星在商业变现过程中不谋而合。"网红 + 微商"将成为微商新的营销模式，我们这里讲的"网红"不仅仅局限于娱乐网红，凡是利用互联网工具在某一专业知识领域通过分享形成一定影响力，从而获得粉丝认可的人都可以叫网红。这是微商赋予网红更深层次的定义，例如小胖通过分享微商知识获得一些粉丝的认可，那么我就是微商网红。

微商深入化

虽然现在移动互联网已经覆盖了大部分人群，但是大城市和中小城市，城镇和农村还是有一定差别的。微商近几年的发展从城市规模上来看主要集中在一二线城市，从地域分布来看主要集中在中东部城市。从目前来看，这些城市的上升空间不是很大，微商行业的发展已经进入深水区，新的消费增长空间来自更下沉的区域，比如三四线城市、中西部城市、农村，这些区域的群体将是微商的下一个目标。

过去微商之所以没有在这些区域发展起来，原因可能是移动互联网的普及率和市场培育度不够好，获取用户比较难。但是现在已经出现了根本性的变化，在过去几年里，随着移动互联网的普及和微商的发展，微商的认知度在这些地区已经实现了全面的覆盖，加之这些地区智能手机和社交工具的使用率越来越高，为微商行业快速地杀进市场奠定了良好的基础。

随着近几年的电商的发展，农村最后一公里的配送问题基本得以解决，这为微商在产品配送环节提供了物流保障，解决了微商在农村发展中遇到的产品流通瓶颈。从最初的面膜品类到现在的农特产品，微商已经实现产品的多元化。微商不仅能将优惠的产品卖进农村，还能引导农民将优势产品通过朋友圈卖出去，实现产品或项目资源的精准对接。

微商中心化

于2014年红利期成功的微商大部分也是因为抓住了偶然的机遇，但是红利期后的很多微商遇到了困难或陷入了迷茫。随着微商行业的发展，微商之间的竞争越来越白热化，如何在激烈的竞争中找到脱颖而出的办法，需要我们转变传统的微商思维。

以品质为中心

未来最好的广告一定是产品本身，最好的产品也一定具备广告效应。微商交易，是基于人与人之间的信任，如果产品品质出现问题，那么就失去了微商最基础的社交信任关系。所以，做微商第一件事情就是要选对产品，在后面的课程中，我们会详细地讲解如何选择一款好的产品。

以团队为中心

随着微商的发展，微商的竞争也越来越激烈，如今的微商已经不适合单打独斗，而是要进入团队作战。团队的力量大于个人，团队的优势也越来越凸显。在后面的课程中，我们会详细讲解如何快速地组建团队，如何更有效地管理团队。

以口碑为中心

微商是一个极度依赖信任和口碑传播的行业,你的影响力决定着未来你的事业有多大,你的粉丝决定着未来你的销售额有多少。大家为什么要跟着你干?首先是认同你,以你为榜样,然后才会跟你一起干。在后面的课程中,我们会详细讲解如何打造个人口碑,成为自明星。

以知识为中心

曾经的微商只要刷刷屏销量就来了,但是如今,那种毫无节制的刷屏已经过时了。现在,作为一名微商,需要学习新的微商营销知识和实战技巧,只有不断学习才能立于不败之地,知识在微商行业起着举足轻重的作用。在后面的课程中,我们会详细讲解一系列的微商营销知识,教会大家如何做好微商。

课堂小结

最后,我们来总结分析下微商未来的趋势,小胖认为微商不但不可能灭亡,反而会越做越好,就像今天的电商那样越来越正规,越来越成熟。

在移动互联网大势所趋的时代背景下,微商已经成为移动互联网的一个重要组成部分。在未来,会有更多的人关注移动互联网,都希望通过移动互联网找到新的创富之路。时代的进步将会倒逼各行各业的创业者使用移动互联网创业,未来将是一个人人皆微商的时代。微商将会给人们的生活带来极大的便利,会被越来越多的人认可并接受。

至于微商在未来能存在多久,小胖认为只要移动互联网存在、只要人与人的沟通存在,微商就一直存在。用心做产品的微商品牌和尽心待客户的微商人将迎来美好的春天,在不断规范的市场环境中蓬勃发展。

第五课
微商存在的误区和解读

一提到微商,很多人都会想到暴力刷屏、公信力弱、产品品质存在问题等等一些不好的印象,也让很多想进行微商创业的人感到犹豫困惑。产生这些问题的原因有两方面:一方面,微商初期,的确存在一批假微商将一些假冒伪劣产品利用微商渠道销售出去;另一方面,微商初期,很多微商缺乏正确的微商运营技巧,进而采取最粗暴的方式进行宣传和销售,比如暴力刷屏等等。这一堂课我们将对微商存在的一些误区进行解读。

微商与刷屏

每当提及微商,人们潜意识首先想到的就是广告刷屏。发布一两次产品,大家可能会觉得新鲜,但简单粗暴地反复刷屏则会使人们反感。

也许一些微商并不能切身体会人们对微商刷屏的反感度。这里举个简单的例子,手机的作用无非是用来实现人与人之间的沟通,但很多企业喜欢用电话营销这种手段推销产品或服务。营销电话和短信骚扰相信大家都体会过,小胖几乎每天都会接到几十个这样的营销电话,不是邀请参加什么会议就是询问要不要开发票，要不要做投资等等。接到这样的电话，刚开始小胖一般都会礼貌地谢绝，但是后来实在忍无可忍，再接到这样的电话后我会选择直接挂掉然后拉黑。

朋友圈刷屏和电话营销差不多，我们对电话营销有多么讨厌，别人对微商刷屏就有多么厌恶。这种暴力的刷屏营销方式会把朋友圈社交生态破坏掉。刷屏的结果只有两种：朋友关系不强的会直接拉黑删除；朋友关系还不错的可能不会删掉你，但会直接屏蔽掉你的朋友圈。

误区解读：

朋友圈都流行刷存在感，作为微商我们刷多了可能会让别人反感，刷少了又感觉没有存在感。那么我们究竟是刷还是不刷呢？小胖认为还是得刷，但是不应该暴力刷屏，而是应该有技巧、合理地发布内容，去积极引导而不是骚扰用户。

人们之所以厌恶微商对朋友圈的洗刷，是因为微商总是让他们看一些不想看和不愿意看到的内容，所以我们要改变思维，发一些人们愿意看和想看到的内容。这就要求我们应该去了解和发掘客户的需求，有针对性地推送有价值的朋友圈信息。

朋友圈不是不可以发广告，而是要少而精、有技巧性地把广告植入到朋友圈的分享中，让人们在不知不觉中看完广告又自觉受益匪浅。在后面的课程中，我们会详细讲解如何玩转朋友圈。

微商与囤货

很多人认为微商就是不停地囤货、囤货、再囤货。在竞争激烈的微商市场中，那些没有掌握微商营销技巧的代理商最终结果只能是产品卖不出去，一旦产品积压，就会产生不正当竞争的念头，比如采取低价、乱价的抛售行为，慢慢地会消耗自己的口碑和信誉，最后微商也做不下去了。

第五课
微商存在的误区和解读

误区解读：

在传统商业或电商中，让代理商或经销商囤货，或者说库存一些商品，是一件再正常不过的事情，但是一放到微商这个模式中就让人感觉变味了。一个正常的产品流通销售环节是"拿货—囤货—卖货"，到了微商这里让人感觉就变成了"拿货—囤货—卖不掉"。只要一提到微商就想到囤货，一想到囤货就不由自主地让人联想到囤货的结果是卖不掉。大家可以回想下，是不是微商以前经常给人这种感觉。

囤货本身没有任何问题，这是商品流通交易过程中一个不可或缺的环节。你开一个实体店难道不需要囤货，只卖空气吗？你开一个网店，难道不需要囤货，只发空包吗？很显然，无论是做实体还是做电商，只要是做有形产品的商家，正常情况下都需要囤货，囤货的目的就是为了销售，否则就是空手套白狼。

那么，为什么囤货放到微商这里就给人一种好像要一直囤下去、卖不掉的感觉呢？说到底还是因为在微商初期，很多微商在没有有效掌握微商销售技巧和了解产品的前提下盲目拿货，加之一些上家的不作为导致了囤货难销。还有一部分原因是，产品本身对用户产生的价值不大，不能够吸引用户的购买欲。

无论是微商，还是传统商业或电商的从业者，最终都应该回归到产品本身。销售对用户有价值的产品是每一位微商的使命。

这里对微商从业者给出两点建议：

对于微商下家：要先了解再代理。

朋友圈营销是建立在信任的基础上，所以对于要代理的产品一定要充分地了解，在了解产品品质、代理价格、培训政策、产品口碑、品牌背景等相关情况下再考虑是否代理，切不可盲目跟风，听从品牌方和上家的片面之言。

对于微商上家：要有一个负责任的心态。

一个上家如果想长远发展，就需要站在下家的立场上，想他们之所想，急他们之所急，给他们提供专业的产品培训、销售辅导以及创业心态的引导等等，积极地帮助下家做大做强，只有这样的微商团队才有凝聚力和战斗力。

微商与加粉

对于一个微商小白，最困扰他的问题应该是如何加粉。上家也常常告诉我们一件事，就是要多加粉，越多越好。但问题是，一些微商在不停地加粉丝却又不互动，最终业绩依然惨淡。究其原因，是他们根本不懂增粉的目的。

微营销时代，很多人都在谈粉丝经济，但对于微商，我们要明白：如果粉丝跟我们之间没有互动，加再多的粉丝也没用，不互动的粉丝和死粉没有区别。微博要死粉还可以增加粉丝量，至少别人可以看到；微信要死粉毫无作用，加再多的粉丝别人也看不到，充其量是自我安慰。

误区解读：

在微营销时代，粉丝经济最核心的要素是沟通和互动。

营销就是沟通，沟通就是营销，只有与粉丝互动才能保持持久的关系。粉丝是慢慢积累而成的，新手微商不要急于求成去盲目地加粉。微商增粉不是目的，目的是要让粉丝变成你的客户，从而达成交易。在交易之前，我们需要先达成信任关系，而信任的建立需要通过持续的互动和沟通才能实现。在后面的课程中，小胖会告诉你如何正确地加粉丝，如何把粉丝转化成你的客户。

第五课
微商存在的误区和解读

微商与价格高、品质差

关于价格,微商初期,的确有些产品的价格偏高,以面膜为例,几片面膜动不动就二三百元?我们暂且不论成本和品质是否和价格成正比。就单从价格上说,价格偏高会导致消费者的购买欲望降低,加之销售环节的不畅直接导致了代理囤货积压,最终走向死循环。很多微商初期做得不错的品牌后来慢慢消失了,价格偏高就是其中一个原因。所以,小胖认为,不以零售为目的的产品定价都是耍流氓。

关于品质,微商初期,很多不良商家看到微商有利可图,就通过生产一些不合格的产品,或者仿冒做得好的微商品牌利用微商渠道销售出去。每当人们谈到微商的产品,最担心的就是产品质量。当然,大部分的微商产品都很不错,但是总会有那么一群假微商从中捣乱,正所谓一粒老鼠屎,坏了一锅粥。

误区解读:

不仅仅是微商,在传统商业或电商中,也有价格虚高和品质差的产品。微商在选择代理产品时,一定要掌握一些基础的选品技巧,这里小胖提供一些参考建议:

第一,尽量选择有性价比的产品代理。

作为微商,在选择产品前要明白一个道理,任何产品想要做长久都需要靠良好的销售来支撑,性价比高的产品对于消费者更加具有吸引力。2015年中期开始,在当时微商被很多人不看好的背景下,一些后起之秀的微商品牌在产品定价上逐渐回归理性,这些品牌如雨后春笋般发展了起来,给很多当时还在困惑中的微商带去了一丝希望。关于如何选择一款好产品,后面的课程我们再详细讲解。

第二，了解法律法规，增强辨别意识。

任何产品都有相关的法律法规来约束和规范，在代理产品前，我们要熟悉所代理产品的行业规范标准。例如微商品类中常见的化妆品、保健品和食品，这些品类都有相应的法律法规和行业规范。当我们熟悉这些行业规范后，会很容易辨别出产品是否合规、产品的宣传信息是否属实等等。

从目前来看，微商从业者普遍缺乏对所代理产品行业规范的了解。最近，我邀请了一些行业专家在小胖分享圈的社群内部分享了一些化妆品的行业规范。从社群成员反馈的数据结果来看，产品行业知识在微商培训中还是一片空白，受欢迎度很高。小胖认为这是微商培训行业下一步要重点开发和培训的课题。

第三，尽量选择有产品防伪和代理商授权的品牌。

一些维权意识比较强的品牌都会给产品贴上防伪标签，给代理商颁发授权证书。这些信息一般都可以在品牌官网上查询到，能够有效识别产品和代理商的真伪，降低被骗风险。

课堂拓展

在生活中，也许一些人对我们所从事的微商职业有误解，这些误解也许不是一两天就可以消除的，毕竟第一印象坏了，想修复需要一定的时间。当人们质疑我们的时候，不要去试图争辩对错，因为我们永远无法让一个此刻不认同我们的人去倾听事实和了解真相，我们唯一要做的就是做好自己，用正确的方式运营微商，经过时间的磨炼，小胖相信，人们会慢慢地接受并认同微商这个职业。

最后，小胖再讲两个大家对产品认知的误区，希望对大家有帮助。

产品防伪和产品品质

有些微商或消费者习惯性地认为产品防伪和产品品质是成正比的。我们回想下是否有这样的购物对话经历，当我们问商家产品品质怎么样的时候，商家会告诉我们产品是有防伪查询的，假一赔三。

对话中的商家把产品的品质和产品防伪混为一谈，这其实是一个错误的认知。产品防伪是品牌商的企业行为，目的在于辨别产品真假，防止不良商家仿冒。即使查询的是真品也不代表其品质可以得到保障，仅仅可以说明这个产品不是仿冒的假货，一个劣质的产品同样可以贴上一个防伪标签。假一赔三类似的承诺只能保障产品的真伪，而不能保障产品的品质。因为，产品防伪和产品品质没有半毛钱关系。

大家在查询产品防伪的时候要留心，不要按照产品防伪标签上提示的查询方式去查询，目的在于有效防止假的防伪标签。验证产品防伪信息最直接有效的办法是去这个品牌的官网查询。正常情况下，官网都会告知正确的查询方式，按照官网提示的查询方式验证产品真伪才是最安全的。

在生活中，常常有一些制假者给仿冒产品贴上假的防伪标签，利用消费者对防伪知识的不了解进行售假行为。正常情况下，如果防伪标签是假的，那么标签上的查询信息也是假的，如果我们按照假防伪标签上提示的查询方式去查询，结果百分百会显示查询的是真品，一不留神就会上当受骗。

质检报告和产品效果

有些微商或消费者习惯性地认为质检报告和产品效果是成正比的。他们误认为产品有了合格的质检报告，产品的效果也同样会很好。这实际上也是一个错误的认知。

质检报告合格的产品仅仅代表着这个产品符合国家对这类产品的基础要求，

换句话说，所有的产品都要求有合格的质检报告，这是产品能进入销售环节最基础的要求。所以，产品有合格的质检报告和产品效果之间没有必然的关系。

当然，有总比没有好，在目前市场充斥着众多伪劣产品的环境下，商家能够提供合格的质检报告在一定程度上是值得肯定的，至少能让微商放心代理，让消费者放心购买。至于产品效果究竟好不好，我们可以从用户的体验反馈、产品成分分析等方面来了解。

第二章
微商基础篇

第一课
微商的运营模式（一）

在移动互联网的兴起下，经过几年的发展，微商运营模式也层出不穷。在目前的微商模式中，常用的运营模式主要有三种：第一种，是目前微商市场中占比最大、最传统的运营模式，是在传统线下代理销售模式基础上衍生出来的，我们叫作微商代理销售模式；第二种，是在电商分销模式基础上衍生出来的运营模式，我们叫作微商分销模式；第三种，是在移动互联网的发展下衍生出来的运营模式，我们叫作微商直营模式。这一堂课，我们先来讲一讲微商代理销售模式。

微商和线下模式的异同点

代理销售模式是微商的传统模式，也是目前大部分微商品牌选择的运营模式。

为什么说微商的代理销售模式是在传统线下代理销售模式基础上衍生的呢？想知道答案，我们需要分析下传统线下代理销售模式。

做过实体生意的人也许都知道，我们在实体店能够买到的大部分的消费品，它本身的渠道运营模式就是代理销售模式。线下代理销售模式每个品牌划分层次和类型都有所不同，例如按照代理层次，可以划分为省代、市代、区县代等；按照经销级别，可以划分一级经销商、二级经销商、三级经销商等；按照区域代理人数，又可以划分为独家代理和非独家代理等。不同级别的代理商享有不同的产品价格折扣和其他的一些优惠政策。

而微商的代理销售模式其实和上面描述的线下代理销售模式类似，也会划分为不同级别的代理层次，但是和线下的模式相比又存在一定的差异：线下代理级别的层次是有区域概念的，而微商代理级别的层次只是一个标签的概念，不具有区域性，层级的叫法仅仅是为了区分不同的级别。

线下代理销售模式中，任何一个级别的代理都是有区域性的，在区域内将会享受品牌商的区域保护。举个例子，我们就按照省代、市代、县代这个层次划分来分析下线下代理销售模式的特点。

假设小明想做某线下品牌的市级总代，他首先必须选择一个具体的城市，比如广州市。在成为广州市总代后，小明的招商范围就只能在广州市。同样，不是广州市的市代也不可以在广州市招商，各级代理商只能在自己管辖的区域内招商。

在区域代理人数上，有的线下品牌会划分为独家代理和非独家代理。比如上面的小明作为市代，如果品牌商实行的是区域独家代理，就意味着小明是广州市唯一市代；如果是非独家代理，就意味着广州市除了小明外还会有其他市代。所谓区域非独家代理，也叫博弈代理。顾名思义，就是让代理商之间相互博弈竞争。一般非独家代理在一个相对区域内的人数不会太多，是有限度的。

我们再来看微商代理销售模式，虽然有的微商品牌在代理层次划分上也会采用区域概念，比如上面例子中的省代、市代、县代，但是这个区域概念仅仅是用来划分级别的标签。有的微商品牌为了和线下代理级别的名称区分开来，会采用各式各样的划分级别标签。例如，有的品牌层级会划分为一级代理、二级代理、三级代理；有的会划分为皇冠代理、银冠代理、铂金代理等等。

我们还是按照线下传统级别名称省代、市代、县代这个层次划分来分析下微商代理销售模式的特点。

假设小红想做某微商品牌的市级总代，相比线下模式，小红并不需要真的去选择一个具体的城市。因为微商中任何一个代理级别的招商范围没有区域性，换句话说，你可以招任何一个地方的人成为你的代理商，也可以把产品销售给任何一个地方的人。没有区域性，是微商代理销售模式区别于线下代理销售模式的一个显著特征。因为在移动互联网下，人与人之间的沟通不再受地域的限制，通过一个移动社交工具就可以把不同地域的人汇集到一起。

世界那么大，其实一个圈。什么圈？朋友圈。

既然微商没有区域性，当然也就不存在区域代理人数。也就是说，每个级别的代理人数是不限制的。有些品牌商针对最高级别代理，会通过提高投资额等门槛方式来把人数控制在合理范围。

对于一个微商创业者，只要你有足够的能力和魅力，理论上你可以招到无数的代理商和拥有无数的客户，你的未来也可以有无限的遐想。

如果说线下代理销售模式中，个别代理商可以侥幸靠区域保护获得一片生存空间，那么在没有区域保护的微商代理销售模式中，一切都要靠真本领。

微商代理销售模式解析

和线下传统的代理销售模式一样，代理级别越高，投资额和拿货量越高，相应的单价越低；同理，级别越低，投资额和拿货量越小，相应单价会越高。

在微商的代理级别中，每个级别的代理商都可以销售产品，我们把它叫作**零售模式**。

在微商的代理级别中，除了最低级别的代理商外都可以招下级代理，我们把它叫作**招商模式**。

微商招商和零售的选择

在不同代理级别之间,究竟是选择零售模式好还是选择招商模式好呢?

我们将代理层级从高到低依次定义为高级别代理、中级别代理和低级别代理。

高级别的代理可以招商为主,零售为辅。因为高级别代理拿货量相对较多,零售难以缓解囤货压力,也不适合发展团队;而招商恰恰相反,不仅可以快速销货,还可以发展一批自己的代理团队。所以,小胖建议高级别代理以招代理为主、零售为辅。

中级别的代理可以招商和零售相辅相成。因为中级别代理拿货量相对少,囤货压力也不是很大。所以,小胖建议招商和零售可以同时进行。

低级别代理由于处于最低层次,下面没有可招商的对象,只能集中力量做好零售。

微商的层级选择

作为一个微商,尤其是刚刚加入微商的小白,应该选择哪个代理级别好呢?

小胖认为这个问题需要因人而异,按需选择。如果你问小胖这个问题,那我肯定是选择最高级别,因为站得高,看得远。最高级别的代理层往往是由品牌商直接管理,不仅能够享受最低的拿货价,还可以获得品牌的最新动态和发展方向,无论是招代理还是零售可操作性都很强,利润空间也是最大的。加上小胖对微商的运营有一定的了解,还有一批愿意追随小胖的微商朋友,我会毫不犹豫选择最高级别。

那么有人问了,既然最高级别那么好,岂不所有人都要去选择最高级别了吗?答案是否定的。在考虑选择成为哪个代理级别时,小胖认为你需要评估自己以下三点:实力、能力以及魅力。

第一课
微商的运营模式（一）

实力评估

不同的微商品牌在投资额上是不一样的，比如有的品牌最高级别投资额可能需要几十万，中级别也要好几万，最低级别都要几千元。而有的微商品牌最高级别投资额只需要几万，中级别要几千，最低级别仅仅需要几百元就可以了。我们需要根据自己可投入的创业资金，以及在对自己想要代理的产品有一定了解的基础上再来权衡代理级别。

能力评估

任何一个行业都有新手和老手，微商也一样。在选择做什么级别的代理上，要看自己是否对微商了解，是否掌握了微商的运营技巧，没有金刚钻就别揽瓷器活。一位有经验的老微商比刚入行的微商小白在代理级别上会有更多的选择空间。

魅力评估

一个有魅力的人往往可以吸引很多人的目光，同样，一个有魅力的微商可以组建一个强大的团队。在选择微商代理级别上，要看自己是否有这样的魅力去组建和维系一个团队。微商代理级别高的往往都会有一个强大的代理团队在背后支撑。

综上所述，如果你认为自己是一个实力、能力和魅力都兼具的人，可以毫不犹豫地选择做高级别的代理；如果你觉得兼具三者还欠火候，可以选择从中级别代理开始；如果你是一个微商小白，三者都不太行，可以从低级别开始。

很多微商之所以囤货难销，有一部分原因就是，在对自己没有一个正确评估的情况下，盲目地追求高级别代理。其实从哪个级别开始做起并不重要，因为哪个级别都可以做起来。在小胖分享圈里面，有很多微商大咖都是从最低级别做起的。

对于想从事微商的新手，小胖建议可以选择一款好的产品从低级别做起，这样可以把投资风险降到最低，当自己有经验以后再慢慢提高自己的层次。有经验的微商，在选择一款新品代理的时候，如果资金充足，可以考虑直接选择中高级别。不管选择哪个级别，都要三思而后行。

微商升职记

很多微商小伙伴经常问我一个问题，如何才能从低级别做到高级别呢？

这个问题说起来很简单，做起来其实也没有想象的那么难，就是需要一点知识和毅力。

第一步，低级别升职记

当我们处于低级别的时候，要先把你的社交圈建立起来，通过社交圈把零售做好。

微商行业有一个显著的特点：消费即代理。微商处理的是人与人之间的社交关系，通过分享吸引大量的粉丝，在分享过程中只要让客户感受到产品的价值即可达成交易，购买的客户又可以通过自身的分享再次实现销售。当客户发现分享能给他带来收益的时候，他便会加入到代理商行列，这就是我们上面说的消费即代理的含义。简单的理解，我们的零售客户很可能会成为我们的代理商，前提是产品要让对方感受到价值，当然还需要一定的转化技巧。

当我们成功地拓展并维系好了社交圈，当我们把零售客户成功地转化为代理后，就可以把自己提升到中级别代理。

熟人关系的定义

在微商中，有很多人都会选择从最低级别开始自己的微商生涯，但是能够成功升级的并不多，大部分人很长时间都一直停留在原级不动。小胖分析过一些身边的微商朋友，发现其中一个原因在于她们误解了熟人关系。

第一课
微商的运营模式（一）

我们会经常看到或听到一些微商书籍或微商导师说微商做的是熟人关系，相信很多微商对这句话很熟悉。但很多人误解了这句话，这里说的熟人包括两部分：

第一部分的熟人是指在我们在做微商之前认识的亲朋好友。

很多在最低级别原地踏步的微商理解的熟人也许就是这群人，于是他们每天都在针对身边这群熟人展开游说和销售。可能亲朋好友会给我们一个面子买我们的产品，即使我们的产品很好，他们都愿意在产品消耗完后继续购买，但是每个人的亲朋好友都是限的，作为微商我们不可能依靠着这群熟人来存活。想要升级我们就一定要依靠第二部分的熟人。

第二部分的熟人是指我们通过拓展自己的社交圈，通过互动分享的方式，由陌生人转变而来的熟人。这一部分的熟人才是微商需要重点发展的对象。

对于微商小白，我们可以先从自己的亲朋好友开始销售自己的产品，这无可厚非，毕竟熟人关系会让销售更加顺畅。但是如果想让销售更加持久，一定要拓展自己的社交圈，去结识更多的新朋友、新客户。至于如何拓展自己的社交圈，将陌生人变成熟人，将弱关系变成强关系，我们在后面的课程中会告诉大家。

第二步，中级别升职记

当我们成为中级别代理的时候，按照小胖之前说的，招商和零售相辅相成。

招商方面，首先继续做好零售客户转代理，然后通过一些招商技巧发展一批下级代理。这个级别的我们要开始把代理集中起来，组建自己的微商团队，团队建立起来了就需要培训、指导，所以我们需要不断地扩充自己的专业知识和培训技巧。

零售方面，首先还是要继续拓展社交圈，做好零售。我们不可能把所有的零售客户都转化为代理，不能转化为代理的客户也许会成为零售的忠实客户，这里只需要我们用心维护即可。与此同时，我们可以运用一些营销技巧让这批客户成为转介绍的好帮手。转介绍来的客户一部分可能会成为我们的零售客户,另一部分也许会成功转化为代理。如此反复,反复如此,我们的客户和代理团队会越来越大。

在零售方面,我们还可以把零售的渠道拓展到实体店或网店上去。例如可以采用铺货提成的方式,也可以直接将店主转化为代理。

当我们完成以上任务的时候,就可以考虑升级为高级别代理。

第三步,高级别升职记

当我们成为高级别代理的时候,应该把主要的精力花在两方面:个人方面,你要扩充自己的知识储备,塑造良好的个人品牌;团队方面,要学会如何有效管控自己的团队,建立一套属于自己团队的管理和培训体系。

从招商和零售来看,这个时候应该招商为主,零售为辅。

招商方面,不同的品牌高级别代理的招商策略可能有区别,需要根据品牌的整体营销策略和产品本身的定位来决定。例如高级别代理可以在自己的团队内部实行分配制。

为什么要实行分配制呢?因为高级别代理本身在招商方面有很多的优势,可招商的对象相对于其他级别更广一些。对于高级别代理,这时可以把招来的低级别代理合理地分配给自己团队的中级别代理,自己就集中精力管理中级别代理,要学会适当的放权。

这么做的好处有两点:第一,可以防止团队过于庞大导致失控。高级别代理的团队要精不要多,不要哪个级别的代理都想招;第二,可以有效地培育团队成员的忠诚度,通俗点讲,被分配的成员会有一颗感恩的心。在小胖分享圈,很多微商大咖都在团队内实行分配制,效果都很不错。当然,分配制有很多管控细节,并不是简单的分配就可以。

零售方面,零售对于高级别代理可以说是锦上添花。如果有足够的精力和时间，我们依然可以适当地拓展零售客源。高级别代理可以和品牌商直接沟通，所以这个时候，一方面我们可以通过零售客户来收集产品效果等方面的反馈信息，以便可以及时和品牌商反馈，一起把产品的满意度提高；另一方面，我们也可以把零售转化来的低级代理分配给团队成员，进一步增强团队的凝聚力。

上面就是一个低级别代理如何发展成高级别代理的三个步骤。当然，任何事情需要因人而异，不能当作一个死步骤，不一定非要三步走，也不一定每步都需要按小胖说的去做。有的人可能不走寻常路，也许从最低级别直接跃升最高级别，小胖仅仅是提供一个可行性的参考建议。

在上面的三个步骤中，小胖说的很多营销技巧并没有具体拓展，例如如何建立或找准社交圈、如何通过社交圈做好零售、如何把客户转化为代理、如何实现客户转介绍、如何有效管控团队、如何建立团队的培训体系、如何塑造个人品牌、如何打造团队凝聚力等等问题，由于篇幅关系这里不具体拓展，在后面的课程中都会陆续讲到。

微商模式的思考

在前面的课程中，我们说过微商中存在一些误解，而这些误解主要体现在代理销售模式中。小胖认为微商代理销售模式本身没有问题，有问题的是谁在用这个模式，怎么用这个模式。

就拿小胖最爱吃的红烧肉来举例，红烧肉本身没有好吃和不好吃之分，关键要看是谁在做，怎么做。一个一流的厨师烹饪出来的红烧肉肯定非常美味，那么我们可以认为这个红烧肉很好吃；一个从来没有下过厨房的人做出来的红烧肉也许都烤煳了，那么我们可以认为这个红烧肉很难吃。所以，红烧肉好不好吃，关键在于是谁在做，和怎么做的问题。同样的，微商代理销售模式好不好在于是谁在用，怎么用这个模式。

有些微商品牌存在囤货难销的问题，归根结底是品牌商在制度管理上存在问题。线下代理销售模式为什么可以有序运行，因为品牌商有一系列的完善制度。一些微商品牌和微商创业者做不下去了，结果把责任归咎于微商模式存在问题，小胖认为这不过是这些品牌或个人为失败找了一个堂而皇之的借口。

我依然能够清晰地看到今天、此刻、当下，在微商代理销售模式中，有很多后起之秀的品牌和微商人做得非常不错。与此同时，很多传统的大品牌也加入了微商代理销售模式中。我一直坚信，任何一个模式都不可能十全十美，总会存在这样或那样的问题，面对新事物的诞生，我们更多的用理性的眼光去看待。

作为一个健康的微商运营模式，作为品牌商应该做到以下几点：

第一，品牌商要建立合理的制度体系。

在生活中，一些微商在对产品不了解的情况下就盲目地代理产品，品牌商也没有相关的产品知识讲解和销售培训。当微商竞争越来越激烈的时候，由于自身不具备竞争力，囤货难销是必然的。囤货难销的微商往往出于销售压力将产品低价或乱价抛售，此时如果品牌商没有相应的管控能力，整个品牌产品的生态系统将处于混乱局面。

所以，品牌商想做好品牌，必须建立起完善的制度体系，例如代理商管理制度、培训制度、售后服务制度等等。

第二，品牌商要制定合理的代理层级和代理差价。

代理商之间的利润是通过代理差价来实现的，有些品牌商为了吸引代理商加盟，会提高代理商之间的层级和差价。

代理层级越多，最终的销售价格就会越高，而消费者并不是傻子，不会为你的高价买单，消费者不买单那只有代理商自己买单了。所以，品牌商要合理控制代理层级，否则，一来不好管控代理商，二来零售价格偏高会导致消费者购买欲望减少。

第一课 微商的运营模式（一）

品牌商在设置代理层级之间的差价时要合理，要树立零售为王的观念。微商在代理产品时，不要盲目地只看代理差价，而要关注产品的综合性价比。

这里举个例子，同一款产品有两种定价方案：

方案一：一级代理 50　二级代理 100　三级代理 150 元　零售价格 300 元

方案二：一级代理 50　二级代理 70　三级代理 90 元　零售价格 150 元

选择方案一的人一定是看重代理层次之间的差价利润大，如果是 2014 年微商红利期，你这么选完全没问题，大家都靠招代理活着，很少有人想过要零售，因此也就不关注零售价格。重代理轻零售的模式发展下去就会出现 2015 年大批微商品牌，其中不乏那些火爆一时的大牌纷纷倒下，一批批代理商囤货难销苦不堪言最终放弃微商。

作为微商要清楚，零售卖不动了，代理商的差价利润再大也没用。相反，零售很火，即使代理差价利润少一点，薄利多销也可以盈利。做微商一定要明白一个道理：在产品卖掉之前，一切利润都是假设的，卖得出去的才叫真利润。很多品牌商或上家往往喜欢给代理商算一笔利润的账单，描绘一幅又一幅的蓝图。要知道，合理的蓝图叫梦想，不合理的蓝图叫忽悠。

所以，微商在选择产品的时候，在确定产品品质的前提下，首先要考虑的是从消费者的角度去思考：在和传统商业、电商的竞争中，消费者愿不愿意为这款产品的价值和价格而买单。

第三，品牌商要树立零售为王的意识，制定合理的零售价格。

微商中，有一些产品的价格偏高，有的是虚高，其价值和价格本身不成正比，这也是导致 2015 年微商行业萎靡的一个重要原因。很多代理商囤货严重，无法卖出，最终迫不得已导致低价出售，破坏了整个微商品牌的生态系统，最后连品牌商也一起倒闭。

小胖认为，一个健康的微商模式一定是零售模式畅通无阻。因为零售是整个模式中最关键的环节，只有零售环节被打通，招商模式才能持久地运行下去。否则就像一个工厂流水线，终端被堵死，会导致整个流水线瘫痪。

品牌商在设定产品零售价格的时候，要综合考虑各方面因素，让零售畅通无阻，让产品具有竞争力，让代理商和消费者实现共赢。

课堂小结

也许有些微商会觉得这个模式的名称不太习惯，因为之前我们谈到微商模式第一印象应该是代理模式，但小胖觉得那是一个误区，任何一款消费品的运营模式，无论是线下还是线上，最终一定是通过零售进入到消费者手中，代理加盟只是其中的一环。

第二课
微商的运营模式(二)

随着微商的发展，微商的运营模式也在不断创新。这一堂课，我们继续来讲解微商分销模式和微商直营模式。

微商分销模式

微商分销模式是在电商分销和淘宝客模式基础上衍生出来的运营模式。

电商分销模式

关于电商分销，做过电商的应该知道，现在很多电商平台都有自己的分销系统。例如天猫供销平台，它的作用就是一个网络分销，供货商可以提交相关资质申请加入天猫供销平台，申请成功后就可以成为这个平台的供货商，那些没有货源或是不想囤货的淘宝店家可以申请成为这些供货商的分销商。天猫供货商会给每一个分销商品设定分销价格，分销商在淘宝上卖出产品后由供货商发货，淘宝店家就赚其中的差价。

关于淘宝客模式，如果你是一个喜欢赚电商外快的人，这种模式一定很熟悉。淘宝客是一种按成交计费的推广模式，也指通过推广赚取收益的一类人，淘宝客只要从淘宝客推广专区获取商品代码，任何买家（包括您自己）经过您的推广（链接、个人网站，博客或者社区发的帖子）进入淘宝卖家店铺完成购买后，就可得到由卖家支付的佣金。简单说，淘宝客就是指帮助卖家推广商品并获取佣金的人。

微商分销模式解析

微商的分销模式就是在上面电商的两种模式基础上衍生出来的。

分销模式是品牌商通过分销平台系统招募分销商，通过设置相应的佣金返利让分销商在朋友圈中销售产品的这么一个模式。具体的操作流程是：品牌商在分销平台上发布相关产品，然后招募分销商，分销商通过各种渠道推广和分享产品链接，买家通过分销商提供的链接购买产品后，品牌商负责发货和售后，最后分销商获得佣金。简单的理解，它是基于 CPS 的一种分享赚取佣金的模式。

微商分销模式必须建立在分销平台的基础上才能正常运行。关于分销平台的搭建，常用方法有三种：第一种是品牌商独立开发的具有分销功能的 App；第二种是通过第三方分销平台（微店、有赞等）来搭建自己的分销体系；第三种是基于微信平台开发的具有分销功能的微商城。从目前来看，基于微信平台开发的微商城是大部分微商分销品牌选择的运营平台。但随着微信团队对分销商城的监管力度逐渐加强，自建商城平台将是现在及未来微商品牌运营发展的趋势。

随着微商分销模式的发展，分销平台的供货商已经不仅仅局限于品牌商，在微商代理销售模式中，一些品牌的高级别代理也会选择第三方分销平台，通过分销模式来协助自己销售。

目前，一些人打着所谓"微商分销""消费投资"的旗号利用高额返利、多级多层返现返利等行为实施诈骗。在此，提醒各位小伙伴，真正的微商分销模式是通过分享有价值的产品或服务而获取佣金收益的模式。这里的产品和服务一定要具有价值，而不是虚无缥缈的承诺和触不可及的未来，做微商需要有一双像孙悟空那样能识别真伪的火眼金睛。

代理销售模式和分销模式

曾经有人问我，微商代理销售模式和分销模式哪个好？小胖认为，两者各有千秋，不能说哪个好哪个不好，而应该理解成哪些人适合哪些人不适合。接下来，我们从风险回报和从业人群两个角度进行简单分析。

风险回报

代理销售模式由于要囤货，所以代理商投入的资金相对要多一些，当然现在很多微商品牌的代理门槛并不高，入门级仅需几百元就可以。无论门槛高低，作为这个模式的代理一定是要囤货的，不管囤货多少，或多或少都要承担一定的风险，化解这个风险的办法其实也很简单，就是努力地学习微商技巧把产品销售出去。

分销模式最大的优势在于无须囤货，也不需要负责发货和售后等烦琐的事情。相对于代理销售模式来说，分销模式的风险相对来说很低，无非就是浪费了时间。

关于风险与回报，我们经常会听到一句话叫投资有风险，创业本身就是对自己的投资。在金融市场中有一个显著的特征，就是风险和回报是并存的，想得到什么样的回报就要承担什么样的风险，在风险与回报之间究竟选择哪种模式，需要评估自己的能力和承受力。

从业人群

在之前的课程中，小胖讲过微商人群有全职和兼职之分。如果想把微商作为一份全职来做，小胖认为代理销售模式更加适合；如果想把微商当作一份兼职来做，分销模式更加适合，因为这个模式不需要负责发货和售后等烦琐的事情，不会太妨碍到自己的正常工作，在闲暇的时间赚点零花钱也是一个不错的选择。

兼职人群也可以从事代理销售模式，但建议从低级别做起。因为低级别囤货压力不大，也不会占用太多的时间，但是如果生意做大了，需要负责的事情就会很多，例如要发货售后、给代理培训、管理团队等等，这时肯定会占用大部分的时间，严重影响到兼职者的正常工作。当然，如果生意真的做大了，我想这些人也不会太在乎现有的工作，不如索性跳槽做个全职微商人。

微商直营模式

直营模式是在移动互联网的发展下形成的一种新型微商运营模式。

凡是利用移动互联网工具从事产品销售的模式，我们都可以定义为微商直营模式。这里的产品包括有形的商品和无形的服务。

微商代理销售模式和微商分销模式的产品，更多由品牌商来统筹运作，产品具有渠道唯一性。它不是供应电商渠道的产品，也不是供应实体渠道的产品，这两种模式下的产品只能在微商渠道流通。而微商直营模式的产品具有广泛性，因为任何一款产品都可以在微商直营模式下运作。换句话说，只要产品是借助移动互联网工具销售出去的，这款产品就是微商直营模式下的产品。

微商直营模式相对于其他两种模式更加具有灵活性，它可以采用代理销售模式将产品销售出去，也可以采用分销模式将产品销售出去，还可以采用去中间化的方式直接将产品销售给消费者，一切的决策都由产品的拥有者决定。

随着移动互联网的发展和普及，微商直营模式的产品品类将越来越广泛，例如各种农副产品、水果蔬菜等都成功通过微商直营模式销往全国各地。未来，任何一款产品都有可能成为微商产品。

第二课
微商的运营模式(二)

课堂小结

在前面的课程中,小胖曾定义过广义的微商:凡是利用移动互联网工具从事商品宣传或交易的商家都可称之为微商,由此我们得出了"未来,人人皆微商"的预测。这一堂课,我们又提到了微商直营模式,未来任何产品都有可能成为微商直营模式下产品。随着移动互联网的进一步发展,微商将不仅仅是一群人和一种模式,更是时代赋予每个人的专属符号。

第三课
微商如何选对产品

做微商离不开选品这个环节,选择什么样的产品是每一位微商新手遇到的最困扰的问题。如果产品选对了,那么起步会变得事半功倍;如果产品选错了,可能会多走很多弯路。

微商选品的要求

随着微商的发展,微商品牌层出不穷,我们可选择的微商品牌也越来越多。在众多品牌产品面前,我们应该如何选择产品?这一堂课,我们就来讲一讲微商在选择产品时应该注意哪些点。

一、产品运营要专一

新手微商往往会犯一个认知错误,就是会盲目地选择产品,误认为经营的产品越多越好。小胖认为产品并不是做得越多越好,而是要做得定位精准,因为只有这样客户才会在第一时间想到我们。就像我们一提到汉堡就会想到肯德基,一

第三课
微商如何选对产品

提到比萨就会想到必胜客，一提到咖啡就会想到星巴克。这样少而精的选品，我们做起来容易，资金和时间方面也会比较宽松一点。

我社群里面有一位宝妈，有一次她主动找我聊了一些微商的事情，通过聊天得知她的家庭条件不错。她告诉我，她凭着一腔热血共拿下 5 个品牌的代理，而且都是那种高级别的，在运营了一段时间后感觉招商和销售后劲不足，陷入了一种很迷茫的状态。当时我建议她先做好自己和产品的定位，然后让她在代理的产品中选择一个她认同度最高的品牌，集中精力运营好这个品牌，等这一个品牌做好后再逐渐运营其他品牌，等等一系列建议。她按照我的建议做后感觉生意慢慢变得好了起来，不再像以前那样不知所措。

像上面这种案例，相信很多微商在起步初期都有遇到过，平时也有很多微商朋友加我微信，仔细观察这些微商的朋友圈会发现简直是一个杂货铺，有的还是跨界杂货铺，衣服、化妆品、包包，要什么有什么。一个人的精力是有限的，一旦你把握不好尺度，你可能任何一个都做不好。

一些微商认为代理多款产品会有优势感，认为自己的产品品类很多，总有一款适合客户。如果现在还有这种认知的人，那就大错特错，这是一种典型的传统营销思维。

传统的营销更多注重的是销售的产品，而微商营销更多注重的是销售产品的人。微商想要塑造专业形象首先必须有与之匹配的产品，个人形象的定位和产品的定位需要同步。

例如，我们的形象定位是一名护肤达人，如果在我们的朋友圈经常出现的是一些食品、衣服、包包等与形象定位无关的产品，显然形象会大打折扣。切记：我们不可能满足所有人的需求，只需满足一种特定人群的需求即可。

微商初期选品一定要专一，坚持少而精的原则，通过一个品牌产品先打开自己的社交圈和口碑，等到自己慢慢有经验、团队慢慢壮大后可以尝试逐步增加其他品牌产品。小胖建议如果后期做多个同品类产品最好区分朋友圈，一个微信号最多不要超过三个同品类产品；不同品类的产品不要放在同一个朋友圈。

二、产品要是快消品

微商最合适的选品类型是快消品，因为快消品可以很快促成二次购买，复购率很高，销量的可持续性会比较乐观。

例如茶具这种耐用产品，买一套回去可以用很久，除了不小心弄坏或一些特殊情况外，短时间内很难在同一客户中产生二次购买，即使是二次购买，周期也会很长。当然，我不是说茶具不能成为微商选品的对象，而是从复购率的角度来分析，复购的周期比较长，对于一些资金周转比较紧迫的微商不太适合。对于像茶具这种耐用且复购周期较长的产品，我们可以从转介绍的角度来推动产品的销售。

微商卖快消品、复购率高的产品是最好的选择。这是一个简单的道理，只有卖每天都需要消耗的产品，才能增加购买次数。复购率高的快消品很多，例如微商做得最多的面膜、霜膏等护肤品，衣服、鞋子、包包等日用品和一些保健品。

三、产品售后要简单

微商的消费者在购买产品的时候，一般会选择售后相对简单的产品，因为这样他们可以省去后顾之忧。作为一名微商，卖产品最困扰的是产品出现问题后产生的纠纷。

我们在选择产品的时候，最好找售后比较简单的产品。例如护肤品，只要配送过程中不出现问题，一般都不存在售后问题，当然，前提是产品本身品质没有问题，因为简单的售后可以减少很多不必要的麻烦。

售后简单并不是说没有售后，必要的售后服务是需要的。在选择产品之前要咨询上家或品牌商是否有产品售后方面的培训，例如护肤品，消费者使用后出现过敏或不适反应后应该如何处理等等。所以，在选择产品时，除了产品本身的品质外，还要看产品是否有完善的售后制度，这样可以让代理商无后顾之忧。

四、产品要有高性价比

性价比高的产品满足了口碑传播的特性，所谓性价比高的产品指的是在产品品质好的同时价格又不贵，通俗地讲就是物美价廉。

微商初期产品价格普遍偏高，出现这种现象从某种程度上说这是一些消费者惯出来的。很多消费者都习惯性地认为一分钱一分货，特别是那些高消费群体，不贵不买。作为一个品牌商，有时候在产品定价的时候会很纠结，价格定低了消费者会认为产品品质没保障，定高了反而会衬托产品的品质。所以，微商初期会出现一批价格虚高的产品是可以理解的。

随着微商的发展和消费者理性购物意识的加强，现在很多微商产品在定价的时候也回归到了理性。在微商品牌与日俱增的背景下，选择一款具有高性价比的产品能够增强自身的竞争力，也是作为一名微商能够长远发展的保障。

这里讲的高性价比，也就是物美价廉，一定要满足两个条件：一个是物美，一个是价廉。缺一不可，物美价高或物劣价廉是无法满足高性价比定义的。

微商新手在选择产品的时候，不要被看似巨大的利差或者诱人的奖品误导。我们会看到一些品牌商在招商的时候，喜欢通过一些奖品来诱导下家拿货，例如拿货金额达到多少元时可奖励苹果手机、电脑、国外豪华游等等。

小胖认为微商选品要回归到产品本身，如果产品品质不好、产品价格偏离合理范围，利差和奖品再大也不过是虚假的繁荣，如果产品销售不出去，再大的奖励也只是水中花镜中月。做微商一定要明白羊毛永远是出在羊身上，有些奖励其实是自己花钱买的，只不过是变相换了个方式而已。

当然，我并不反对品牌商对销售业绩好的代理商进行奖励，这种激励和认可行为是值得肯定的，我反对的是品牌商通过奖品诱导的方式来刺激代理商拿货。

同样是获得奖品，一个是奖励，一个是诱导，之间的区别需要我们用心去体会。

五、产品品质要有保障

作为微商，一定要选择品质有保障的产品，这是微商选品最基础的要求。检验产品品质需要坚持两个标准：

第一，产品要有合格的质检报告。

微商在代理产品前一定要让品牌商或上家出示产品合格的质检报告。作为品牌商或上家，我们要形成主动向代理商出示产品质检报告的习惯，要展现一种负责任的态度。

第二，要亲自体验产品的效果。

在前面的课程中，小胖说过，产品的质检报告和产品效果之间没有必然的关联，所以产品效果怎么样需要体验后才知道。

获知产品效果最有效的办法就是亲身体验，一些不适宜自己体验的产品，我们可以通过赠送的方式让适宜使用的人群去体验，不要轻易相信品牌商或上家给予的广告宣传和效果反馈案例，因为一旦出现误判，损害的是自己的信誉。

小胖曾在一些品牌的代理群中发现，有些上家在给代理介绍产品功效的时候会夸大效果。例如在某团队的代理群里面，一款补水的面膜，上家居然介绍可以祛痘祛斑、祛红血丝，但是很多下家却对上家的话深信不疑。后来我一查这款产品的成分主要是玻尿酸，懂一点化妆品知识的都知道，玻尿酸在化妆品中主要功效是保湿补水，而且这款产品包装上的功效说明中也只介绍了保湿补水这一个功效，并没有介绍祛痘祛斑等其他功效。

所以，小胖教从事化妆品的微商一个功效识别的小技巧，按照《化妆品标签管理办法》的规定，任何一款化妆品的包装标签上都要标注产品的功效，想知道某款化妆品有什么功效只需要看标签功效一栏的说明就可以，功效说明中没有写到的功效正常情况下是不会有的。在选择代理一款产品前，我们要了解这类产品的相关法律法规和基础常识，这样可以有效的防忽悠。

微商产品的销售是靠口碑和信任建立起来的，一旦这种信任关系破灭便很难再建立起来，一个微商想长远发展，必须选择一款有品质保障的产品。

六、产品要有官方网站

微商在选品时，要尽量选择有品牌官网的品牌商，品牌官网可以是网页版也可是移动版，或者两者兼有更好。代理商可以从品牌官网上获得产品的诸多信息，比如产品介绍、品牌动态等。品牌官网是品牌商传递品牌文化和产品信息的重要平台。

在选品时，我们不仅要看产品是否有官网，还要看品牌的官网上是否具备产品防伪和授权代理的查询识别功能。一些维权意识比较强的品牌都会给产品贴上防伪标签，给代理商颁发授权证书，这些信息都可以在品牌官网上查询到。这样可以有效识别产品和代理商的真伪，对于保障代理商的合法权益起到重要的作用。

一个微商品牌是否有官网，官网是否具备产品防伪和授权代理的查询识别功能，在一定程度上体现了品牌商对产品和代理商的重视程度。

关于授权书，我们来简单思考三个问题，辨别授权书和产品真假之间的关系。

（1）如果上家向我们出示了某品牌的授权书，他就一定是正规授权的代理商吗？答案是不一定。

授权书是品牌商给予代理的一个资质证明，一般授权书上显示的信息都能够在品牌官方网站查询到，所以，在上家展示完授权书后，一定要去官网核实下信息的真伪。有些微商小白一不留神就会上当受骗，骗子展示授权书后谎称自己是正规授权代理，很多下家盲目地相信授权书，也不去官网验证，结果打款后迟迟未收到货，去官网一查才发现根本没这个人的信息，授权书是伪造的。

（2）假设上家出示的授权书在官网可以查询到，那他一定就是正规授权的代理商吗？答案是不一定。

有时候，即使在官网查询的结果是正规授权代理商，也有可能存在盗取他人信息的可能性。因为我们并不知道这位上家是否是官网授权代理商本人。这里建议大家要多重核实信息，品牌授权书上一般都标有代理商的联系方式，例如微信号、手机号或者旺旺号等，在官网核实代理商信息后，我们还需要进一步通过联系方式去核实代理商真伪。

（3）假设上家是正规的授权代理商，那他销售的产品就是真货吗？答案还是不一定。

现实中就有正规授权的代理商真货假货一起卖的，所以，代理商的真假可以通过授权书来识别，但产品的真假不能依据授权书来识别。辨别产品真假最有效的办法是依靠品牌商提供的产品防伪标签，关于产品防伪最有效的查询方式，我们在前面的课程中也讲过，不记得的大家可以回看前面的课程。

通过上面三个思考，有些人可能觉得做微商风险太大了，真是防不胜防。其实也没有像上面说的那么可怕，绝大部分微商都是诚实守信的，这里仅仅是给大家一个提醒，平时多留一分警惕，避免上当受骗。

七、要选自己认同的产品

作为微商一定要选择一款自己喜欢并且认同的产品，根据自我定位，找对方向。我们经常说兴趣是最好的老师，因为只有产品让你感兴趣，你才会全身心地投入到产品的运营当中。

所谓认同产品不仅要认同产品本身的品质，还要认同产品背后的运营理念和品牌文化。如果我们自己都不认同自己选择的产品，别人凭什么要认同我们？凭什么要选择我们的产品？当我们认同自己选择的产品后，我们在微商的运营中往往会表现得很自信。

在选择产品时，不要盲目跟风，看见市场上某款产品特别火，但是自己一点也不喜欢，这样肯定做不好。因为微商不仅仅是一份职业，更是一种生活方式，要想有好的生活方式就必须选择自己喜欢并认同的产品。

八、产品渠道要有唯一性

在微商中，我们会看到四种类型的微商产品：

第一种是专门做微商的品牌所销售的产品。

这种产品往往渠道比较专一，只走微商渠道。目前，从微商渠道做起来的品牌基本都是专一的微商渠道，这些微商品牌往往都有一套比较完善的微商代理销售制度。

第二种是从传统商业或电商进军微商的品牌所销售的产品。

进军微商的品牌往往会开发新的产品专供微商渠道销售，并建立相应的微商代理销售制度。这些品牌往往是一些在线下或线上知名度比较高的牌子，消费者的认同度会很高，但由于品牌同类型产品在实体专柜或电商平台有销售，这些微商产品的可替代性强，除非这些品牌专供微商的产品比其他渠道的产品更加具有竞争力和性价比，只有这样消费者才会买单。

第三种是品牌商没有进军微商，但代理商会走微商渠道销售的产品。

这类产品在微商渠道一般只适合做零售和分销，不适宜去发展代理，因为品牌商没有针对微商的相应代理销售制度，代理这类产品的微商往往无法保障自己的权益。代理商如果想走微商渠道，可以建议品牌商进军微商，开发专门针对微商渠道的产品。

第四种是产品本身没有品牌化，但产品具有特色。

想做这类产品的微商应该选择一些新奇特的产品，比如大闸蟹，家乡的土特产等一些具有特色的产品。这一类的产品大多是微商直营模式下的产品，适合做零售和分销。如果产品拥有者去注册品牌，制定相应的代理销售制度，也可以走代理销售模式。

作为微商，我们要尽量选择那些专业做微商渠道的产品，因为这些产品都会有一套完整的关于微商方面的制度，只有微商制度的健全，代理商和消费者的利益才能够得到保障。

九、产品见效周期不宜过长

像丰胸、减肥、瘦脸、祛斑等这些拥有特殊功效的产品见效时间一般会比较慢，消费者如果不能在短时间内体验到产品效果，一般复购率不高。

还有一类产品，它的使用时间局限于特定条件，比如防晒霜，一般炎热的夏季才能使用。在选择这类产品的时候要考虑清楚资金周转是否足够的充分，如果在适宜的销售时间内不能销售完，可能要囤货到来年的夏天。

如果选择了见效周期长的产品，我们可以通过转介绍、分销和扩大宣传力度的方式来推动产品的销售。

十、产品要有大众化属性

所谓的产品的大众化属性，简单的理解就是，产品的覆盖人群必须广。产品覆盖人群的基数决定了产品的销量，同样的时间、同样的努力、同样的方法，产品覆盖人群大的产品一定会比覆盖人群小的产品销量多。这就是为什么很多微商都喜欢选择化妆品、保健品和食品的原因之一。

当然，覆盖人群小的产品并不意味着在微商中就没有出路，我们可以通过深耕细作的方式打造产品的个性化。即使是覆盖人群小的产品，也可以走出一条属于自己的微商路。

新老品牌和大小品牌的博弈

我社群的小伙伴曾经问我，在选择产品品牌的时候是选择老品牌好还是新品牌好？是选择大品牌好还是选择小品牌好？

所谓老品牌和新品牌是从运营时间角度来说，大品牌和小品牌是从运营规模角度来说。

小胖认为，大品牌或老品牌在品质上肯定是有保障，知名度和认同度也会相对高些，代理销售这类品牌产品的微商肯定也会很多。

既然大品牌或老品牌有这么多优势，那么小品牌或新品牌该不该选择呢？

小胖认为可以选择，我们不妨换个角度来看待问题，上面我们说过做大品牌或老品牌产品的微商会很多，也正因为如此，微商朋友圈中肯定会充斥着大量这类品牌产品的招商和销售信息。

我们从一个极端的角度来思考，对于代理商而言，同一品牌产品的代理商越多意味着能招商或销售的对象越来越少，竞争会越来越激烈；对于消费者而言，一款产品长时间占据朋友圈会让消费者产生视觉疲劳。如果这个时候，我们选择一款品质有保障、性价比高的小品牌或新品牌的产品来代理销售，在一定程度上可以缓解上面出现的问题。

所以，不管是大品牌或老品牌，还是小品牌或新品牌，只要品质有保障，作为微商都可以去选择。小品牌或新品牌如果发展好了，总有一天也会成为大品牌或老品牌，要想让品牌保持持久的活力，必须不断地创新产品，提升产品的竞争力。

选品不当的思考

有小伙伴会问，怎么才能知道自己选品有问题呢？

其实检测的方法很简单，就是如果你后面的运营环节做得都很好，但是依然没业绩，那就只能说明你选品有问题。

选品不当的处理方法

如果发现选品不当，我们应该怎么做呢？

选品不当可能存在多重原因，例如产品品质不佳、产品不具有竞争力、品牌商管理混乱、上家不作为等等其他诸多原因。当事实证明微商业绩不佳是选品不当造成时，我们应该果断放弃并重新选择一款好的品牌产品来代理销售。

如果囤货量大，我们可以重新选择一款好的品牌产品代理，在新产品的运营中，可以把之前因选品不当囤积的产品通过奖励或附赠等方式给予下级代理。对于零售客户，在销售新产品的同时，也可以顺带着推荐之前囤积的产品或者作为赠品等活动方式送给客户。

当然，如果你没有足够的资金去重新代理一款产品，也可以抱着侥幸心理将这些囤货按照优惠价格转让给同级别代理。之所以说抱着侥幸心理，是因为如果是选品不当导致的囤货难销，正常情况下其他代理和你的处境应该差不多，所以，接收的可能性不大。

如果同级别代理不好转让，也可以通过一些优惠的价格把囤货转让给实体店或网店的店主，然后用剩余资金重新代理一款产品。如果产品量大而且价格合理，有些实体店或网店是愿意接收囤货的，这种方法的前提是你必须量大，换句话说你应该是高级别代理，因为只有高级别代理才能给出一个实惠的价格。

我身边有一些微商朋友就是这么做的，包括我自己在帮社群成员处理囤货的时候也经常走实体或电商的渠道。如果你有这方面的对接资源更好，如果没有也没关系，前期就辛苦一点多找几家实体店或网店跑一跑、聊一聊，当然这里面也是需要一些技巧的，更重要的是行动的勇气。

有时候我们经常停留在假想的层面，觉得这个不可能，那个也不可能，怕别人拒绝你的请求，没面子。一会儿觉得实体店不会要我的货，一会儿觉得网店更不会要我的货，你不去做永远不知道结果，货都卖不掉，还要面子干吗？在考虑面子的时候不如多去学一学销售技巧。有句话讲得好，不逼自己一把永远不知道自己有多么优秀。微商要学会走出去，不要只停留在朋友圈。

除了上面的方法，我们也可以通过一些分销平台将囤积的产品销售出去。

如果囤货量不大，一方面可以按照上面的做法处理，实在不行，也可以自己用掉，就当自己犒赏自己。

上面解决方案的前提是产品品质本身没有问题，如果产品品质本身有问题，不管你囤货多少，都不可以再往下流通，因为做微商口碑比什么都重要。如果产品品质不合格，可以通过找上家或品牌商等其他方式来协商处理。

塞翁失马焉知非福

一些微商在运营不下去的时候，明明知道自己选品不当，却还要坚持下去，这类人有两种：

一种是为了一口气，坚信世上无难事，只怕有心人，或者觉得这世界上没有卖不出去的产品，只有不会卖产品的人。话讲得没错，但这些人很显然不是那个会卖产品的人，不然，也不会遇到囤货难销的困境。

面对这些人，我只想说自己何苦为难自己呢，很多事情不是仅仅靠毅力就可以解决的，那些能够靠毅力解决的事情往往是因为本身的方法得当。做事情有毅力固然重要，但做事情还需要有方法，只有毅力没有方法只能叫作钻牛角尖。

还有一种人是因为心疼，舍不得投入的资金，抱着不把产品卖掉决不放弃的信念。即使低价抛售也得卖掉，结果往往事与愿违，越着急卖掉越卖不掉，即使亏本甩卖还是卖不掉。因为朋友圈从来不缺产品，你越着急卖越低价卖反而会让客户质疑你的产品。

俗话说："舍得，舍得，有舍才有得。"作为一名微商，失败并不可怕，可怕的是失败一次后就对曾经憧憬的微商失望、沮丧。我们不妨换个角度看待失败，相反失败还是一种宝贵的财富。就拿选品不当来说，当你意识到自己选品不当时，本身就是一种经验的积累，有了这种经验的积累下次就知道自己应该选择什么样的产品。当你果断放弃并选择一款新的产品来运营后，你收获的也许就是你梦想得到的。

也许有人觉得小胖站着说话不腰疼。的确，谁都心疼自己的血汗钱，但是选品错误的事实既然已经发生了，如果你还想在微商的路上继续前行，你只能勇敢面对并做出正确的选择。如果你因此对微商失望，也可以勇敢地放弃微商，但是对于那些微商创业失败了的人要知道，你的失败是自己选品或运营不当造成的，不要事后把失败的借口归咎于微商这个行业。现在微商做得好的大咖谁没有几次失败的经历，在创业的路上，一帆风顺并不一定是好事。我一直相信，塞翁失马，焉知非福。

课堂小结

俗话说，男人怕入错行业，女人怕嫁错郎君。而微商怕选错产品。

选品对于微商而言，是微商创业的关键一环，一旦选错了产品，不仅浪费了时间、精力和金钱，更重要的是选品不当造成的业绩不佳将会重挫创业者的信心。

微商在选品时，切不可盲目冲动，一定要在认真考察的基础上三思而后行。我们后面讲的所有微商营销技巧都是建立在选品得当的基础上，如果在产品选择上出了问题，再好的营销技巧也拯救不了业绩惨败的命运。

第四课
微商需要具备的思维

有人说，在微商的学习过程中有三个境界：三流的微商学方法；二流的微商学思路；一流的微商学思维。思维决定思路，思路决定方法。

思路对了头，一步一层楼，思路不对头，步步栽跟头，想要思路对，必先学思维。

所谓微商思维，简单的理解就是我们在微商运营的过程中进行逻辑思考的能力和过程。

这一堂课，我们就来讲一讲微商的最高学习境界，微商思维。

产品思维

在上一堂课中，我们讲了微商如何选择一款对的产品，这一堂课我们从产品思维的角度来谈谈为什么要选择一款对的产品。

微商初期，一些微商并没有把注意力放在产品的品质上，而是放在了产品的虚假炒作上，常见的有夸大功效和虚假包装。

我们在朋友圈经常能看到一些微商把产品功效夸大其词，配以十分具有蛊惑性和煽动性的文案或图片，还有一些微商借助各种营销手段将产品包装成高大上的所谓国际品牌，一些缺乏辨别能力的用户很容易上当受骗。

我们不禁要思考，为什么这些微商可以轻易地诱骗到客户呢？究其原因是因为他们掌握了客户的心理。例如有些消费者喜欢购买国外产品，究其原因，有些人可能是对某国外品牌有种特殊的情怀或认同感，有些人也许是为了获得一种身份的象征或自我满足感，这两类人群我们都可以理解。

但是，有一类消费者追求国外产品的原因是因为她们觉得国外的产品比国内好。造成这种潜意识的原因有很多：一方面是因为国内产品品质参差不齐，一些消费者对国内产品购物信心的不足导致的；另一方面是一些"国际品牌"的营销洗脑导致的。

事实上，快消品的国内外差距并没有想象的那么大。以微商最大的品类化妆品为例，从国内的发展来看，国产化妆品生产企业无论是在产品研发上，还是在生产工艺上，都与国外产品相差无几，有的国外品牌在国内也设有工厂或代加工厂。随着经济全球化的发展，快消品行业的国内外差已近消失。

一些商家正是看到了部分消费者崇洋媚外的心理，才会借助一些营销手段将产品包装成这些消费者所期待的高大上的国际品牌，有的所谓国际品牌可能根本没有走出国门；有的可能是从国内出发，绕了地球一圈又回到了国内，美其名曰："国际品牌"。在此，小胖呼吁消费者应该增强对国内产品的消费信心，学会择优而选。

不管是国外产品还是国内产品，我们都要回归到产品本身上来。微商的运营，是一定要靠产品来说话的，没有产品的口碑和熟人之间的口口相传，不可能在微商中长久地生存下去。作为微商，如果不把注意力放在产品上，而是放在代理空间、产品炒作上，那么产品在消费者心中的价值迟早会破产。

面对产品，我们应该把自己当作用户，站在用户的使用角度，学会换位思考，这样才能让我们更清晰地知道我们的用户是谁，我们用户的需求是什么。因为产品的作用是解决需求，这些需求来源于用户，我们要做的是发现用户需求，解决用户问题。

在高速发展的移动互联网时代，信息更加透明。在透明的市场上，我们的产品做得怎么样，用户一清二楚，我们的产品有什么缺点，用户也一清二楚，只有产品过硬、效果好，才是产品播传的基石。未来最好的广告一定产品本身，最好的产品也一定具备广告效应，想在微商中取得成功的品牌，一定要以产品为中心和重心。

社交思维

社交是指社会上人与人的交际往来，是人们运用一定的方式或工具传递信息、交流思想的意识，以达到某种目的的社会活动。微商的社交工具就是通过微信等移动社交平台来实现传递的。

微商是以人为核心，经营的是人与人之间的关系。西方有一位著名的社会学家叫博恩·思希，他有一套著名的理论叫 1 比 25 裂变定律，即你每认识一个人，都可以通过他再认识 25 个人。这套理论曾被商业界广泛采用，后来，这一理论又被引入到成功学领域，打造出成功黄金律公式：即成功 = 20% 的知识 + 80% 的人脉。

我们来谈一个社交思维中的口碑效应，我们知道 PC（电脑）端电商产品的口碑是通过消费者购物后的评价来作为参考的，做过电商的朋友一定知道电商的评价不一定是真实的，有的会通过刷评价或者返现好评等诱惑行为弄虚作假，这种电商的口碑真实性越来越受到人们的质疑。小胖现在电商购物基本不看好评，只看中评和差评，因为我相信这两种评价在大部分情况下是消费者真实的评价反馈，当然不排除有人恶意中差评。

而微商的口碑是靠朋友之间的口碑传播，分享传播会直接通过朋友圈传开，一个好评的影响力很容易通过二次传播被无限放大。微商发展客户，一般都会从熟人开始，再到半熟人，最后到陌生人，在成交产品前，无论是半熟人还是陌生人我们都要把她们转化成熟人。也正是由于熟人关系的制约，微商更加注重口碑，也就理所当然要注重产品的品质，否则会因产品问题损害熟人关系。

只要朋友圈有这种社交关系网的存在，微商产品就有自己的长期销售渠道。微商的核心是社交关系的经营，就算是微信消失了，还有陌陌、旺旺等其他社交平台，即使它们都消失了，只要社交关系还在，也一定可以通过其他渠道把货卖出去，微商也一定能找到新的土壤。

社群思维

谈到社交思维，我们不得不提及社群思维，因为社群思维现在太火了，不提一下都不好意思说我混迹于移动互联网。在我还没有吃透互联网思维的时候，社群思维就不约而至，为了了解什么是社群思维，我几乎把所有与"社群"两字有关联的书籍都看了一遍，结果发现凡是写社群的书内容都是很高深。在似懂非懂的时候，我创立了"小胖分享圈"，因为我相信实践才能出真知，果不其然，经过一番实践后，我好像明白了我所理解的社群思维。

在小胖看来，我所理解的社群思维可以概括为六个字：**聚集、价值、连接**。

所谓社群就是一群志同道合的人为了共同的需求而聚集在一起的群体。从目前来看，社群最大的载体是微信群。付岩老师曾这么定义社群："社群是移动互联网时代人的一种新的生存方式和生存载体，你抗拒不了，你自愿加入，自愿退出，它给你构建了很多新的社交关系，你可以离开，离开了你就会成为信息孤岛，无比痛苦。"我把这句话理解为社群的作用就是抱团取暖，社群是一种商业经济，也是一种精神需求。在社群里，我们不仅可以得到安全感，还可以获得归属感。

社群又是一个去中心化的场所，任何一个人都可以成为社群的中心，谁为社群提供价值，谁就是社群的中心。想成为社群中有价值的中心人，就需要提升社群的参与感。每个人都要在社群找到自己存在的价值，存在的价值取决于你为社群贡献的价值。

社群存在的最大价值在于为社群成员提供连接，社群是连接人与人最好的社交桥梁，是搭建资源对接和知识分享的纽带。在小胖分享圈，我只做一件事，就是帮助社群成员之间做好连接，包括产品、培训、平台和其他社群之间的相互连接。

在产品上，我们帮助社群成员对接优质的微商产品资源。选对产品不再是一件困难的事情，因为所有社群成员会集体帮你把关，不仅帮你对接产品，还会帮你对接实力上家和优质下家，每一次的聚会都是你人脉扩张的绝佳时机；

在培训上，我们会给社群成员提供有针对性的微商培训资源。我们不会让社群成员浪费任何一分钱去学习无用的知识，每一次的培训对接都是量身定做。与此同时，我们还会通过价值借力和众筹学习等创新方式为社群成员免费提供有价值的微商知识，让每一位社群成员足不出群便可博览群书。我们不提供培训，我们只是知识的搬运工；

在平台上，我们帮助社群成员对接优质的微商平台资源。我们致力于微商产品零售渠道的畅通无阻，通过帮助社群成员对接分销、实体和电商的平台资源，将微商产品最大化地通过多渠道销售出去。与此同时，我们还为社群成员对接微商辅助工具以及其他微商平台资源；

在社群上，我们帮助社群成员对接其他优质的社群资源。通过社群联盟的方式，依据社群成员个人品牌的定位，我们将帮助社群成员对接符合专业形象的专业社群。无论你想塑造什么样的专业形象，我们都会帮你精准送达到合适的社群。

信任思维

微商卖货和传统商业或电商卖货不太一样，例如在一个实体店或网店，我们更多的是直接介绍产品、推销产品，而在微商中，我们要抛弃这种直接的卖货思维，在产品成交前我们需要经历和客户互动沟通、价值输出、建立信任等一系列把弱关系变成强关系的行为过程，换句话说，微商想成交先卖人再卖货。

我们知道无论是个人微信、微信群又或是微信公众号，只有对你感兴趣的人才会关注你，或者与你成为好友，如此这般就让我们可以看到微商的本质是信任或者关注。也就是说，只要加为好友，就具备了一个基本的信任。

做微商的前提是与客户建立关系，而这种关系建立的前提是信任。对于一个陌生客户，我们要建立信任需要经历三个步骤：通过好友申请是建立信任关系的第一步，好友对你以及你所输出的价值产生兴趣是第二步，与好友沟通互动是最后一步。长此以往，陌生人就会变成熟人，弱关系就会变成强关系，陌生朋友也会把基于对你个人人品的肯定上升到对你的产品的肯定。

电商的信任是需要通过服务认证和保证金等一系列措施建立起来的，从事过淘宝店运营的店主应该知道，为了让消费者信任我们，我们需要缴纳保证金开通各项服务，比如假一赔三、七天包退等等，要不断地想办法增加店铺信誉等级和产品的销量评价，但这些过程需要长时间的积累才能有所成效。

而社交平台天然具有熟人关系的基因，用户之间容易建立信任，能够降低交易门槛。很多微商的交易流程都是先付款后发货，完全没有第三方平台保障，在这个过程中客户的信任起主导作用。作为微商，我们应该把客户的信任当作一份责任或友谊的见证，不能仗着朋友信任而损害朋友利益。

通过人与人近距离的交流，通过朋友圈这种信任度极高的平台，利用熟人的关系，通过价值输出，促成交易的成功率极高。朋友之间没有像陌生人之间的那种陌生感，卖东西就像聊天交朋友一样简单轻松。

在淘宝购物，消费者会不自觉地保持一定的警惕和怀疑的态度，因为难辨真假；而微商，只需要通过沟通互动，让别人信任你这个人，自然而然就会信任你的产品。有粉丝的人，无须开店就能做微商。

对微商来说，彼此信任是成交的前提，但朋友之间的信任是靠长时间的积累，并不是一蹴而就的。在现实运营中，会出现一些刚建立关系不久的微商在成交时，当客户提出通过淘宝或微店等担保方式支付时，有些微商就会觉得对方不信任自己。

对于有这样想法的微商，应该学会换位思考，要积极通过提供对方希望的交易方式来解除客户的顾虑，这样反而会增加彼此的信任，有了这一次的信任建立，下一次也许客户就会愿意直接付款。记住：没有人有义务要无条件信任你，信任是需要你给客户创造出来的。

分享思维

分享，是微商价值输出的最佳行为方式。学会分享，是每一位微商的必经历程，我们可以分享产品、分享经验，分享知识、分享感悟等等你所知道的一切。

在微商的运营中，经历得多了就变成一种经验，实践多了就变成一种技巧，每一次分享，都是一次打造个人品牌的最佳时机。在分享的过程中，一些人会因为你的分享变成你的追随者，转而变成你的客户。

不要吝啬分享，分享得越多，别人就会觉得你越厉害，你获得的也就越多。也不要害怕分享的内容没有价值或已经过时，这个世界上，由于信息的不对称，总会有一部分人先获得知识，自然也有另一部分人还未获得你所拥有的知识。对于那些知识小白，即使你分享的内容是很基础的，他们也会觉得你很厉害，因为他们不曾了解过这些知识。

我经常鼓励社群成员勇于分享，每次他们分享后，不论分享的内容是否精彩，依然会有很多人为他们点赞。当你的分享被别人点赞或崇拜时，内心会有一种价值感，从而慢慢喜欢上分享。在分享的过程中，你会得到一些有价值的回报，比如每次分享后都会有慕名而来的粉丝主动加你、崇拜你，而这些粉丝是很容易转化成代理或客户的。小胖经常喜欢说一句话，叫"越分享，越懂分享"，其实讲的就是上面的道理。

　　分享的前提是自己要不断地学习、不断地进步，这样才能源源不断地分享有价值的内容给粉丝。如果我们自己都不学习、不进步，那么粉丝也不会再追随我们的脚步了。就拿微商团队来说，只有让团队成员觉得跟我们干有价值、有钱途，他们才会愿意跟着我们，成为永久的团队伙伴。

　　谈到分享，我们究竟应该分享什么样的内容呢？

　　小胖认为分享不是随意的天方夜谭，而是一定要有价值，粉丝永远只会为有价值的内容买单。什么样的内容有价值呢？粉丝关心的内容才有价值。那么粉丝究竟关心什么样的内容呢？粉丝关心的内容太多了，上至国家大事，下至潮流八卦，我们不可能把粉丝关心的内容都分享一遍。我们要做的是聚焦粉丝的关注，即与产品有关联的内容。

　　为了满足分享内容与产品的关联性，我们在吸粉引流的时候就应该寻找有产品需求的目标人群。例如，我是卖化妆品的微商，我希望分享一些护肤方面的知识经验给粉丝，那么我要吸粉引流的人群肯定是对护肤方面有需求的人群。

　　所以，在微商的分享思维中，"产品类型、分享内容、粉丝人群"这三者一定要确保一致性。换句话说，你卖什么类型的产品就要分享与产品类型相关的内容，然后寻找对分享内容感兴趣的人群，因为对分享内容感兴趣的人才是产品的潜在客户。

　　所谓种瓜得瓜，种豆得豆，你想收获什么一定要先付出什么，当你输出价值的时候一定也会收获价值。例如，一些美妆达人给粉丝分享美妆经验的时候，粉丝都会主动购买美妆达人销售的美妆产品；小胖通过给大家分享微商经验也会获得一些粉丝的追随，付费加入小胖分享圈。

　　作为微商，要学会分享有价值的内容，让粉丝主动来为你的价值买单。如果你是做化妆品的微商，不是每天发一堆无趣的产品广告，而是要分享如何让粉丝变得美丽的秘诀；如果你是卖水果的微商，不是每天发水果广告，而是要给粉丝分享如何科学吃水果的经验。

团队思维

俗话说，"单丝不成线，独木不成林"，随着微商行业蓬勃发展，微商之间的竞争也愈演愈烈。如今的微商要想做大，取得更大的成功，必须从个人化运作发展到团队化运作。

团队合作的力量是无穷的，团队的成功协作，会产生不可思议的价值。微商必须明白抱团运作远胜单打独斗，微商个人的力量是弱小的，有了团队生意做起来不仅轻松，还能抢占市场，团队是每一个个体微商坚强的后盾。

由于个人微商抗风险能力差，即使为了规避风险，微商也必须搭建自己的团队。这里说的微商团队不是真的把人从现实聚集到一起，而是线上具有共同目标的人通过社交平台聚集在一起，比如可以建立微信群、QQ群等。

三个和尚的故事告诉我们："一个和尚挑水喝，两个和尚抬水喝，三个和尚没水喝。"三个和尚是一个团队，可是他们没水喝是因为互相推诿、不讲协作。所以，微商团队想要做大做强必须讲究团队协作，充分发挥团队协作的能力。

所谓团队协作能力，是指建立在团队的基础之上，发挥团队精神、互补互助以达到团队最大工作效率的能力。对于团队的成员来说，不仅要有个人能力，更需要有在不同的位置上各尽所能、与其他成员协调合作的能力。

没有完美的个人，只有无敌的团队，在微商团队中，每一个微商的个人能力是有限的，我们要学会取长补短，相互协作，所以才有"三个臭皮匠赛过诸葛亮"之说。作为团队的老大，应该主动去寻找团队成员的发光点，通过合理分工、相互合作，将每位成员的价值发挥到最大，那么团队的协作就会变得很顺畅，工作效率就会提高。对于每一位团队成员，我们都要树立"不放弃，不抛弃"的团队精神。

关于团队思维，在续本里面会有专门的一个团队篇。在这一篇中我们会详细探讨微商团队如何建设，如何打造强而有力的微商团队等等。

课堂小结

这一堂课一共分享了微商需要具备的六大思维。俗话说，师傅引进门，修行靠个人。思维和实战技巧不一样，它不能运用在任何一个具体的实践中，也不会向我们传达一个具体的行为，但它又在无形中指导着微商运营的方向。思维和价值一样，是个很虚的东西，摸不着也看不见，只可意会不可言传，需要我们心领神会。

在科技界有这么一句话，叫真正的科技是感受不到科技。我认为在微商界也应该有这么一句话，叫真正的销售是感受不到销售，真正的微商高手可以做到不销而销，这也是我认为的微商最高境界。想达到这种境界，唯有在日常的微商运营中把微商思维融会贯通，才能做到不销而销。

第三章
微商装修篇

第一课
微商必备的硬件工具

工欲善其事必先利其器,拥有一套好的工具并且学会如何使用对于微商来说尤为重要,这里我们把微商工具分为两种,硬件和软件。这一堂课我们就来说说微商需要准备哪些硬件工具。

手机

俗话说,巧妇难为无米之炊。作为微商,首先必备的一个工具就是手机。

手机本身没有什么好说的,我们不妨来谈一谈手机系统。目前市面上手机系统主要是安卓系统和苹果系统:在稳定性和安全性上,苹果的系统相比安卓系统要好一些;在微商辅助软件安装和软件功能操作上,安卓系统的便利性要好于苹果系统。

在稳定性上,刚入门的微商小白由于一开始微信好友和微信群数量不是很多,可能感觉不到安卓系统和苹果系统有什么区别,但随着微商慢慢做大后,当你的好友和群聊数量达到一定规模的时候,就会发现安卓系统会出现卡顿现象。相同配置的苹果手机，在卡顿方面要比安卓好一些。

在安全性上，苹果的 iOS 系统是封闭式的，而安卓系统是开放式的，在预防钓鱼软件等外来攻击的安全性上，苹果系统明显要好于安卓系统。苹果系统的 App 都是需要官方审核评估的，而安卓系统的 App 审核力度不是很严，所以安卓系统更容易被一些钓鱼软件攻击。

由于微商的资金往来一般都是通过手机操作完成，所以手机的安全性很重要。当然，只要你平时采取一些安全的防范措施，不要轻易安装不明软件或打开不明链接，安卓系统也可以做到很安全。

在软件安装上，苹果系统的 App 软件都需要在苹果官方平台 App Store 下载，由于苹果官方对 App 软件审核比较严格，所以很多微商用的辅助软件都没有；安卓系统由于是开放式的，App 软件的下载比苹果系统方便很多，微商需要用到的辅助软件都可以下载。

如果想用苹果手机下载这些辅助软件也是可以的，只不过安装的过程要稍微麻烦一点，至于软件的可靠性就因人而异。当然，还有更简单的办法就是越狱，越狱已经成为苹果手机用户的潮流选择，但我个人不建议这么做，因为越狱后苹果系统在稳定性和安全性上就没有了保障。与其这样，还不如买一个安卓系统的手机，毕竟同价格安卓系统的手机性价比更高，除非你只是想装逼格。

在软件功能上，苹果系统出于安全考虑，App 应用的审核过于严格，微商需要常用的一些 App 应用在苹果应用商城都无法下载，能下载的软件也在某些功能上进行了简化。例如，安卓版的微信在使用群发助手功能时可以筛选标签，而苹果版的微信没有这个功能。

总之，究竟是选择苹果系统还是选择安卓系统的手机，需要根据个人的需求来决定。

第一课
微商必备的硬件工具

电脑

虽然微商做的是做移动端的营销，但电脑的使用也是非常重要的。

除了拥有一部性能良好的手机，我们还需要拥有一台操作方便的电脑。有些微商整天拿着手机在做营销，比如聊天、发帖子、修图等等都在手机上完成。

其实有些营销是可以在电脑上完成的，而且在电脑上操作更加简便，完成的效率也会更好。例如在后面的课程中，我们将会说到的一些营销推广、公众号运营等等实战方法都需要在电脑上来操作。

每一个微商都必须清晰地意识到：手机固然重要，但并不意味着电脑就可以被抛弃。如果一个微商觉得电脑可有可无，只能说明他还没有真正进入微商的营销圈。

虽然很多电脑端的软件在移动端也有 App，但是很多功能在移动端无法充分展现出来。例如微商听课经常用的 YY 语音，在移动端 App 中就无法查看 PPT 课件。

一名成功的微商应该学会把手机和电脑相互配合使用，这样才能提高工作效率。

拍照神器

拍照神器是微商朋友圈晒图不可或缺的利器，拍照的神器很多，可以买专业的相机，也可以用手机自带的拍照功能。相信大部分微商都会用手机拍照，如果是用手机拍照要注意两点：第一，手机像素要清晰，建议不要低于 500 万像素；第二，最好有前置摄像头，这样在自拍的时候更方便。目前大部分的手机都符合以上两点要求。

有了拍照神器还不够，我们还需要给自己添加一副自拍杆，这样可以延长你的手臂，让你可以从更远更广的角度来拍摄。

一张优美的图片可以博人眼球，作为一名专业的微商，拥有拍照神器不是目的，我们的目是要拍出秀色可餐的图片，吸引公众的注意力。所以，在拥有拍照神器后，我们还需要学习拍摄技巧，这是微商需要学会的一项技能。目前，微商培训机构大部分都开设了相关的拍摄课程，有需求的微商可以参与学习。

170手机卡

虽然我们每个人手头都有一张手机卡，但是作为微商，一个手机号远远不够。

微商的营销推广离不开互联网账号的申请，比如微信号、QQ号、百度号等等。而现在各大平台的互联网账号都需要手机号来作为申请、验证或解封的依据，所以，拥有多个手机号对微商的运营来说很重要，如果你觉得不重要，只能说明你还在微商运营的起步阶段。

话说手机卡哪里都可以买，为什么非要170号段的手机卡呢？原因很简单，因为170号段手机卡赠来显、无漫游、无长途，当然这些并不重要，重要的是无月租、无套餐，换句话说，养号的成本极低。

虽然170号段经常被吐槽，但这并不影响我们的选择，我们的目的并不是打电话，仅仅是用来辅助账号的申请、验证和解封。

170号段均为虚拟运营商，在淘宝和京东都可以买到170号段的手机卡。友情提醒各位微商小伙伴，收到手机卡后一定要进行实名认证，这样才能保障自己的合法权益。

快递公司

微商在产品的配送环节和电商一样，需要出动我们辛勤的快递哥。

对于微商小白，一开始发货量肯定不多，只能按照快递费原价来寄送；当发货量有了一定的保证，比如一个月下来平均每天都可以出几单，这时我们就可以和快递哥来谈谈价格。快递公司为了挽留有量的客户，一般都会在原有快递寄送价格的基础上给一个折扣价格。

产品的物流配送作为微商售后服务的重要环节，是每一位微商必学的内容。

现在快递公司有很多，不同快递公司之间的价格也不一样，快递公司之间的竞争也比较激烈，当我们的发货量有保证的时候，就有和快递公司讨价还价的筹码。

这里小胖简单给大家分析下快递公司。小胖把快递公司分为三种类型：

第一类是顺丰快递。它的特点是价格贵，但配送速度快，服务好。

第二类是四通一达。所谓四通一达就是指申通、中通、圆通、汇通和韵达。它们算是快递行业的老大哥，特点是价格适中，速度适中，服务就因地因人而异，但它们的网点很全面，基本覆盖了全国各地。

第三类就是天天快递、宅急送、国通等后起之秀。它们的特点是价格相对便宜，速度和服务与四通一达没有太大区别，但它们的网点和配送范围相对而言没有四通一达广。

在货物的配送上除了选择快递公司外，还可以选择物流公司。

快递费用一般是按照路程和重量来综合计费的，如果需要配送的货物在体积或重量比较大的情况下，相对于快递公司而言，物流公司的费用会便宜一些。这样的物流公司也有很多，比如德邦、天地华宇等等，还有一些专线物流。对于一些高级别的微商，很多时候单次发货量会很大，这种情况下选择物流公司配送更划算。

作为微商，根据自己的需求选择合适的快递或物流公司是很重要的。如果发货量大，建议选择第三类快递或物流公司比较合适，这样可以节省一些快递费用；如果对方急于要货，第一类快递就比较合适，这样可以以最快的速度将产品送达客户的手里；如果对方所在地很偏僻，比如在一些偏远乡村，第二类快递就比较合适。

随着物流行业的发展，快递公司和物流公司的服务和价格差距也越来越小。至于是选择物流公司还是快递公司，不妨多去比较。

寄送快递需要注意以下几点：

如果你是做化妆品或带有液体形态的产品，不太建议选择顺丰快递，之所以顺丰的速度快是因为顺丰有自己的专线航运，但是化妆品或液体形态的产品由于安全管控是不可以走航运的。这时顺丰和其他快递速度差不多，而其他快递价格要相对便宜很多。

如果是采用运费到付的寄送方式，即运费是收货方支付，建议选物流公司或顺丰快递。如果发货量不大，建议用顺丰快递，因为顺丰快递虽然贵，但是它的先付（寄付）和到付运费是一样的。其他快递的到付需要支付的运费一般是先付的双倍，即如果你先付需要花费十元钱，那么到付运费一般要20元左右，这个到付价格和顺丰的价格就差不多，我们何不选择用速度更快的顺丰快递，这样还可以让客户体验到良好的配送服务。

如果发货量大，建议使用物流公司，一来物流公司的到付价格和顺丰一样，先付和到付的价格一样，再者物流的价格比顺丰便宜很多。

如果寄送快递是需要对方支付运费，小胖建议可使用上面推荐的方法，但是顺丰和物流的网点及配送范围相对较小，如果客户所在地没有配送网点，我们也可以采用先垫付运费，事后再和客户结算的方式。一般快递的运费价格是由首重和续重两部分计算出来的，具体可以咨询快递公司。

很多刚做微商的小白也许不知道怎么找快递公司，方法其实很简单：

我们可以直接登录所在快递公司的官网，通过官网可以查询到我们所在地的快递员联系方式，或者致电官方客服咨询。还有一个最笨的方法，就是直接去淘宝购物，然后安静地等快递哥来找你。当然，并不是每个地方都有快递，如果是很偏僻的山村，我们可以用万能的邮政。

在寄送快递的时候，产品一定要包装严密，包装盒的大小一定要和货物吻合，实在买不到吻合的可以在包装盒里面垫一些气泡膜、海绵等缓冲物，这样可以有效抗击快递的暴力分拣，避免不必要的破损和售后纠纷。

发完快递后，一定要及时将快递单号发送给客户，以便客户追踪查询。如果快递在运输或派送中出现问题可以及时联系快递员来解决，也可以联系快递公司官方客服热线。

快递单打印机

作为一名微商，快递单打印机这个不一定非要有，但是又有非要不可的理由。

对于电商而言，打印机再熟悉不过了，打印机的最大功效在于方便快捷，节省了手写的劳力和时间。对于微商小白，如果经济有限可以手写，当单子多了以后最好买个打印机，节省下来的时间可以做很多有意义的事情。

对于微商，打印机还有一个很重要的用途，就是给客户一个心理暗示。

大家都有电商购物的经验，试想有两个包裹，一个包裹快递单是手写的，一个快递单是机打的。这时候客户潜意识可能会觉得手写的店家可能生意一般般，发货量不大；机打的店家生意肯定不错，发货量可能比较大。这种潜意识在电商时代已经被深深地植入到人们的大脑中，特别是经常网购的人群。

所以，快递单是机打还是手写，在客户心里会营造一种潜意识的评判，当然这种评判不一定是对的。试想，如果你的客户收到包裹时发现快递单是机打的，而且还配了一张机打发货清单，请问，你的客户会不会觉得你的微商生意做得还不错，应该有一定的规模，至少看起来很专业，这样可以给客户一种良好的印象。

有时候，不怕客户不知道，就怕客户有比较。在你还没有选择机打快递单时，如果你的竞争对手已经提前使用，那么你的竞争力在客户心中就打了折扣。

课堂小结

这一堂课，我们讲了微商需要具备的一些硬件工具，其中，手机、电脑、拍照神器和快递公司是必备的，170 手机卡和快递单打印机是按需选择的。

熟悉小胖的人都知道，我的分享课一般都是在 YY 语音平台进行的，我很少在微信群里面语音分享。因为我的分享课一般都有很多 PPT 课件需要展示，这样可以更好地帮助社群成员理解我所阐述的内容，加上有些实战技巧需要通过现场操作来完成，所以，在电脑端的 YY 语音平台分享是我认为当前能够满足我需求的最好选择。

在我分享的时候，会看到社群里面有个别微商喜欢抱怨，说手机端 YY 语音看不到课件内容，问我为什么不可以使用微信语音或其他的移动端语音分享工具。

面对这些微商小伙伴，我想说的是：这个世界上，没有人有义务要按照你的需求来选择他的行为方式，也没有人有义务要对你的要求百呼百应。在你需要获取价值的时候，应该时刻准备好每一种能够获取价值的工具。你可以不准备，因为这是你的选择，但你必须为此承担价值流失的代价。当你要求别人为你改变行为的时候，请先问一问自己，你能给对方带来什么价值，别人凭什么要为你改变。如果你不能给对方提供价值，那么请虔诚地接受对方给予你的价值。

我在社群里面经常喜欢说一句话：做微商，没准备，就是在准备失败。所以，该准备的硬件工具都要准备好，该学会的软件工具都要学好。

第二课

微商必备的软件工具

上一堂课我们简单介绍了几款微商必备的硬件工具,这一堂课我们来讲一讲微商需要准备哪些软件工具。

聊天工具

聊天工具作为微商社交的载体拥有至关重要的作用,这里我们主要说下微信和 QQ 这对 CP。

微信

做微商第一个想到的聊天工具一定是微信,微信分为个人微信和企业微信。

企业微信主要是为企业员工之间办公提供便利化而开发的,这里我们就不多做介绍,有兴趣的朋友可以自己去下载研究。

我们的课程中提到的微信都是个人微信,个人微信又分为移动端和电脑端。移动端微信的使用,我们将在后面的课程中详细讲解,这一堂课我们来讲一讲电脑端的微信。

电脑端的微信分为网页版和客户端版，在功能上两者没有什么区别。网页版无须安装，打开网页即可使用；客户端需要下载并安装。如果是自己的电脑，建议尽量使用客户端版本。

为什么要使用微信电脑版呢？因为微信电脑版在某些方面会比移动端更好，在处理文件和沟通效率上会提高很多。例如我们平时在手机端微信上经常传输和接收文件，由于手机内存有限，我们不可能把所有要传送和接收的文件都储存在手机上，这时我们可以利用电脑端微信把接收的文件及时保存在电脑上，也可以通过电脑端微信把电脑上的资料轻松快捷地传输给别人。

每一个微商都要熟练掌握并习惯使用微信电脑版，平时要养成像登QQ一样的习惯。如果还没有使用过电脑端的微信，不妨现在就去下载一个。

QQ

2017年5月，腾讯发布了2017年度Q1财报。财报数据显示：QQ月活跃账户数达到8.61亿，微信月活跃账户数达到9.38亿，两者不相上下。

QQ也许谁都不陌生，但是对于微商而言，QQ这个曾经风靡一时的聊天工具似乎在渐渐地被微商淡忘。我在小胖分享圈做过一次调查，发现微商对QQ的使用频率很低。微商的从业时间越长，QQ的使用频率就越低。

微商很少用QQ，是否意味着QQ已经不流行了呢？答案是否定的。在美图发布的《00后App使用情况调研报告》中，00后最常用的App前三名分别是：QQ、微信和微博。另外根据腾讯公布的相关数据显示，在微信的用户群体中，60%以上的年龄超过25岁，而QQ的用户群体中，60%以上的用户年龄低于25岁。这些数据似乎在告诉我们，微信虽然占有现在，但QQ也许会掌握未来。

2017年2月，中国社科院联合腾讯互联网与社会研究中心联合发布《生活在此处——社交网络与赋能研究报告》。报告显示，90后和00后是QQ社交网络的主力，在QQ的各项功能上，90后和00后都超越了最早使用QQ的70

后和80后。以QQ空间为例，90后的使用比例为73.5%，00后的使用比例为67.9%，而70后的使用比例为46.8%、80后的使用比例为53.5%。

作为微商，我认为QQ和微信同等的重要，两者有着互补并存的关系。

首先，微信和QQ是CP关系，两者之间也存在一些关联，比如微信发朋友圈可以同步到QQ朋友圈，微信可以进行QQ绑定等等。

其次，QQ无论是在电脑端还是在移动端，在某些功能上都要比微信强大很多。例如，在聊天记录的保存上，微信没有QQ便利。

微信保存聊天记录的方法有两种：

第一种方法是不要把微信好友或群聊的消息界面删掉。只要不删掉就可以随时查看之前的聊天记录，但是如果平时聊天的对象比较多，聊天界面一定会很混乱，一旦聊天缓存增多，系统就会卡顿。

第二种方法就是使用微信自带的聊天记录迁移功能。通过这个功能可以将聊天记录备份到另外一台设备或电脑上，但是每次都需要手动操作，总感觉没有QQ好用。

QQ的聊天记录保存很方便，无论是手机端还是电脑端的QQ都有自动保存聊天记录的功能，即使在聊天界面把对象删掉，下次聊天时依然可以看到之前的聊天内容，而且还可以实现聊天记录漫游。

为什么我要把聊天记录拿出来说呢？因为微商做的是社交关系，做微商每天都要接触很多人，一般短期内和客户的聊天内容都会有印象，但是如果过了一两周或一个多月就不一定记得了。

在微商中，客户永远是聊出来的，聊天记录可以帮我们和客户之间打通隔阂，随时随地地打开话题，甚至还能增进感情，提升客户对我们的信赖感。

试想，当你和客户聊天时，如果你能提及很久以前客户不经意说出来的某件事情，客户会不会很感动，会不会认为你很重视他，当初随便讲的一件事居然还记得。这一切的实现，就需要我们将客户的聊天记录保存好。

微信和 QQ 其实各有所长：在好友人数上，微信更加强大，可以容纳 5000 人，而 QQ 最多只能容纳 2000 人（超级 VIP 会员）；在群聊人数上，QQ 群最多可以容纳 2000 人（超级 VIP 会员），认证 QQ 群可最多可以容纳 5000 人，而微信群最多只能容纳 500 人；在群聊功能上，QQ 群比微信群更加强大；在建群数量上，微信可以无限制建群，而 QQ 建群是有限制的。

如今的时代，80 后快奔 40 岁，85 后也过了 30 岁，未来是 90 后和 00 后的消费市场。一名优秀的微商需要善于把微信和 QQ 结合起来使用，充分利用两者各自的优点，牢牢把握市场的主动权。

微商辅助工具

除了基础的聊天工具外，为了提高效率，我们还需要掌握一些微商辅助工具。

微信多开

微信多开可以实现一个设备上同时登录多个微信账号，并且这些号可以同时使用。微信多开一方面可以让私人号和营销号区分开，另一方面还可以解决微信人数上限的问题。

由于微信多开软件并不是官方发布的，所以系统的稳定性不是很好，特别是每次微信一升级就会出现一些无法登录或者卡顿的现象，甚至还会存在被封号的风险，小胖建议慎用。

从目前来看，安卓手机的微信多开软件安装比较方便，这里小胖推荐 LBE 开发的平行空间和 360 开发的分身大师 App 应用；苹果手机的微信多开软件安装比较麻烦，免费的基本没有，这里小胖推荐 NZT 和 WCT 开发的微信多开，如果是批量养号建议用 NZT，如果用于营销建议用 WCT。

目前，很多国产手机也都自带微信双开功能，比如小米、360 和乐视等国产手机。手机自带的微信多开要比安装的 App 应用更加安全和稳定。

微信助手

微信助手软件是一款替代人工操作的自动化软件，比如可以实现自动加好友、自动清理僵尸粉、一键转发朋友圈等功能。

使用这类软件可以帮你节省一些烦琐的人工操作，但这类软件的价格也不低。微信加粉每天有人数上限，小胖认为如果仅仅是为了加粉而买这类软件倒不如自己手动操作。有些功能一旦使用不当，反而会让原本的初衷适得其反。所以，小胖建议慎用微信助手。

点赞软件

点赞软件可以设置当别人发布朋友圈信息时自动点赞或评论。

小胖其实并不太建议使用点赞软件，每个人都喜欢被别人的点赞，但每个人都希望这些点赞是发自内心的点赞，而不是用软件来实现的。

点赞的目的是让对方知道你在关注他，让对方知道你的存在。即使平时直接的沟通交流不多，仅仅是通过朋友圈的点赞或评论来互动，但这些简单的互动会让以后的沟通交流变得更容易。例如，小胖的朋友圈就有一群跟我互动的朋友，虽然他们并没有跟我直接互动过，但是我却知道他们的存在，甚至我会不自觉地去他们的朋友圈看看。如果有一天他们来找我聊天，我想会非常容易进入话题，因为在平时的朋友圈互动中，我们彼此已经有了基础的了解。

虽然我们提倡微商要在朋友圈多互动，但是这种互动一定要是真实的。真实互动小胖认为有两个好处：

第一个好处是增加双方的好友度。你在关注别人的同时别人也一定会关注你，正如别人给我点赞或评论的时候，我都会不自觉地去看看对方的朋友圈，试图了解对方。

第二个好处是增长自己的经验。你关注对方的朋友圈内容，或多或少可以从对方的信息中获得一些经验。例如，你关注的是一个微商大咖，通过朋友圈互动，你可以从中了解到微商大咖是如何经营朋友圈的。

所以，小胖建议朋友圈要真实互动，微商朋友圈最好的互动方式就是在点赞的同时给一个有针对性的评论。

如果朋友圈好友众多，在有限的时间内没办法一一互动，在使用点赞软件的时候要注意把点赞设置的时间延长一点。目前有的点赞软件可以设置不定时不规律地点赞或评论，既然不能做到真实，那我们要尽量模拟真实。

微商的辅助工具可以帮我们在运营中提高效率，但如果不恰当地使用便会产生一些负面效应。微商营销不是机械化的流程，辅助软件永远无法替代人工操作。针对微商辅助工具，小胖的观点是：除非别无选择，否则不要使用。

手机小号

手机小号软件可以帮你实现一部手机拥有多个手机号码的功能。

这个对于微商平时在运营中很有帮助，手机小号和上一堂课讲的170手机号在微商运营中的功能是一样的，但是在实际的操作中又有一些区别。

手机小号是虚拟号码，没有手机卡，不需要占用手机卡槽；而170手机号和我们日常使用的手机号一样，需要占用卡槽。所以，手机小号更加方便。

从目前来看，苹果版本的小号软件限制了106开头的短信接收和发送，相同软件的安卓版暂不受此限制，而现在所有的互联网平台账号申请、验证和解封都是通过 106 开头的短信来操作的。

如果需要用手机小号来绑定微信号，建议不要选择常用的主号，可以用微信小号。毕竟手机小号是一种虚拟的号码，一旦手机小号的平台账号被盗，很有可能连绑定的微信号也一起被盗。

手机小号 App 有很多，比如阿里小号、天翼小号、和多号等等。如果你到目前为止还不知道有这种软件的存在，那就赶紧去了解一下。

美图工具

晒图对于微商而言是每天必做的事情，一张好看的图片可以给看图的人一个好的心情。作为微商，学会如何做一张博人眼球的图片是必备的技能。

美图工具有很多，我个人常用的 App 应用有美图秀秀、天天 P 图、Faceu 激萌、小 Q 画笔等等，使用这些工具可以轻松实现图片美化的功能。如果需要专业一点也可以使用 PS 软件，网上有很多 PS 视频教程，其实简单的 PS 修图操作还是很简单的。

小胖认为，如果你想把微商做得足够专业，在时间允许的前提下，建议多学会一些专业的软件。试想，如果你会 PS 这种专业作图软件，平时在发朋友圈的时候，你的图片肯定会比别人的更具吸引力。

在我的创业路程中，给我最深的感受是：当我需要用到一款软件的时候，我的学习能力原来是如此之强。就像我们经常说的那句话，如果不逼自己一把，永远不知道自己有多么优秀。小胖虽然不是专业学设计的，但工作中有时候需要用到一些专业软件，我都会通过自学的方式去掌握一些基础的使用方法，比如 PS、AI、CDR、DW、PR 等等，这些软件在我的工作中起到非常重要的作用，让我在和同行的竞争中更加具有竞争力。

这里我推荐一款微商必备的美图工具，App 应用名称叫"天天向商"，这是一款专为微商开发的美图工具，其中的海报模板功能非常实用。

为什么我会重点推荐这个 App 应用呢？因为这个 App 的确好用，对微商的作用很大。我之所以愿意分享是因为它有价值，同样的，如果你和你的产品能够给别人带来价值，别人同样愿意口口相传。

支付工具

微商的交易大部分都是通过在线交易完成的，所以，微商必须学会使用在线的支付工具。

常用的在线支付工具主要有支付宝和财付通（QQ 钱包和微信钱包）。

作为微商，我们必须熟练地掌握这些支付工具的使用方法，比如发红包、转账、提现、收付款等功能。

微商一定要站在客户的角度思考问题，给客户提供多样化的支付方式是一名合格微商的表现。因为你有的支付工具客户不一定有，客户有的你不一定有。在交易的支付环节，一般客户会向你索要支付方式，这时如果你可以给客户提供他想要的支付方式，一定会在客户心中留下一个良好的印象。

淘宝店

有小伙伴要问了，做微商为什么要开网店呢？这里开网店的目的不是为了去经营，而是为了给客户提供一种支付保障。

有网购经历的人都知道，一个完整的淘宝交易流程是：

买家付款—款项暂存支付宝—卖家发货—买家收货—买家确认付款—卖家获

第二课
微商必备的软件工具

得款项

这种交易方式解决了在线支付的信任问题，一旦收货不满意，可随时退货退款。

微商的交易方式是基于信任的基础上先付款再发货，但对于那些新发展的客户，当彼此的信任度不是很高时，可能会对先付款的方式有顾虑。比如担心付款后不发货，或者货物与描述不相符等售后问题。

当客户有上述顾虑时，我们可以让客户购买事先在网店上发布的对应产品即可。这样既解决了客户的后顾之忧，也赢得了客户的好感，何乐而不为呢。

有些微商在客户支付的时候，每当顾客有顾虑就很不爽，心想自己明明是一个很讲信用的人，对方居然还质疑我，越想越不爽，有的甚至连客户生意都不想做了。有类似想法的微商要知道，即使你是一个值得被信任的人，但对于还不熟悉你的客户而言，你只是一个陌生的朋友，你要做的不是抱怨对方不信任你，而是要主动提供值得对方信任的支付方式，只有这样才会赢得客户的信任。

由于微信和淘宝的竞争关系，淘宝的链接在微信无法直接打开。如果我们需要把自己的淘宝店网址发给微信好友，我们可以借助一些第三方平台工具，比如小胖推荐给社群成员的淘入微信（网址：weixindao.cn）就可以实现在微信中直接打开淘宝店铺。这样的工具在互联网中有很多，只需要在百度中搜关键词"微信打开淘宝"就可以搜到很多类似的平台工具，从此妈妈再也不担心我的淘宝网址被微信屏蔽了。

淘宝开店其实很简单，只需缴纳少许的保证金即可。我们不需要学会怎么运营网店，只需要会编辑和发布产品就可以。淘宝店仅仅是一个充当支付担保的工具，产品的运营我们还是要在微信中来进行。

微网店

微网店作为移动端的网店,在支付保障上和网店功能差不多。

微网店在朋友圈可以起到免费营销的作用,一个手机号码即可开通自己的微店铺,并且可以微店和产品信息一键分享到微信朋友圈等社交平台,从而宣传自己的店铺并达成交易。

在选择微网店的时候,一定要选择知名度大一点的微网店,至少这个微网店要在网上可以查询到相关信息。因为我们选择微网店的目的是为了消除客户的支付顾虑,如果我们选择的微网店客户根本没有听说过,那么结果反而会增加的客户的顾虑。

微网店的平台很多,目前做得比较好的有微店、有赞和萌店等。对于个人微商,我比较推荐微店和有赞微小店,因为它提供个人免费开店,有支付担保功能,支持微信和支付宝付款。

每个微商都应该创建一个属于自己的微网店。

办公三剑客

传统的办公三剑客指的是 Office 三剑客:Word、Excel 和 PPT;现在也可是 WPS 三剑客:WPS 文字、WPS 表格和 WPS 演示。其实两者在使用功能都差不多,没有多大的区别。

Word 文字

Word 文字大家应该都很熟悉,主要用于编辑文档。它的使用难度很小,相信大部分的微商都会。

我们编辑文档不仅仅是给自己看的，很多时候，我们还需要将文档分享给其他人看。曾经有一个社群成员让我给她的公开课稿件提一些建议，当我打开文档后，发现从头到尾都是密密麻麻的文字，内容的排版布局很糟糕，很难让我坚持看下去。所以，为了给别人留下一个良好的印象，我们应该注意文档的排版布局。

文档的排版布局要注意分段和空行，这样才能让阅读的人清晰易懂。

小胖建议，每段内容最多 300 字，超 300 字还不能表达清楚，就将内容拆分成两段来表述，否则阅读者很难读下去；不同的主题内容之间要学会空行，这样读者的视线才能聚焦。如果实在不知道怎么做，小胖建议你可以去百度搜一搜毕业论文的排版要求。

Excel 表格

在微商的营销推广中，我们离不开账号的注册，比如微信号、QQ 号、百度号等等各种平台账号，一旦账号比较多的时候，我们往往难以记忆和分辨。所以，我们需要借助 Excel 表格做好账号的登记。

账号登记内容包括：名称、账号、密码、绑定手机、绑定邮箱、关联 QQ 号、关联微信号等等需要登记的事项。

Excel 表格还可以用于代理商和客户的资料管理上。

资料管理内容包括：姓名、年龄、性别、地址、生日、星座、个人喜好、购买次数、购买时间、满意程度等等需要统计的事项。

Excel 表格除了用于账号登记和资料管理，还可用于发货库存和会员管理等需要统计的事项上。

目前有些单机或在线软件拥有和 Excel 类似的统计管理功能，这些软件要比

Excel 表格更加智能化。根据小胖的经验，当我们使用这些软件的时候，最好用 Excel 表格做一个备份，以免因软件的系统问题造成数据的丢失。

PPT 演示文稿

在微商的运营中，分享是一个必不可少的环节，一个精美的 PPT 演示课件能够让分享变得更加生动易懂。

有些微商可能会说，我平时分享不需要用到 PPT 课件，没必要学会 PPT 制作。有类似想法的微商，只能说明他们的微商事业还没有到达一定的高度，只能在微信群里面做简单的分享。如果你希望有一天能够像那些微商导师和大咖一样在电脑端通过 YY 语音分享，希望站在更大的舞台向更多的人分享，那么请从现在开始学习 PPT 的制作。任何一项微商技能的学习都是在为将来的成功铺平道路，拒绝学习就是拒绝成功。

小胖分享一个文档存储的经验：为了防止文档的丢失，我会将本地文档同时备份到百度网盘；对于一些比较重要的文档，比如 Excel 的账号登记等，我一般会对文档进行加密处理，防止百度网盘被盗号或系统问题造成不必要的损失。备份在文档存储中要作为一个必备的步骤，我们要养成备份文档的习惯。

草料二维码

草料二维码（以下简称草料）是一个专业制作二维码的网站（cli.im）。

在这个网站上，我们可以将各种内容信息生成二维码，比如文本、网址、名片、文件、图片、个人微信、微信公众号等等信息。

传统的二维码都是黑图白底，而草料生成的二维码带有五颜六色的各种图案，非常好看。当别人还在用传统的黑图白底二维码时，如果你使用了这种带色彩的图案二维码，一定会博人眼球；当别人还在发纸质名片时，如果你使用了二维码名片，一定会炫酷全场。

二维码的作用不仅仅用于信息的存储、连接和传播，还可以用来和粉丝互动玩游戏。

在小胖分享圈中，我曾分享过一个朋友圈的二维码猜谜游戏。

游戏的设计流程非常简单，只需要用草料制作九张带色彩的二维码图片，每个二维码里面都放入谜底答案，其中只有一个是正确的，然后在朋友圈发送九宫格，最后让群友通过评论的方式回复正确的答案就可以了。

例如，猜谜游戏的问题是："什么动物能贴在墙上？"我们可以利用草料生成九张文本二维码图片，二维码的内容就是一个正确的动物名称和八个错误的动物名称。当然，我们也可以用草料生成九张图片二维码，图片的信息就是动物的图像。

在文字描述的时候，我们一定要阐述清楚这个游戏的具体玩法，告诉群友下面的九宫格二维码图片里面有诸多的参考答案，其中有一个是正确的。为了提高参与度，最先回答正确的或前多少名回答正确的可以给予奖励，至于什么奖励自己可以尽情发挥。

猜谜游戏仅仅是二维码游戏的冰山一角，我们可以把二维码猜谜的玩法衍变成各式各样的玩法。例如，我们可以把猜谜变成问答，可以有一个参考答案，也可以有多个参考答案；也可以变成抢红包游戏，比如九张二维码图片里面，只有一个有红包图案，谁先找到就奖励红包。

甚至我们可以把平时的产品或服务的宣传直接融入二维码游戏中。例如，某某产品有三大功效，只要在九张二维码图片里面找出其中三张正确的，就可以获得某某奖励，比如免费赠此产品或其他奖励。

免费的产品试用活动也可以用二维码游戏来完成，因为二维码游戏不仅可以将广告植入到二维码中，加深用户对产品的印象，还可以过滤一些连游戏都不想参与的蹭客。即使是免费赠送的产品，我们也需要设置一定的门槛，这个门槛我们可以设置得很低，可以是二维码游戏，也可以是很低的价格，比如一分钱、一毛钱或一元钱，这么做的好处是可以有效筛选出真正需要产品的客户。即使是免费的产品，我们也要让用户感受到参与的过程。

二维码游戏不仅仅可以在朋友圈玩，也可以放到线上或线下的任何一个场合，它不仅是一个互动的游戏，还是一种提升参与度的营销手段。

例如，在小胖分享圈中，我曾帮一个微商团队策划过一场线下地推引流活动，活动的内容就是用二维码游戏来开展免费赠送。操作流程很简单，只需要做一个大的展架，在展架上放 N 个二维码（二维码在展架的位置可自由移动），二维码内容里面有团队代理的各种产品（试用装和正规装产品都要有），有不同数额的微信红包（其中一定要有一个大红包），还有一些其他的宣传信息等等，每个人都有一次扫码的机会，扫中哪个就赠送对应的奖励。当然，产品的扫中率和红包的金额需要精心的设计，这里就不具体讲解。

同样的，上面朋友圈的二维码猜谜游戏也可以换个线下玩法，我们可以在二维码里面放入不同的谜题，然后让参与者回复答案，答对有奖。这类似于古代猜灯谜的游戏，只不过这里将彩灯换成了二维码。具体怎么设计这个游戏的玩法和赠品，不妨好好想想。

通过这种线下二维码游戏，这个团队每场活动下来都可以平均引流 200 个精准粉，引流精准粉的前提是你的活动地点和筛选机制要正确，这个我们在后面的课程中会讲到。

第二课
微商必备的软件工具

网络存储工具

在微商的运营中，我们要学会使用一些网络存储工具，以便于我们随时随地的保存和查看文件。

有道云笔记

这是一款具有云存储功能的应用笔记，可以让你实现跨平台浏览和编辑。

有时候我们需要保存一些微信的聊天记录，比如在微信群里面听培训课，当我们不能跟上老师的节奏时，我们就可以用有道云笔记保存聊天记录，回头再慢慢消化，最重要的是有道云笔记的聊天记录可以永久保存。

我们如何永久收藏微信聊天内容呢？很简单，只需要绑定一个公众号即可。

在微信公众号中搜"有道云笔记"，找到并关注；然后进入公众号，点击右下角的"更多功能"，在弹出的选项中选择"账号绑定"就可以。想知道有道云笔记如何使用，只需在"更多功能"的菜单选项中点击"永久收藏技能"就可以清楚地了解。

有道云笔记对我而言，就是我的随身多功能云笔记本，当我大脑中有了一个新的想法时，我会随时随地用有道云笔记把这个想法记录下来。所谓好记性不如烂笔头，每个微商都要养成随时随地记录的习惯。人的思维很活跃，当场不记录下来，过一会儿也许就忘记了。

有道云笔记不仅可以记录文字，还可以记录语音、图片和视频。除了有道云笔记，印象笔记也是一个非常不错的云存储应用笔记。

百度网盘

百度网盘是百度推出的一项云存储服务，用户将可以轻松地将自己的文件上传到网盘上，并可跨终端随时随地查看和分享。

百度网盘和有道云笔记虽然都是云存储服务，但有道云笔记更适合存储一些容量不是很大的文件，以文档居多，因为它的初始空间只有 3G，即使开通会员也只有 50G；而百度网盘的初始空间有 2T，开通超级会员可达到 5T，这么大的空间容量，可存储文件的选择性更大。

荔枝FM

荔枝 FM 是一款微电台 App，每个人都可以在上面创建属于自己的电台。

使用微电台有两个好处：

第一个好处是，你可以在微电台中搜索到很多微商大咖录制的节目。如果你缺乏微商经验和知识，这里会是一个很好的免费学习的地方。

第二个好处是，你可以用声音的形式做营销。像那些微商大咖一样，创建一个属于自己的电台频道，分享一些能够塑造你形象的专业知识。

通过观察我们会发现，微商大咖的电台名称一般都是"微商""微营销""微信""营销"这四个词的组合，这么做的原因在于可以让被搜索到的概率最大化。如果你的电台也想分享微商经验和知识，不妨仿效组合那四个关键词。

录制电台贵在坚持，不能三天打鱼两天晒网，要给自己确定一个目标，是每月录制一期还是每周录制一期，又或是每天录制一期。制定目标以后要坚持完成，如果你能够坚持完成设定的目标，你的收获一定会很大。

录制电台本身是一个积累经验和知识的过程，你会不自觉地逼迫自己学习更多的知识，只有这样才能够更好地在电台中分享。在录电台的过程中，你会不断强化自己"说"的能力，通过持续的积累，你不仅可以说服自己，还可以说服粉丝。

做电台不仅可以锻炼你的演讲能力、思考能力、写作能力、社交能力，最重要的是还可以扩大你的影响力，因为打造个人品牌最好的方法就是分享。

微电台除了荔枝 FM，还有喜马拉雅 FM、考拉 FM 等等，选择一个适合你的微电台，然后设定一个目标坚持做下去，你会发现不一样的自己。

录屏工具

为了增长知识，微商会经常参加一些专业知识的培训课程，而这些培训课程的授课方式大部分都是直接通过互联网工具来完成。在授课工具中，电脑端以 YY 语音为主，移动端以微信语音为主。

在培训课程中，有些知识也许无法当场消化吸收，所以，很多微商通常会对培训课程进行录音。录音非常简单，YY 语音有一个自带的录音功能，无须借助任何录音工具。微信语音的录音有两种方法：第一种，直接用微信自带的收藏功能；第二种，借助第三方录音 App 应用，比如有道云笔记的"录音笔记"功能。

在小胖分享圈，如果你还在使用录音工具，就显得很 low 了，因为录音功能存在一定的局限性，无法再现课程当初的视觉画面感。例如，在 YY 语音的授课中，讲师往往会展现 PPT 课件，一些实战的操作技巧会伴随着现场演示来讲解。在微信群的授课中，讲师在发送语音的过程中，往往会配合发送一些文字和图片，用于更好地解释语音内容。

在胖圈的知识群里，我们会经常用 YY 语音和微信语音分享一些最新的微商知识。由于小胖分享圈每天都有新的成员加入，对于同一个知识，我们不可能再给后加入的新成员重复分享一遍。所以，对于之前已经分享过的知识，我们往往会通过录屏的方式将录屏文件存放在社群文件夹，待新成员加入后就可以直接观看我们之前分享过的所有知识。

用录屏工具的好处在于，录屏工具不仅仅可以录制语音，还可以录制画面，能够再现培训课现场的每一个细节，包括听众之间的互动内容。最重要的是，它能够让重复学习的效果加倍。与此同时，我们还可以将这些录屏文件作为吸粉引流的赠品。

录屏工具有很多，电脑版的有屏幕录像专家、KK 录像机等，我个人常用的是 Camtasia studio，相比前面两个软件，Camtasia studio 功能更强大，但操作上要比前者稍微复杂一点。移动版的录屏工具，我测试过 N 款，最终给社群成员推荐的是拍大师、录屏专家 RecScreen 和录屏大师。这三款 App 在安卓应用市场中可以直接下载，苹果 App Store 暂时无法下载，但我们可以在拍大师（app.aipai.com）、录屏专家 RecScreen（www.recscreen.com）和录屏大师（lp.ifeimo.com）的官网下载到，相当于绕过了苹果 App Store。苹果 App 安装教程，官网上都有说明。

苹果版的 App 下载有一个小技巧，如果安卓版有的 App 应用在苹果 App Store 找不到，我们可以尝试着去 App 应用所在的官网看看，一般官网都会提供绕开苹果 App Store 的下载方式。所以，我一直坚持认为，微商必须有一个安卓手机，而且是国产的安卓手机，因为国产手机更懂微商的需求。

其他工具

除了上面的一些软件工具，小胖再介绍一些常用的软件工具，这些工具在微商的运营中起着非常重要的作用。

金数据

金数据是一款免费的表单设计和数据收集工具，可用来设计表单，制作在线问卷调查，组织聚会，发起投票，在线登记，询问意见，整理团队数据资料，获得产品反馈等。

表单设计好后，会生成唯一的表单链接和表单二维码，可以把表单嵌入自己的网站，也可以直接发布到 QQ 群、邮件、微信、微博等等。

千聊

千聊是一个专注于知识分享的平台，通过直播的形式让您直接找到各个领域的专家、老师、达人。

微商可以借助千聊分享自己在某个领域的经验和知识，从而打造个人品牌，也可以收听专业的知识。

再小的个体，也有自己的讲台。

YY 语音

YY 语音是一款直播软件，在微商中，它主要运用在培训中。

相比微信语音分享，YY 语音的分享不受人数的限制，展现形式也更多样化，能够让听众对课程内容更清晰易懂。

思维导图

思维导图又叫心智图，是表达发散性思维的有效的图形思维工具。通过思维导图工具，可以帮助我们快速理清思路，比如这本书的大纲就是通过思维导图软件来完成的。

思维导图软件有很多，电脑版的有 MindManager、xmind 等，移动版的有思维导图、Mind Vector 等。小胖经常使用的是百度脑图，目前只有网页版。不同的思维导图软件功能都差不多，大家可以按自己的体验选择一款自己喜欢的使用。

H5 应用

H5 这个由 HTML5 简化而来的词汇，H5 是集文字、图片、音乐、视频、链接等多种形式的展示页面，H5 应用常被用于移动端的各种场景中，丰富的控件、灵活的动画特效、强大的交互应用，非常适合通过手机展示和分享。

H5 应用可以用于微商的招商、活动推广、产品或团队的宣传、互动游戏等方面。H5 应用有很多，小胖比较常用的有易企秀、MAKA、场景秀等。

除此之外，还有很多专业的微商平台，它们满足了微商个性化的需求。常见的平台 App 有小猪导航、微商水印相机、微商管家、扩散云等。

课堂小结

这一堂课，我们讲了一些微商需要用到的软件工具。如果上面介绍的软件工具你还没有使用过，请你一定在课后去了解并学会使用。如果你不采取任何行动，这本书对你而言就毫无价值。

还是那两句话，一定要谨记：没有准备就是在准备失败；拒绝学习就是在拒绝成功。

其实做一名的微商很容易，你只需要把该准备的工具准备好，把该学习的技能学习好，持之以恒下去，成功便会水到渠成。不要幻想什么都不准备，什么都不学习就会有人把钞票送到你的口袋，哪有那么好的事情。

在微商的生存法则中，唯有超越才能生存：当别人没准备好时，你要准备好；当别人没学会某项技能时，你要学会；当别人准备好时，你要比他准备得更充分；当别人学会了某项技能时，你要比他学得更精通。

最后，"什么动物能贴在墙上"的谜底是海豹（海报）。

第三课

微信朋友圈装修技巧

在讲这一堂课之前，我们需要知道为什么要装修微信朋友圈。举一个简单例子，我们试着想象一下，有一天你去一家餐厅吃饭，当你进入这家餐厅的时候，里面装修得非常好看，餐具和桌椅都很干净整洁，服务员穿着得体，菜单上的菜都配了一幅精美的图片，栩栩如生，感觉非常好吃，口水都要掉下来了，餐厅的消费价格也不高，性价比十足。请问，这样的餐厅你下次还来不来？这样的餐厅给你留下的印象好不好？

反之，你去了一家非常糟糕的餐厅，里面装修得一塌糊涂，餐具和桌椅满是灰尘油污，服务员穿得邋里邋遢。请问，你还吃得下去吗？下次你还愿意来吗？

我们再来做一个对比，假设两家餐厅做出来的菜品和价格都一模一样，你会选择哪家餐厅呢？毫无疑问，大部分人都会选择第一家给人留下好印象的餐厅。

微信朋友圈的装修就和餐厅一样，好的装修可以让客户对你感兴趣，第一眼就可以记住你，从而对你产生信任并且有机会达成交易。

在微商中，你和其他微商的最大区别不在于品牌或产品的差异化，因为只要你愿意，你也可以代理销售和对方同样的产品。如果有一天你能够在微商中立足，一定是你在别人眼中与众不同，不同之处在于你给别人留下了好的印象。

小胖很喜欢西方的一句谚语：**你永远没有第二次机会给人留下美好的第一印象**。可见，第一印象是多么的重要。

那我们就来看看微商应该如何给客户留下美好的第一印象。

我们想一想,当别人加你或者你加别人的时候,对方首先会看到的关于你的信息是什么?对方看到的第一眼就是今天我们要装修的地方——朋友圈。

接下来,我们就来详细地讲解下朋友圈需要装修的五大宝地,它们分别是微信号、微信名、微信头像、个性签名和相册封面。

微信号

微信号就是微信的账号,别人通过你的微信号可以快速找到你。简单的理解,微信号就相当于一个人的身份证,具有唯一性。

大家在设置微信号的时候一定要慎重,因为微信号一旦设定不可以再修改,所以在设置微信号的时候,你必须考虑清楚。

微信号的设置要遵循两个原则:

第一,微信号要简短。

微信号一定要简短,让别人可以快速输入你的微信号找到你。如果你的微信号设置得很冗长,会让别人失去加你的欲望,作为一名微商也会显得你很不专业。

第二,要和微信名有关联。

在简短的基础上,微信号一定要和微信名有所关联,这样才能让别人容易记忆。

假设我的微信名是小胖,那微信号可以用拼音 xiaopang 或用英文 fatboy。

由于微信号具有唯一性,如果你想到的号被别人抢先注册了,可以在后面加一些数字或符号,比如 xiao-pang、xiaopang520、xiaopangvip 等等。要注意的是,符号最多只能用一个,用多了就显得不专业也难看。

如果要用数字最好用一些有意义的简短数字，比如520、1314。一来方便被人记忆，二来也有谐音的意思。

如果你有多个微信号，可以在微信号尾部采用数字递增的方式，比如xiaopang1、xiaopang2、xiaopang3。这样做的目的一来方便自己记忆，二来暗示微友你有多个微信号。

总结上面两个原则，其实微信号取名只有一个要求，就是让人看上去很舒服。我们没有必要让别人一定要记住我们的微信号，但至少要通过微信号给客户传达出一种专业的感觉。就像我们在选择手机号码的时候，总是喜欢挑选一些靓号，其实不管是靓号还是普通号，别人都不会去试图记住你的手机号，除非你是对方至亲至爱的人，但如果你的手机号是靓号，在别人看到的一瞬间，内心一定会有一种高大上感觉。

熟悉微信的人都知道，让别人加你微信的方式不一定非要提供你的微信号，还可以向对方提供你的手机号或QQ号。当然，前提是你需要用微信绑定手机号和QQ号，绑定功能在"设置—账号与安全"里面。

微信的这个功能非常实用，当别人问你微信号的时候，只需要提供对方QQ号和手机号即可。与此同时，我们也通过这个功能发现了一些小技巧，如果你知道某人QQ号或手机号，也就意味着你可能知道对方的微信号，这个对于微信加粉是非常有意义的。

微信名

一个好的微信名不仅可以方便记忆和传播,还可以让你的知名度事半功倍。好的微信名是打造个人品牌的重要一步。

微信取名要遵循**看其名知其人的原则**。换句话说,当看到你名字的时候就知道你是做什么的。

微信名一般采用 A+B 两部分。

A 部分用来给自己命名。

这里的姓名可以是自己的真实姓名也可以是昵称。昵称要和你自己的特征或你所销售的产品有关联,让别人可以产生联想。比如我的昵称叫小胖,因为我是个名副其实的小胖子,我的昵称符合我的体型特征。我有一个叫夏薇的微商朋友,她的昵称就叫薇薇;我一个卖蜂蜜的朋友,他的昵称叫蜂子哥。

B 部分用来给自己注释。

这里的注释部分是用来对 A 部分进行解释的。解释的对象包括"你是谁、你是做什么的、你来自哪里、你的使命是什么"等等,比如,蜂子哥—蜂蜜传播者,薇薇—微梦团队。

B 部分不一定非要有,看个人需要。如果 A 和 B 都想要,连接符号可以用一些简单但不影响美观的符号,比如小横杠"–"或小加号"+"等,也可以用一些好看的小图标,比如爱心图标、蝴蝶图标等。

要注意的是,微信的名称尽量不要太商业化,否则会影响到加好友的通过率。例如"夏薇—立白洗衣片总代"这个微信名,B 部分的名称太商业化了,如果你需要让别人知道你是做什么的，可以将商业化的词语拟人化，比如我们可以将"立白洗衣片总代"改为"洗衣能手""洗衣达人""洗衣专家"等等。这样别人反而会好奇你的名称，想知道你为什么能成为洗衣能手。

一些微商喜欢取一个英文名来作为自己的微信名，小胖认为有些不妥。看上去很 fashion，与国际接轨，但实际上存在诸多弊端，不利于微商职业的发展。

微商诞生于中国，国内拥有全世界最大的微商市场，如果你的微信名用的是英文，别人很难记住你，至少没有中文好记。如果你的微商生意和目标人群是在国外，你微信名用英文我非常赞同，但是大部分人显然不是这样。

如果你不是在外企工作，如果你不是在和外国人打交道，如果你不是从事与外语有关联的行业，如果你还想好好地做微商，如果你在微商界不是很大咖，建议微信名不要使用英文。

微商做的是个人品牌，英文不容易记忆，也不容易打造个人品牌。

我们在微信好友列表中经常会看到排在最前面的都是一些微信名前面加了 A 或 0 的好友，比如 A 蜂子哥，A0 薇薇。这是因为微信好友列表是按照字母和数字优先排序的。

不得不说这些人很聪明，知道利用好友列表排序的规则让别人注意到他们，但我觉得这种做法是聪明反被聪明误。稍微有点经验的人都会知道这是个营销号，虽然你加不加 A 都是营销号，但是我们潜意识里面好像有点抵触这种赤裸裸的营销号，我很少看到微商大咖有用这种方式命名微信号的。

微信名在使用的过程中要遵循两点原则：

第一，名称一旦确定不可以轻易改变。

一旦更改微信名，你所积累的一切将有可能会消失。微信名就相当于是自己的脸面，容貌换了别人就很难认识你了。

有的人换微信名后会群发去告诉别人，即使当时别人记得，时间久了估计也忘记了。每换一次微信名，你至少会流失 20% 的客户。

有一次，我一个微信好友让我帮他推广下他的某款茶叶并且送了一些给我，我一个朋友喝了他的茶叶后很感兴趣想合作，结果我在微信里面硬是找不到他人，打他电话后一问才发现他把微信名改了。如果我没有他的电话，很有可能他就失去了一笔生意。

从这个事件里面我们要吸取两个经验：第一个经验，微信名 A 部分没有到万不得已不要轻易改动，B 部分作为注释后缀可以适当修改；第二个经验，如果对方是你比较重视的朋友或客户，你至少要获取对方两个联系方式，与此同时，你也要主动提供两个联系方式给对方。

第二，微信名需要有一定的统一性。

一旦微信名确定，我们需要将这个名称统一起来使用，这样便于传播，积累更多的资源。

当微信名确定了，其他社交账号的名称，比如 QQ 名、陌陌名、微博名等等其他可以命名的社交平台都要尽可能和微信名保持一致。

不仅线上，线下名称也要统一起来，比如在线下参加培训、沙龙等活动都要使用统一的名字。否则，线上交流得很好，线下聚会递完名片却不知道谁是谁，或者线下活动大家都很熟悉了，到了线上交流又不知道谁是谁了。

就拿小胖为例，我在任何一个场合都会称呼自己小胖，包括名片上印的都是小胖，我相信对我不太熟悉的人，我要报上真名都会不认识我。甚至在生活中，当我犯错误的时候，我老婆都会大喊一声："胡小胖，你给我滚过来！"

第三课
微信朋友圈装修技巧

微信头像

当客户通过微信号搜到你，首先看到的就是你的头像。一个好的头像能体现你的专业度，也是你展现给他人第一次个人形象的首秀。

微信头像的设置原则很简单：**用你本人的头像**。

我看见过很多微商用二维码头像、产品图像、风景图像等等，这些图像压根儿和你本人形象没有任何关联。有人会问我卖产品怎么不可以用产品图像呢？看似很有道理，但我认为一名成功的微商在学会卖产品前一定要学会先卖自己。不管你现在代理什么产品，我相信你绝对不是你所在级别的唯一代理，别人如果想购买你代理的产品，选择性会有很多，不一定非要选择你。

所以，让别人选择你的唯一理由一定是**因为是你在卖，所以我才选择买**。由此我们可以看到，微商首先卖的是人，然后才是产品。

以小胖为例，我在创建小胖分享圈之前，也曾负责过一些微商品牌的操盘运作，每当我负责运营一个品牌的产品，我的很多微商朋友都会来代理我运营的这款产品，有的朋友甚至在不了解产品的前提下就支付了货款，因为他们愿意相信小胖。虽然我每次运营的产品都不错，但是对于她们而言，首先选择相信的并不是产品，而是选择了对小胖的信任。每当我负责运营另外一家品牌产品的时候，我的这些微商朋友也会跟着我一起代理新运营的品牌产品。

这就是个人品牌的影响力，我在哪里，他们就在哪里，我去哪里，他们就去哪里。所以，如果你想打造个人品牌，微信头像一定要用本人的照片，而不是产品，因为唯一不变的只有自己。

也有些教程里面提到可以用宝宝的照片，因为微商宝妈人群很多，看到宝宝可能会有很多共同的话题。我认为与其用宝宝的照片不如用一张你和宝宝的合照作为微信头像，这样更显得你的家庭温馨和睦，至少头像里面还有你本人。

谈到合照，不一定非要是宝宝，我们也可以用和名人的合照、和产品的合照等等，你合照的对象一定要能衬托你。

本人照片一定要清晰美观，因为这直接关系到你的形象，所以一定要认真选择。有时候，一个好的头像可以让别人对你产生亲切感，增加彼此的信任。

如果你觉得自己的照相水平不行，小胖这里推荐两个好的办法：

第一个办法就是专门去照相馆请人拍摄一组个人艺术照。

现在很多微商导师或大咖用的微信头像都是个人艺术照，这样给人的形象会显得高大上。这里不用考虑个人的长相以及审美观念，即使你对自己的外貌并不满意，鼓起勇气大胆地展现自己，也许你的魅力别人能看懂。

我有一个微商朋友，她之前从来不用自己的照片作头像，因为她对自己的外貌不是很自信，后来通过一番聊天她终于想通了，用了自己的照片作为头像后生意也没有她之前想象得那样不好，反而因为照片带来的亲切感和真实感让生意越做越好。

第二种办法就是用卡通形象照。

如果你真的不想用自己本人的照片，也可以去找专业设计卡通的人帮你设计一幅你的卡通形象照。比如在淘宝上就可以轻松找到很多手绘 PS 的卡通照，只需要提供一张你的真人照片就可以。除此之外，也可以通过一些 App 应用来实现，比如小偶 App 等。

头像也可以随着自己微商阅历的丰富而做出适当变化，以此来更好地展现不同时期的你。当然，无论怎么变化，头像一定还是你本人，变的仅仅是不同时期的你。

头像照片中也可以添加一些小图标，比如你代理产品的品牌 LOGO 或你团队的名称以及图形标识等等，这些小图标可以放在照片的角落里，切记不要遮挡到你的小脸蛋。

个性签名

一个好的个性签名可以让看到的人心情愉悦，同时加深对你的个人印象。对于微商，个性签名就是一个免费推销自己的文字广告位。

我看到过一些人在这么重要的广告位上写一些心灵鸡汤、心情话语等一些无关紧要的话，这不仅不能给自己加分，反而会给自己减分。

想写好个性签名其实很简单，只需要回答两个问题：**我是谁？我在干吗？**

这里可以写得稍微高大上一点，让别人感觉你在所从事的领域很专业。比如小胖的个性签名可以写"微商分享导师，越分享，越懂分享"；再比如做婴儿奶粉的宝妈，可以写"资深全职宝妈，专注婴儿营养12年"。

要注意的是，个性签名一定要配合相册封面来共同展示，个性签名相当于相册封面的解说词。

个性签名，顾名思义，签名要有个性，要写一些有个性的语句，一定要够吸引人，30个字，让别人知道你是谁，你在干吗。

如果自己文采有限，可以多去参考一些做得好的微商，看看他们是怎么写的。学习的过程就是在不断借鉴、不断思考、不断超越的过程。

相册封面

如果说个性签名是文字广告位，那么相册封面就是图片广告位。

图片的美化可以借助上一堂课介绍的美图工具来完成，如果实在不会做图片也可以去淘宝请人帮你做一下，花不了几个钱。

图片的尺寸大小一定要掌握好，因为每个手机的屏幕大小不一样，同样一张图片，不同屏幕的手机显示也会不同，所以大家在作图的时候尽量把关键图文信息放在图片的中心位置，这样不管是什么屏幕的手机都可以展示出来。

相册封面可以展示你的产品、授权书、买家秀或你自己的形象照等等，总之所展示的内容一定要和你想塑造的专业形象或所销售的产品有关联。

课堂小结

朋友圈需要装修的五大宝地已经说完了，其实这些装修的目的无非是让别人感觉你很专业，这种专业度会给人带来一种良好的视觉感受，也让别人更容易记住你，信任你。

专业度对于打造个人品牌有着极其重要的作用。有人会问什么是个人品牌，简单地说就是个人的人格魅力和影响力。有的教程也把个人品牌叫作自明星，就是自己把自己打造成明星。

即使你现在是一个微商小白，你依然要按照大咖的标准来装修自己的朋友圈。你期望自己将来会成为哪种人，你就要按照那种人的标准来要求自己。你期望自己将来成为微商大咖，就要按照微商大咖的标准来装修自己的朋友圈。

第四课
QQ朋友圈装修技巧

谈到QQ大家都很熟悉，如果在手机上我们离不开微信，那么在电脑上我们也离不开QQ。如果说微信是微商在移动端的社交阵地，那么QQ就是微商在电脑端的社交阵地。

微信和QQ在不同的功能上各有优劣，作为微商，我们要善于发现并运用两者的优点。QQ也有移动版，在某些功能方面比微信更强大。

QQ朋友圈在一些功能设置上和微信差不多，我们先来看看和微信一样的需要装修的五大宝地：QQ号、QQ名、QQ头像、个性签名、背景商城。

QQ号

QQ号分为普通号和靓号，普通号在注册QQ的时候系统会自动生成，不像微信号可以自定义。

如果你觉得普通号的数字不太喜欢，也可以去QQ靓号站挑选自己满意的号码。我们在上一堂课中说过微信可以绑定QQ号，这就意味着你的QQ号同时也是你的微信号。

我个人认为QQ号是否靓号不是很重要，很多微商朋友不是靓号依然做得很好，显然证明生意好坏和靓号没有太大的关联。当然，靓号有时候也会给你的客户一定的暗示，假设你的QQ号是8888888，那客户潜意识就会觉得你很牛，除此之外，对微商的帮助不是很大。

QQ和微信一样，QQ号并不是唯一能找到你的方法，我们还可以通过手机号或邮箱找到你。当然前提是你QQ绑定了手机或邮箱并且开启了查询功能。绑定功能可以在我的QQ中心（id.qq.com）账号管理里面设置。

QQ名

QQ名我们也叫作QQ昵称，这里我们不再详细介绍，大家可以参考上一堂课关于微信名的讲解，QQ名和微信名装修要注意的事项是一样的。

按照上节课我们说的名称统一性的原则，QQ名和微信名要保持一致，至少A部分要一致，B部分可以适当修改。

QQ头像

QQ头像装修遵循的原则和微信头像是一致的，头像一定要是你本人，真实也好卡通也罢合影也行，可以与微信头像一致，也可以换个不同的形象展现不同的你。

04 第四课
QQ朋友圈装修技巧

个性签名

个性签名与微信个性签名遵循原则一致，可以和微信签名保持一致，也可以根据自己的需求重新定义。

背景商城

微信的相册封面在QQ上我们叫作动态背景，动态背景只能在手机QQ上才可以设置，电脑端是没有办法设置的。

和微信一样，动态背景会出现在朋友圈的最上面，是别人对你QQ朋友圈的第一印象。QQ动态背景比微信相册封面更加人性化，背景商城里面提供了很多精美的专题和分类图片供我们选择。当然，作为一名微商你肯定要放弃这些选择，免费的广告位我们不可能白白浪费。

QQ为我们提供了多重选择的个性化定制图片，包括普通背景、全屏背景、多图背景以及视频背景这四种模式，至于是选择哪种模式作为背景这个因人而异，可以去分别测试一下效果再做选择。相对而言微信就简单很多，因为微信本身没有这么多选择。有时候我们会发现，可选择的选项多了反而会是一种负担。

QQ和微信有点不一样，除了背景商城这个免费广告位，QQ还有另外一个免费广告位，那就是个性名片（个性装扮）。

背景商城是在别人查看你朋友圈动态的时候展示的，而个性名片是在别人查看你个人资料的时候展示出来的。个性名片的设置和背景商城差不多，有很多精美的分类供我们选择，也可以自定义图片，大家可以根据自己的需求设置。

上面说的都是和微信差不多的设置，接下来我们来说一说微信没有而 QQ 有的一些比较重要的设置。

QQ 空间

QQ 空间的部分功能和微信公众号相似，但也有很多不同之处。微信公众号是一个独立的平台，和个人微信之间没有关联；而 QQ 空间是和个人 QQ 关联的，每一个 QQ 都有自己的 QQ 空间，和微信公众号、微博一样，如果用心经营也可以带来不错的引流效果。

接下来我们简单了解一下 QQ 空间的装修技巧。

空间设置

QQ 空间在手机 QQ 上是没有办法设置的，大家可以下载一个独立的 QQ 空间 App，或者在电脑端通过 QQ 进入空间设置，我个人觉得还是电脑端设置比较方便。

以下内容讲解需要你配合登录 QQ 空间进行相应板块的操作，否则你会不知所云。

在 QQ 空间的空间设置中，有权限设置、空间设置、个人资料三个设置板块。

如果你的 QQ 是专门用来做营销的号，权限设置里面的"谁能看到我的空间"一定要选择所有人，因为我们开通空间的目的就是为了让大家看。

权限设置里面的"谁能看我的访客"这里建议选择仅自己，因为访客都是你的人脉资源，公开可能会被挖墙脚。后面课程中关于加精准粉的其中一个办法就是在目标人群的 QQ 空间访客里面寻找精准粉。

权限设置里面的"评论留言防骚扰"这一项可以选择所有人，或者根据自己的需要选择，但是一定要开启评论审核，以免出现广告等一些无效的评论和留言。因为评论留言区也是营销宣传的阵地，比如后面的课程我们会讲到凡是大咖的公众号、空间、博客等能评论留言的地方都是营销宣传的好地方。当然，这里要注意一定的技巧，看似真实评论留言，实则是广告。开启评论审核后我们就可以有选择性的通过一些对自己有利的评论留言，这样会给看的人带来好的印象。

空间设置板块没有什么好说的，根据自己的需要设置。

个人资料板块里面基本资料和空间头像都是同步QQ设置的，所以这里不需要再设置。

空间资料里面的空间名称和空间说明可以参考微信或QQ的名称和个性签名。

我们重点来说下个人资料板块下空间资料里面的签名档。签名档的作用就是在你给别人QQ空间留言的时候，除了本身的留言内容外，下面会紧跟着你的签名档。所以说签名档也是营销宣传的一个好帮手，不仅仅QQ空间有签名档，现在很多贴吧或论坛都有签名档，比如百度贴吧、新浪微博等等。我们可以巧妙地利用签名档做一些软植入的广告宣传。

空间板块

我们回想下，当我们新加了一个QQ好友的时候，一般习惯性的行为，是不是会先去对方QQ空间看一遍，比如看看对方的说说、日志、相册、留言等信息。接下来我们就简单介绍下QQ空间主要的四大板块，它们分别是说说、日志、相册以及留言。其中说说、日志和照片构成了QQ朋友圈的好友动态内容。

说说

QQ的说说相当于微信的朋友圈，QQ发说说和微信发朋友圈是一样的。当微信绑定QQ号后，我们在微信发朋友圈的时候就可以选择同步到QQ朋友圈。

日志

编辑日志其实和微信公众号编辑文章一样，相比说说，它的内容展示可以更加丰富，和公众号编辑文章一样，不受字数限制，可插入图片、音频、视频等。

如果你想发表的说说限于字数、图片等限制，你可以直接发表日志。

在管理日志的时候，一定要做好文章的分类。平时多发表一些文章，没有原创的也可以去网络上收集一些写得好的文章。发布日志会默认同步到 QQ 朋友圈，当然你还可以分享到微信等其他社交平台。

相册

相册一定要做好相册分类管理，相册分类可以有产品秀、买家秀、团队秀等等。为了增加相册的人性化，我们还可以增加生活秀，生活秀就是你本人的日常生活照片。当然这些照片需要精心挑选，比如能表现你与家庭和谐相处的照片、你辛勤工作的照片、参加户外活动的照片等等，照片上一定要展现出你是一个乐观开朗、积极向上的人。

留言

很多人觉得留言板没有什么用，但其实留言板对于增加访客的信任度和活跃度是非常重要的。可以想象，如果别人访问你的空间，发现你的留言板上一条信息都没有，会给别人一种无人问津的印象。但是如果 QQ 空间留言板上有非常多的留言，给人的感觉是这个人很受大家欢迎，这会无形中拉近和客户之间的距离。

留言板主要是供别人留言的，这里有一个主人寄语是需要我们编辑的。主人寄语这里建议大家写一些有正能量的话。

上面也说过要开启留言评论审核功能，以防有人恶意留言或发广告。如果有人留言给我们，我们要即时通过审核并积极回复。

最后，给大家提供两个 QQ 朋友圈（好友动态）的广告位：**空间描述**和**手机标识**。使用的前提是需要开通黄钻，并且这两个广告位只能在手机端设置和展现。

第四课
QQ朋友圈装修技巧

空间描述，它在QQ朋友圈会展示在你昵称的下面，这里你可以写一些有情怀的语句或者一些软文广告。手机标识，它在朋友圈会展示在你动态的左下角，这里可以根据自己的需要自定义内容。

空间描述和手机标识的编辑功能在QQ好友动态的"个性化"功能里面。如果找不到这个功能，也可以下载一个QQ空间App，里面也有"个性化"这个功能。具体怎么设置，可以在百度搜一下，或者观看本书的视频版。

如果经常用QQ的人会发现，有些功能只能在手机上编辑和展示，比如上面说的两个广告位的编辑和展示；有些功能只能在电脑端编辑和展示，比如留言档的编辑和展示。

作为微商，我们要尽可能将QQ装修得全面一点，因为我们永远不知道潜在客户究竟是喜欢用电脑端QQ还是手机端QQ，我们只能把电脑和手机端的QQ都装修好，才能以不变应万变。

QQ朋友圈装修就分享到这里，除了微信和QQ，还有很多其他的聊天工具，虽然聊天工具不同，但是遵循的原则是一样的。

课堂小结

小胖认为装修分为外在装修和内在装修。所谓外在装修就是我们这两堂课分享的内容，让别人可以外在看到的部分。所谓内在装修就是真才实学，比如你对微商营销技巧的掌握。

作为一名微商，需要做到内外兼修。外在装修好了，会让对方感觉你很专业，有了良好的第一印象，对方就愿意与你交流。但你是否能留住对方，让对方成为你的客户就要看你的内在装修。

有些人习惯性地用自我思维来判断事情，认为QQ已经过时了，理由是自己不用QQ了。同样的，有的人认为微信的某个功能没有什么用，因为自己从来不用这个功能。诸如此类,这个没有用,那个没有用,因为自己不用。我曾看过一本书,书名是《你以为你以为的就是你以为的吗？》。你不用不代表别人不用,作为微商,我们应该多想他人所想,多站在他人的角度思考问题。

其实这种自我思维可以拓展到我们的生活中,当我们不了解或者没有进入到某个圈子的时候,我们会误认为这个圈子很小。当有一天我们进入到这个圈子的时候,才发现这个圈子原来如此之大,和我们当初想象的不一样。

正如微商这个行业,不做微商的人或者不待见微商的人,可能对微商一知半解或者一无所知,又或者是存在某些偏见。当有一天这些人进入到微商行业,才会发现微商这个圈子原来如此之大,和我当初的偏见完全不一样。

第五课

微信公众号的创建和使用

这一堂课很简单,互联网上也可以找到很多介绍公众号创建流程的文章,多的不要不要。也许有些人会觉得很简单,没有必要作为一堂课,但小胖坚信总有一些人他们会觉得有需要。或许有些人在这堂课之前连什么叫公众号都未必知道。也许有些人会觉得很惊讶,心想怎么可能会存在这样的人呢?但是请相信小胖说的,因为我所说的那些人的确存在。

很多时候,由于信息的不对称,会导致一些我们认为很简单的知识对于某些人而言可能很缺乏。比如那些刚入门的微商小白,他们迫切地需要微商知识和运营技巧,哪怕是那些最基础的微商知识。在他们心中,如果你能把这些基础的微商知识分享给他们,你就是他们心目中的偶像和大咖。

再比如互联网营销、微营销的一些知识概念,对于长期从事互联网营销或微营销的人也许再熟悉不过了,但是对于那些传统的、从事实体商业的人们而言可能很缺乏。即使是那些我们认为很基础的常识,对于他们而言也许都觉得很新鲜、很深奥。

所以,作为微商,我们要善于分享,即使是那些我们认为很基础的,哪怕是被别人分享过无数次的知识,我们都可以拿出来分享。因为我们要知道,总有一群人他们是不知道的，并且他们很渴望获得这些知识。对于他们而言，我们分享的内容弥足珍贵。

只要你敢于分享，就一定会有人为你喝彩。我有一位微商朋友，她是一家育婴培训机构的育婴师，她的工作就是给宝妈讲解育儿方面的知识和经验，然后无数次地面对一批又一批的新宝妈重复讲解。虽然每次都是重复之前的内容，但是每一批新宝妈都觉得她讲得非常精彩。

我也曾经听过一次，其实她讲解的内容并没有多么深奥，都是一些育儿常识和经验的总结。但是对于那些新宝妈而言，再简单的知识和经验都会觉得很宝贵。

作为微商，我们要从思想上转变观念，要敢于分享，要善于利用信息的不对称去给那些缺乏但又渴望知识的人群分享一些有价值的内容。这也是为什么我坚信这一堂课有必要讲解的原因所在。

艰难的决定

原则上，本堂课的讲解是一定要配图的，但在本书定稿时，我们做出了一个非常艰难的决定。在本书还未达到百万销量之前，我们决定本堂课不配图。我们深知这样会给您造成一定的不便，我们诚恳地向您致歉，盼望得到您的理解和支持。

这里我必须解释清楚为什么本堂课不配图，我有两个勉强的理由需要阐述清楚。

第一，由于小胖啰里八嗦的文采，本书的内容字数可能要远远超过之前的计划字数，配图势必会带来成本的增加。成本的增加或多或少会转嫁到本书的定价上，所以，为了减少你的购书成本，我们做出了这个艰难的不配图决定。

第二，本书带有视频讲解版，在视频中，每堂课都会展示相关内容的图片和操作演示，所以小胖认为本堂课没有配图并不会影响读者的体验。视频版观看方式请关注微信公众号"小胖分享圈"或在优酷搜"小胖微商课堂"。

因为没有配图,所以在讲解微信公众号的时候,你一定要用电脑登录微信公众号的网站,配合我的讲解步骤来依次操作,否则你会不知所云。如果你对公众号的创建和使用很熟悉,你也可以过滤掉中间部分直接跳转到课堂总结。

公众号的作用

微信公众号是开发者或商家在微信公众平台上申请的应用账号,通过公众号,商家可在微信平台上实现和特定群体的文字、图片、语音、视频的全方位沟通、互动。形成一种主流的线上线下微信互动营销方式。

对于微商而言,我们创建公众号的作用主要有三个:

第一,可以通过自媒体吸粉

微信公众号和微博一样都是自媒体平台,在自媒体平台上,我们可以发表一些有价值的文章供公众阅读。通过这些文章,我们可以吸引到一批对我们感兴趣的人,这群人我们叫作粉丝。

在自媒体时代,粉丝就是金钱,得粉丝者得天下。作为微商,我们可以把公众号平台的粉丝转化到个人微信上,然后再转化成我们的代理商或零售客户。至于怎么转化,那是后面的事情,这里先不讲。

第二,可以拓展朋友圈的内容

个人微信发朋友圈,碍于字数和图片数量以及视频拍摄时间的限制,很多时候我们不能完全表达我们想说的内容,而公众号可以把我们想表达的内容完全展现出来。

在公众号里面，我们可以不受限制地编辑文字、图片和视频等等一切想展示的内容。编辑好后，只需要把公众号文章分享到微信朋友圈即可，这样就可以有效突破朋友圈编辑内容的相关限制。

第三，可以聚集分散的粉丝

作为微商，分享是必不可少的步骤。分享会产生一批对你感兴趣的粉丝，为了能够留住这些粉丝，将粉丝聚集起来，公众号就是一种非常好的选择。粉丝可以在公众号里面阅读到更多精彩的文章，通过二次分享传播会给你带来更多的粉丝。

公众号的创建步骤

首先，我们进入微信公众平台的官网，你可以百度搜关键词"微信公众平台"，也可以直接输入网址 mp.weixin.qq.com，点击页面右上端的立即注册，就开启了我们的注册之旅。

小胖非常喜欢公众平台首页的一句话：再小的个体，也有自己的品牌。作为微商，我们也同样可以打造属于自己的个人品牌。

微信公众平台的注册账号类型分为四种：订阅号、服务号、小程序和企业号。对于个人微商，我们这里选择订阅号。

公众号的创建分为五个步骤：基本信息、邮箱激活、选择类型、信息登记、公众号信息。

第一步，基本信息

按照网页上给的提示，我们依次填好相关信息提交就可以了。

注册邮箱建议用 QQ 邮箱，这样比较方便，不需要单独去注册，每个 QQ 都

第五课
微信公众号的创建和使用

会自带一个 QQ 邮箱。邮箱账号会作为公众平台的登录账号，同时也是找回密码的重要方式，一定要牢记。

基本信息填写好后，最好用 Excel 对相关信息做一个记录，以免事后忘记重要信息。

第二步，邮箱激活

基础信息提交后系统会自动发一封邮件到你刚才注册时填写的邮箱，以此来激活微信公众平台账号。打开邮箱后我们会看到一个激活的链接，点击链接后系统会自动跳转到第三步。

第三步，选择类型

在选择类型页面，可以看到公众号类型有三种：订阅号、服务号和企业号。

服务号和企业号必须是企业或组织才可以申请，这里我们根据个人微商的需求选择订阅号。至于其他两种类型的公众号和订阅号有什么区别大家可以网上搜一搜。

第四步，信息登记

选择订阅号之后，就会进入到订阅号的信息登记，主题类型我们选择"个人"。如果你有企业资质也可以选择"企业"。"个人"和"企业"除了在后面的微信认证和一些增值功能上有区别，基本上差不多。剩下的内容我们按照要求填写或上传完整就可以了。一个身份证我们可以注册五个公众号。

第五步，公众号信息

信息登记提交后，我们就进入最后一个环节，公众号信息的填写。公众号信息主要涉及账号名称和功能介绍的填写。

关于公众号取名，首先要想好创建公众号的目的是什么？创建好后想发些什么类型的文章？例如，你是做护肤品的微商，你要发的内容肯定是一些与护肤品有关联的文章，或者与微商有关联的文章，又或者与微商的从业人群有关联的文章。

你选择和谁有关联，取名就要尽量往上靠，名称要易于记忆和传播。例如，你想发布一些微商的文章，可以取名叫微商之家、微商课堂等等与微商有关联的名称；你想宣传自己的团队，可以用团队名称或与团队有关联的名称来命名；你想打造个人品牌，可以用自己的姓名或与姓名有关联的名称来命名，比如小胖的订阅号就叫小胖分享圈。

个人订阅号的命名在平台上有一定的规则，比如不可以和微信认证过的名称重复等等，详细规则大家可以在网上搜一搜。

主体类型为"个人"的账号名称，可在扫码验证主体身份后进行修改，一年内仅可修改两次。主体类型为"企业"的账号名称，可通过微信认证方式验证主体身份后进行修改，每修改一次需要支付认证费用三百元。

功能介绍可以根据公众号的定位进行编辑，这里不妨可以说得高大上一点。一个月内功能介绍可以申请修改五次。

关于账号名称和功能介绍，建议多去参考一些做得好的公众号，看看它们是怎么取名和介绍的，参考越多，自己的经验就越足。

公众号的使用

微信公众号注册成功后，我们在公众平台的首页输入之前的邮箱账号和密码就可以登录后台。打开后台我们会发现里面有很多的模块，由于篇幅关系，我们简单对一些基础模块进行介绍。

第五课
微信公众号的创建和使用

公众号设置

在账号详情里面,我们需要把空缺的信息都填写完整。

头像你可以请人专门给你设计一下,一个月可以修改五次。

微信号一定要和公众号的名称有关联,可以是拼音或英文,也可以是拼音和英文的结合。比如小胖的订阅号小胖分享圈(微信号 xiaopangshare)采用的就是拼音和英文的结合。根据平台规则,一个自然年内可以申请修改一次微信号。

微信号设置好后,可以作为你的登录账号,也就是说,微信公众号的登录账号有两个:一个是你注册的邮箱账号,另一个就是你的微信号。

群发功能

群发功能是公众号用来编辑和发布文章的地方,这里的发布功能很强大,有图文消息、文字、图片、语音、视频。我们这里简单看下图文消息,因为绝大部分的公众号推送内容都是用图文消息发布的。

在图文消息中有两个选项:一个是从素材库选择,一个是新建图文消息。

所谓的"从素材库选择",就是我们事先在"素材管理"里面把文章编辑好后保存下来,当我们需要发布的时候,只需要从素材库里面直接选择之前编辑好的文章就可以了。素材库文章的编辑和新建图文消息的编辑是一样的,所以我们就新建一个图文消息来简单展示下如何编辑公众号文章。

点击"新建图文消息"后,系统会进入编辑区。编辑区分为两部分,左边是图文列表,右边是正文编辑区。

左边的图文列表可以选择文章的数量,我们可以点击 + 号来增加文章数量,每条图文消息最多可以编辑八篇文章。从手机的布局和审美角度考虑,最完美的文章数量是四篇。

正文编辑区，每一篇文章都由标题、作者、正文、原文链接、封面和摘要构成。

标题要有足够的吸引力才能引起公众的注意力，内容要多写一些有价值的干货。标题用于吸引注意力，内容用于延续注意力。

关于作者，如果你是转载的可以加上原创作者的名字，给予原创充分的尊重。

原文链接这个是选择性的，如果勾选了可以输入一段链接。我们在阅读一些公众号文章的时候会发现，文章最后在左下角的地方会有一个阅读原文的字样，点击那个阅读原文就可以跳转到另外一个链接页面，这个链接的设置就是我们现在说的原文链接。这个功能后面如果你研究会发现非常好用，也是全文仅有的可以设置链接的地方。

其余内容按照需求自己编辑就可以了。编辑好后不要急于发布，可以先点击预览按钮预览一下，如果感觉满意就可以正式发布。要注意的是，订阅号一天只能群发一条消息。

自动回复

自动回复功能是公众号运营者可以通过简单设置，实现"按关键字自动回复""被添加自动回复""消息自动回复"的功能。您可以设定常用的文字/语言/图片/录音作为回复消息，并制定自动回复的规则。当订阅用户的行为符合自动回复规则的时候，就会收到自动回复的消息。

被添加自动回复：当别人加你的公众号后，公众号会自动给对方回复已设置好的内容。

消息自动回复：当别人给你的公众号发信息后，公众号会自动给对方回复已设置好的内容。

关键词自动回复：在微信公众平台设置关键词自动回复，可以通过添加规则（规则名最多为60字数），订阅用户发送的消息内如果有您设置的关键字（关键字不超过30字数，可选择是否全匹配，如设置了全匹配则必须关键字全部匹配才生效），即可把您设置在此规则名中回复的内容自动发送给订阅用户。比如你之前设定好的关键词是"你好吗"，设置回复内容是"我很好"，那么当别人在公众号里面给你发送的信息是"你好吗"这个关键词的时候，公众号就会自动回复"我很好"。

自定义菜单

我们在打开别人公众号的时候，会发现在公众号的最底端有很多菜单选项，这个功能就是自定义菜单。

公众号可以在会话界面底部设置自定义菜单，菜单项可按需设定，并可为其设置响应动作。用户可以通过点击菜单项，收到您设定的响应，如收取消息、跳转链接。

自定义菜单内容分为"发送消息"和"跳转网页"。

发送信息：可发送信息类型包括文字、图片、语音、视频和图文消息等。但未认证订阅号暂时不支持文字类型。

跳转网页：所有公众账号均可在自定义菜单中直接选择素材库中的图文消息作为跳转到网页的对象。认证订阅和服务号还可直接输入网址。

自定义菜单最多创建3个一级菜单，一级菜单名称名字不多于4个汉字或8个字母。

每个一级菜单下的子菜单最多可创建5个，子菜单名称名字不多于8个汉字或16个字母。

温馨提示：编辑中的菜单不会马上被用户看到，点击发布后，会在24小时后在手机端同步显示，粉丝不会收到更新提示，若多次编辑，以最后一次保存为准。

其他功能模块这里就不做详细的讲解，如果你不知道怎么设置可以点击网页右边的"常见问题"按钮，里面非常详细地解答了关于每个功能模块的常见问题。

如何找到公众号

当公众号创建好后，如何让别人在微信上找到你的微信公众号呢？这里有两种办法：

（1）在微信的搜索框里面直接输入公众号名称。

这里一定要注意，是在公众号的搜索框，不是添加朋友的搜索框。如果你在添加朋友的搜索框里面输入公众号名称是找不到公众号的。但是没有关系，你只需要点击下面的搜一搜提示，系统会引导你跳转到公众号的搜索框并直接显示查询结果。

（2）让别人扫描你的公众号二维码。

这种办法是最便捷也是最好用的。微信公众号的二维码在"公众号设置"里面，点击二维码选项右边的"下载更多尺寸"按钮，系统会展现不同尺寸的二维码图像，你可以根据自己的需要选择合适的尺寸下载即可。

微商公众号使用现状

从目前来看，个人微商拥有微信公众号的并不多。如果在时间和精力充足的情况下，建议个人微商最好开通一个微信公众号。不一定非要把这个公众号运营得多么好，但你需要了解基础的创建步骤和使用流程，至少在和别人的聊天中，你可以多一项谈资。比竞争对手多一项本领和技能终究不是一件坏事。

个人微商虽然不作要求，但是如果你有属于自己的微商团队，小胖认为很有必要创建一个自己团队的公众号。从目前了解的情况来看，创建团队公众号的也不多，究其原因在于这些团队创始人在没有创建自己团队之前，对公众号的创建和使用就不是很了解，当团队创立之后也就没有创建团队公众号的意识。创建团队公众号，对外可以更好地宣传团队，对内可以更好地让团队成员了解团队文化和团队相关的信息。

所以，每一位微商都应该试图去了解微信公众号的创建步骤和使用流程。即使你现在没有创立属于自己的微商团队，但是当你将来有团队的时候，你会在第一时间意识到创建团队公众号的重要性。

这件事情告诉我们：不了解某事物就不会意识到它的重要性，你的无意识也许会错过一些发展和机遇。因此，虽然很多知识或工具，也许你现在并不会马上使用到，但是你需要对它有一个基础的了解。如果当你需要某项知识或工具的时候才去了解，也许你已经远远落后于你的竞争对手。

就像小胖在创建小胖分享圈之前，我对众筹很感兴趣，虽然我当时无法将众筹运用到实践中，但是我相信总有一天会用到这个知识。众筹在当时是一个很新潮的知识，凡是与流行和趋势有关联的知识或工具，我都会去试图了解。

果不其然，在我创建小胖分享圈后，我顺利地将众筹运用到了社群的运营中。胖圈的很多项目或活动都是靠社群众筹才开展起来的。目前，我又在策划一个知识众筹的社群项目，即社群的成员如果想参加某项培训，在无力支付培训费的情况下，我们会在社群内帮他发起知识众筹，由同样想获得该培训知识的社群成员共同众筹费用。当他学习归来后，需要向参与众筹的社群成员分享培训所获得的知识。如果在这之前我对众筹一无所知，那么现在我也不会有众筹的想法。所以说，凡事预则立，不预则废。

除了微信公众号，现在腾讯也推出了 QQ 公众号。其实创建的流程和使用方法都大同小异，这里我就不再具体展开，有兴趣的朋友可以自己去探索。

课堂小结

这一堂课最大的意义不在于内容的本身有多么的精彩。关于微信公众号的创建和使用，我自认为讲解得不是很详细也不是很好，这一堂课也仅仅是对一些比较重要的关键点做了一个简单的介绍。小胖相信，如果这一堂课的内容让别人来分享，一定会有非常多的人讲解得比我更精彩，更详细，也更好。

但是，即使是在我自己都觉得分享得不够精彩的情况下，我依然敢于站出来分享。同时，我也坚信，一定有人会觉得我分享的内容有价值，比如那些新加入的微商小白或者对公众号不曾了解的人群。

在微商这个行业中，为什么有些人能成为微商大咖，而有些人只能默默无闻做一个小微商呢？小胖并不认为那些微商大咖真的很厉害，也不认为那些默默无闻的微商懂的就一定比大咖少。微商的知识和技巧其实就那么几个点，之所以有些人会成为微商大咖，而有些人只能做默默无闻的微商，其中一个关键点就在于你敢不敢站出来分享。

我相信有些微商可能懂的微商知识和技巧比小胖都多，甚至比那些微商大咖都懂得多，但是他们却不敢站出来分享，也许是内心胆怯或者不屑于分享。与此同时，有些微商可能刚学了一点微商知识和技巧就敢于到处分享。而微商恰恰是一个分享即营销，分享即人脉的崇尚知识的行业。结果敢于分享的人成了微商大咖，那些胆怯不敢分享的人只能默默无闻。

第四章
微商粉丝篇

第一课
微商吸粉大法之主动出击

在移动互联网时代，微商玩的是粉丝经济。微商没有粉丝就没有办法互动，更没办法成交。虽然粉丝不是万能的，但没有粉丝你是万万不能的。可以说在移动互联网时代，得粉丝者得天下。

对于一些刚刚加入微商的小白，可能最头痛的事情就是，自己的微信好友列表里面好友寥寥无几。上一篇我们分享了朋友圈的装修，装修的目的就是为了让别人来看，没有人来看，再好的装修也没有用。所以，这一篇我们来解决人的问题，也就是我们常说的增粉。

增粉的方法其实很多，小胖目前总结的吸粉引流的方法将近 200 种，当然，里面有些方法不一定适合所有人，有的方法可能只针对某一类人群才有效，有的方法可能需要一定的经验和资源才能做到。在粉丝篇中，小胖筛选了一些比较适合大众化且实用的方法分享给大家。

在本篇中，无论是主动加粉还是引流吸粉，我们都用微信作为增粉的社交工具。

这一堂课的主题叫主动出击，那么我们就来分享下主动加粉的方法。

所谓主动加粉就是我们主动地去寻找粉丝，主动将粉丝添加到我们的微信中。

主动加粉对于那些微商经验和人脉资源不是很多的微商，在微商运营的初期有着非常重要的作用，也是作为初入微商的小伙伴获得粉丝最快也是最有效的途径之一。

微信导入加粉

微信导入加粉主要针对的是手机号和 QQ 号的导入，这也是微商最常用的一种加粉方法。我们知道微信可以绑定 QQ 号和手机号，绑定了手机号或 QQ 号的微信，我们可以在微信添加好友搜索框中直接输入 QQ 号或手机号就可以添加对方为微信好友。现在绝大部分的微信用户都绑定了 QQ 或手机号。

微信一开始是可以直接导入绑定 QQ 号的 QQ 好友，但是后来微信团队取消了直接导入 QQ 好友的功能。现在想导入 QQ 好友需要一个一个的手动添加。如果你觉得手动添加麻烦，也可以用一些微信辅助软件来实现自动添加。

庆幸的是，手机号导入功能还保留着。操作方式很简单，依次点击"通讯录—新的朋友—添加手机联系人"就可以了。当然，前提是对方手机绑定了微信才可以导入。

现有的 QQ 好友和手机联系人肯定不能满足微信的加粉需求，我们需要通过其他的渠道来获得更多的 QQ 号和手机号。QQ 号的获取方式可以通过 QQ 群来实现，具体我们下面会讲到。手机号可以通过淘宝店主、快递员、电话名录公司、名片收集、电信黄页、资源互换、参加聚会或沙龙等活动来获取。

QQ群加粉

QQ 群是我们获取 QQ 号码的最佳方式，没有之一。

在加 QQ 群之前，我们需要确定好目标人群，然后在 QQ 群搜索框中输入关键字就可以了。例如，你的目标人群是宝妈，关键字可以搜"宝妈"或者和宝妈有关联的关键词。进群的验证信息可以写和群名相关的内容，比如宝妈群可以写"我是宝妈，想进群交流"等等类似的话，通过率还是蛮高的，毕竟谁都希望自己的群里面多一点志同道合的朋友。

进群以后我们就可以看到群成员，这就是我们的目标人群。接下来只需要在微信里面输入群成员的 QQ 号就可以把他们添加到微信里面。

由于 QQ 群很多，群成员也很多，加上微信每天都有加粉上限，我们要想在有限的时间内加有限的人，需要坚持两个加人原则：**第一，优先加在线的人；第二，优先加等级高的人。**

QQ 群成员列表的排序是按照等级高低和在线与否来综合排序的。一般在线的人和群等级高的人活跃度相对而言会高一些，而且她们微信绑定 QQ 的概率也会大一些。

如果你平时也利用 QQ 做营销，在加微信的时候也可以同步加 QQ 好友。

微信群加粉

QQ 群是一个开放式的社群，我们可以直接搜索到。而微信群是一个封闭式的社群，除非我们被群成员邀请或知道群二维码，否则我们是丈二和尚摸不着头脑。

但是没有关系，想知道群二维码很简单，我们可以问度娘，在百度搜关键词"微信群"，我们会发现有一大堆的微信群导航网站。随便点击一个就会发现里面有很多分类好的微信群和个人微信的二维码。

个人微信二维码你直接扫就可以了，微信群二维码由于只有 7 天的时效性，加上微信群成员超过 100 人就无法通过扫码进群，所以，我们会发现这些导航网站的群二维码扫码存在一定的失败率。不过没有关系，扫十个微信群有一个群能加进去也是不错的。

进微信群后,我们只需要安静地做一个美男子或美少女,默默地添加群成员就可以了。微信群加粉比 QQ 群加粉还要方便,不用一个一个地输入 QQ 号,直接添加到通讯录就可以。

但是,通过导航站寻找微信群的方法有一个局限性,就是你加的好友大部分都是微商。我们可以想一想,什么样的人会进这类微信群导航网站呢?答案肯定是我们这群可爱勤劳的微商小伙伴。

当然,这并不是一个坏消息,对于小胖而言,我更喜欢加微商。小胖曾经做过一次简单的测试,测试的结果是通过微信群导航站扫码进群的人主要有两种人群:一半是微商小白,另一半就是想转化小白的微商。其实微商本身也是我们的目标人群之一,在本篇的倒数第二堂课中,我会告诉你怎么转化微商。

我们也可以加一些没有微商的微信群,这里我们需要配合 QQ 群来完成。

例如,你想找有宝妈的微信群,最简单的办法就是你先找到有宝妈的 QQ 群,然后在群里面找一些宝妈问一问她们是否有微信群。当然问之前你最好先和对方聊一聊,聊对方感兴趣的话题,把关系先搞好。

如果你需要最纯净的目标人群的微信群,一定要靠问,不能在网上搜。网上能搜到的微信群且不说 7 天时效性,公布的目的就不纯,也许可能含有广告的目的。

越专业的微信群越隐蔽,有的可能要通过付费才能加入。我们知道微信群能够通过扫码进群的条件是群成员不超过 100 人,超过 100 人只能通过群成员邀请才能加入。这也是为什么我们要通过问让对方邀请你入群的原因,这样可以有效突破一百人的限制。

当我们进入到专业的微信群后,千万不要在群里面乱发广告。你可以和群成员聊一聊她们感兴趣的话题,或者默默地添加好友就可以了。

除此之外,我们还可以通过好友互换的方式来获取更多的微信群。

淘宝店主加粉

现在电商的创业环境越来越难,特别是那些 C2C 的淘宝店。随着微商创业环境越来越好,这些淘宝店主将是微商潜在的代理商。如果你是一名有经验的微商,不妨和他们一对一沟通下,尝试着说服他们开辟新的创业阵地,争取让他们成为你微商团队的一分子。

在找淘宝店主上,要有针对性,比如你是做美妆的,就应该找一些美妆的淘宝店。尽量找一些店铺生意不好的,这样的转化率会高一些,不要找天猫或京东这样的企业网店,因为这些网店都是企业开的,店主或客服可能只是企业的员工而已,而淘宝店的店主或客服一般都是创业者本人。

如何编写验证语

当我们微信添加好友的时候,如果对方需要验证,可以根据对方的类型来编写验证语,这样会提高通过率。

如果对方是微商, 那我们什么都不用做,用默认的就可以。因为微商非常欢迎别人加他,通过率是百分百。如果一不小心遇到了一些有个性的微商,可以写"想寻找货源"或"想代理你的产品"等类似验证语,他们会非常乐意通过你的验证。

如果对方是大咖或你崇拜的人, 你可以写"我是你的忠实粉丝"或"你的分享让我受益匪浅"或"我是某某某,慕名而来"等类似验证语。这样会让对方感觉自我良好,我想大咖应该是不会拒绝你的。

如果对方是好友互推或通过他人介绍的, 你可以写"我是某某的好友"或"我是某某介绍来的"等类似验证语。有他人做推荐一般都会通过,前提是你的推荐人对方要熟悉。

如果对方是和你同一社群的成员，你可以写"我们是同一个群的，希望认识一下"或"我也是某某群的，相互认识一下"等类似验证语。所谓物以类聚，人以群分，志同道合的人一般都会愿意结交好友。

如果你不确定对方的身份，你可以使用一些通过率高一点的验证语：

比如你可以写"我是某某，希望能和你成为朋友"，某某这里最好用真名，让人觉得很诚恳。

还有一些通过率很高的验证语，只需要遵循一个原则即可，就是验证语要让对方自我感觉良好或让对方产生好奇，这里大家可以随意发挥。

"想请教你一个问题，可以吗？"

"在网上看到你的分享，慕名而来！"

"你的个性签名写得真好，可以教教我吗？"

"猜猜我是谁？"

"我是某某，还记得我吗？"

"你最近过得还好吗？"

要注意的是，如果对方微信不需要好友验证，你一定要主动和对方聊天来激活对方添加好友。因为无须验证的微信添加好友后，对方实际上还没有加你为好友，而且看不到你的添加信息，无法加你为好友，这时一定要和对方说话来激活对方。

如果对方拒绝了你加好友的请求，可以间隔一段时间再次添加。一次不行，多加几次，要学习刘备三顾茅庐的精神。越难通过的好友一般越有价值，因为你没有被通过，也许其他人也是同样的待遇。很有可能是还未开发的处女地，纯天然无污染，一旦开发起来也许潜力无限。当然，也不排除可能是一块荒地。

如果经过一番努力后，对方实在是不愿意加你，该放弃就放弃，懂得坚持也要舍得放弃。塞翁失马，焉知非福，说不定哪一天你变成了大咖，对方会来主动加你。

课堂小结

这一堂课我们介绍了四种主动加粉的方法。前三种适合所有微商尤其适合微商小白，最后一种适合有经验的微商或代理级别高的微商。

当然，还有很多其他的线上加粉的方法，小胖觉得上面四种方法已经完全能够满足微商加粉的需求，我们没有必要再介绍更多的方法。选择一两种你认为好的方法坚持做到底，一定会有收获。

由于微信每天加粉是有人数上限的，所以在加粉的时候一定要尽量精准，以免既浪费时间又浪费名额。至于什么样的人群是精准粉，我们在后面的课程中会讲到。

第二课
微商吸粉大法之引流入室(一)

上一堂课,我们讲了微商主动加粉常用的一些方法。主动加粉,对于微商前期的运营是非常有用的,能够让他们在短时间内积累到第一批人脉。但是由于微信加粉每天有人数上限,即使你再努力,每天也只能加几十个粉。对于微商,这种加粉的力度远远不够。所以我们要想办法让别人主动加我们,按照微信的规则,每个微信账号每天可以被加 500 次。这就意味着理论上除了我们主动加的粉丝,每天还可以增加 500 个粉丝。

在讲吸粉方法之前,我们需要先搞懂一个问题。在小胖分享的所有吸粉的方法中,不同的方法之间,区别仅仅是引流渠道的不同。有的是通过腾讯来引流,有的是通过百度、淘宝或其他渠道来引流。但无论是什么渠道,微商之所以能够成功吸粉的原因是,你能够给别人提供需求或价值。在传播价值的过程中,我们一定要塑造专业的形象,只有这样粉丝才会愿意主动加我们。这是微商所有吸粉引流方法的核心所在:**给别人提供价值,自己才有价值。**

接下来,我们就来讲一讲微商吸粉常用的一些方法。

QQ群吸粉

在鱼塘理论中，QQ群相当于是一个鱼塘，群成员就是鱼。上一堂课我们讲的是如何在鱼塘里面抓鱼，这一堂课我们来讲讲如何在鱼塘里面钓鱼。

俗话说，姜太公钓鱼，愿者上钩。想让鱼儿主动上钩，就需要我们抛出诱人的鱼饵。在微商中，我们的鱼饵就是提供价值或需求。

鱼塘分为两种：一种是别人的鱼塘，在别人的鱼塘钓鱼，我们就要遵守别人的规矩；还有一种是自己的鱼塘，在自己的鱼塘里面想怎么钓就怎么钓，我的地盘我做主。

如何混群

想自建鱼塘需要有鱼可放，所以，我们需要先去别人的鱼塘钓鱼。在别人的鱼塘钓鱼，我们要学会遵守规则。

当我们进入别人的QQ群，首先必须遵守群规。

第一件事情就是看看群公告，有的群会要求改昵称，我们可以根据要求把昵称改好。进群后不要马上发群消息，要学会观察。

通过观察我们会发现群一般分为两种：

专业交流群：群管理得非常有秩序，有多名管理员协助群主管理。

不闻不问群：群里面铺天盖地的广告，群主和管理员集体潜水。

我们就来分别针对两种群来展开讨论，看看如何在别人的鱼塘钓到鱼。

首先来看专业交流群

这类社群一般是一些做专业交流和探讨的群。这种群的群消息一般都是一些正常聊天或探讨与群名相关的话题。比如宝妈群，里面基本上都是聊一些和女人有关的或探讨一些关于宝宝方面的话题等。

在专业交流群里面发广告基本是必死无疑，群主或管理员肯定会把我们踢掉。我们唯一可以做的就是融入群，和群成员打成一片，聊一些她们感兴趣的话题。

在聊天的过程中，我们一定要想办法起到主导的作用。最好的办法就是向她们提供价值。例如，宝妈群，我们可以向她们传授一些育儿经验；护肤群，可以教她们一些护肤常识；微商群，可以向她们分享一些有用的微商干货。

人人都喜欢和有价值的人在一起，通过互动分享，大家一定会觉得我们很专业，至少看上去会很专业。当我们在别人心目中有了这样专业印象的时候，只需要通过适当的话术就可以让她们主动加我们。比如可以和她们说："平时不怎么用QQ，如果有问题可以加我微信来沟通。"

要注意的是，这种消息一般不太适宜在群消息里面发送，可能会引起群主或管理员的反感。我们可以一对一的告知，或者建立一个群讨论组，把一些平时经常和我们互动的群成员拉进来，在讨论组里面告诉她们。

有时候，如果在群里面不好展开话题，我们可以用自导自演的方式来把话题引出来。

最常用的一个办法就是再去注册几个小号加入群，小号扮演群成员，然后主号和小号相互聊。小号可以提一些群成员关心的问题，然后@主号，主号就用来回答这些专业问题。如此反复，反复如此，慢慢就会激活群成员来互动。

如果我们发现群里面的管理员还有空缺，可以想办法让群主给我们一个管理员。一般管理员在群里面发起话题比较容易展开，群成员也更愿意互动。

除了上面说的群聊天，还可以通过群里面的一些其他功能，比如群相册、群文件等来吸粉。

第二课
微商吸粉大法之引流入室（一）

在群相册，我们可以上传一些和群话题相关的有存在价值的图片。在图片不起眼的位置放上自己的微信号，然后用文字简单的引导看者加微信号，比如可以说"想获取更多知识，请加微信"等引导语。

群相册吸粉有两点需要注意：

第一，图片的内容一定要有价值。

例如，在宝妈群里面，我们可以上传一些关于育儿知识方面的讲解图片；在微商群里面，我们可以上传一些微商干货方面的讲解图片。这里我们可以先用Word文档将内容编辑好，然后利用一些转换工具将文档转换成图片。

像这样能够给群成员提供价值的图片，即使群主或管理员发现了联系方式，一般也不会删掉图片，至少会酌情考虑。

第二，联系方式一定要放在不起眼的位置。

有的微商生怕自己的联系方式别人看不到，把联系方式故意放大，或者弄个二维码，本来长宽一厘米就可以，非要弄个三四厘米。这种行为怎么能让群主或管理员认为我们不是在打广告呢？

联系方式不管是直接留微信号还是二维码，都要放在不起眼的地方，要让图片看起来很和谐，整张图片的重点在于内容的精彩而不能让联系方式抢了眼球。如果是多张图片一起上传，一般只需要在中间的某张图片上留下自己的联系方式。

群文件吸粉也一样，可以上传一些和群本身定位相关的有价值的文档。比如微商群可以放一些有价值的微商干货，宝妈群可以放一些有价值的育儿干货等等。

在文档的中间，可以放上微信号和引导语。微信号和正文要融合在一起，不要放在开头或结尾。这里我一直强调放在中间是因为大部分人都会放在文章的结尾，而我们现在讲的这种管理秩序良好的专业交流群，一般群主或管理员都比较反感这些软植入的广告，尤其是一眼就能看到联系方式的。

有人会觉得微信号放在文档的中间，别人也许会看不到。那些连正文都不看的人，即使看到了我们的微信号，他也不会加我们的。当然，有一种人可能是出于和我们同样的目的，这种人可能不会太认真看文档中间的内容，仅仅是为了复制粘贴后加上一个自己的微信号，然后又把文档上传到其他地方。如果是这样就更好，因为他可能把我们中间留的联系方式一起给复制过去了，相当于在别的地方免费帮我们做广告。

文档最好用 PDF 格式，因为 PDF 是最常用的电子书格式，这样看上去会显得高大上。再者，PDF 格式相比 Word 文档不那么容易被复制和修改。PDF 格式文档的制作很简单，先把内容用 Word 文档编辑好，然后用 PDF 软件转换下就可以了。像小胖现在用的 WPS 文档编辑软件，可以一键将文档转换成 PDF 和图片。

群文件和群相册以及群里面的其他功能，都可以配合群聊互动来展开。专业交流群里面的成员是最容易被我们提供的价值所吸引的，毕竟大家都是因为共同的需求来到这个社群。

混这类的群最关键的就是搞定群主和管理员。其实也不难，每个群的管理者都希望自己的社群活跃，那么我们只需要满足他们的愿望，让社群活跃起来，正好也实现了我们进群的目的。原则上，只要不乱发一些没有价值的垃圾广告，社群的管理者都非常欢迎每一位善于分享和互动的成员。如果遇到一些不太好搞定的群主或管理员，我们也可以通过一些小恩小惠来搞好关系，比如时不时给他们来几个红包。

在和群成员互动的时候，我们可以问问对方是否有同类性质的微信群，如果有的话可以请求他们把我们邀请到微信群。正常情况下，每个 QQ 群成员都或多或少会有几个同类性质的微信群。小胖曾经通过一个优质的 QQ 群，被邀请加入到 28 个微信群，其中有 12 个是 500 人的优质微信群，这些微信群又可以成为我们新的吸粉阵地。

再来看不闻不问群

这种群的群主或管理员基本都是摆设的。这种群我们一般不要去发广告，因为大家都在发广告，不是你覆盖我就是我覆盖你。再者，这种群的成员基本上都会设置不提示群消息。除了那些发广告的基本上没有人会关注群消息。

群消息发的没有意义，但是群文件或群相册还是要上传的，死马当活马医，有总比没有好。

对于一些新加入群的成员，他们有些原本并不是因为要来发广告而加群。一开始他们加群的目的也许是为了学习或交流，这种人一般在进群的初期都会把群逛一遍，包括群相册或群文件。我们之前上传的一些吸粉图片或文档也许会被他们看见了。只是后来他们发现这个群没有人管理，到处是广告才会选择退出或潜水沉默。

这种群上传相册或文件，可以尽情地展现联系方式，不用担心被群主踢掉，但是这并不意味着就可以随意放大和凸显联系方式。即使是这样的不闻不问群，我们依然要将联系方式放在内容中的一个合适的位置，要让联系方式和正文内容看起来很和谐。

我们也可以去找群主商量，让对方给你一个管理员，既然群主不想管，那么我们自己来管理，重新订立群规。

如何自建群

学会了混群，我们也要学会自建群，接下来就来说说如何自建 QQ 群。

自建群首先需要做好群的定位，群的定位需要考虑两个问题：
第一，建立一个什么性质的群？
第二，建群后的目标人群是谁？

定位好后，我们需要通过群名来告诉别人社群的定位是什么。

通过调查发现，当我们想加入某主题群的时候，往往是通过查询某关键词来完成加群过程的。而在查询关键词的过程中，目标人群往往是关键词的首选。所以，我们的群名里面一定要包含目标人群，只有这样，才能吸引目标人群的加入。

例如，你想吸引宝妈加群，群名里面一定要有"宝妈"二字，比如可以叫"宝妈群"；如果需要指定地点的宝妈也可以在前面加一个地点，比如"上海宝妈群"；如果是需要指定年龄层的宝妈，也可以在前面加一个年龄层，比如"90后宝妈群"。

如果我们希望增加被搜索到的概率，就需要把群名多设定几个关键词。例如，我们希望宝妈加入我们的群，除了宝妈是最直接的关键词外，我们还可以衍生出类似于"育儿""亲子"这些和宝妈有关联的关键词，比如群名可以叫"宝妈育儿群""宝妈亲子群"。这样别人在搜关键词"育儿""亲子"的时候也会看到我们的群。群名的关键词不宜过多，建议最多三个。

群名设置好后，我们就可以创建群，群创建好后我们最大的问题是群成员从哪里来？

QQ群通过关键词或群分类导航查询后会按照一定的规则来排序，默认排序是按照群活跃度和群人数来综合排序的。当然，我们也可以单独选择按照人数或者活跃度来排序。在查找群的时候，我们一般都会优先添加那些排序在前面的群。所以，我们建群后要考虑的就是如何增加群的活跃度和人数？

这里的自建群也分为两种群：一种是专业交流群，一种是不闻不问群。

首先来看专业交流群

如果我们想建立专业交流群，必须首先制定好群规、群欢迎语等等。对那些发广告的人要坚决打击，因为一个群如果经常被发广告，一定会影响那些想交流的人的积极性。如果清理不及时产生了破窗效应，那么会有更多的人来发广告。

群的第一批成员可以从好友列表拉进来，这些拉进来的好友一定要和群话题相关。如果好友列表里面没有这样的好友，可以先从其他类似的群里面添加好友然后再拉进群。

QQ每天加好友也是有上限的，我们可以多注册几个QQ小号，也可以在其他群里面多建几个讨论组，在讨论组里面公告一下我们自建的新群。

这里公告新群要注意四点：第一，一定不要在别人的群里面发这类消息，除非你想被踢，因为这是摆明的挖墙脚；第二，讨论组一定不要拉群主或管理员；第三，建立讨论组的QQ号一定要是小号，因为群主或管理员为避免别人挖墙脚或发广告，有时候会让自己的小号进群做卧底，如果一不小心中枪了，小号被踢也无所谓；第四，以上挖墙脚操作必须在专业交流群里面进行，因为这样的群成员才有价值。

当有了第一批群成员后，我们就要好好的经营社群。与此同时，我们也要像其他群一样，安排几个自己的小号进群做卧底，及时清理那些建讨论组或一对一挖墙脚和发广告的人。

要想让群在搜索排序中靠前，被更多的人添加，一定要想办法把群的活跃度提升。群活跃度的提升包括但不限于群成员每天在群内聊天互动、上传群相册和群文件、在群论坛发表文章、发起群活动等等。活跃度的累计规则具体可以去QQ群的官网查看。群活跃度的提升需要一定时间的积累，并不是一蹴而就的。

在运营群的过程中，和混专业交流群一样，多发起一些话题，多分享一些有价值的内容，把自己塑造成专业的形象，慢慢地可以把群成员引流到微信上去。在自己的群里面更容易把话题聊开，也会有更多的群成员愿意和我们互动，因为我们是群主。

我们可以在群相册和群文件中随心的上传图片和文件，不需要再小心翼翼，自己的地盘自己做主，也可以在群里面适当做一些软植入的广告，但一定要适度，不要引起群成员的反感。

QQ 群的运营中有一招最好使，就是没事发发红包，有事多发点红包。

QQ 群的运营不是一蹴而就，需要持续地在群内输出价值，和群员互动。一个人的时间和精力是有限的，作为群主要善于合理分配，共创价值。我们可以将自己微商团队中比较得力的成员或者群里面发言比较积极的成员设为管理员，通过相互合作一起把群建设好。

关于社群的具体的运营方法，我们放到续本的社群篇里面再讲，这一堂课仅仅是给大家提供一个吸粉的方法。

再来看不闻不问群

不闻不问群同样可以吸粉，只不过目标人群的精准率和粉丝的质量稍微差一点。小胖自己就有好几个这样的 QQ 群，在群没有满员之前，平均每个群每天都能吸到 20 个左右的粉丝，如果有十个这样的群，一天就可以吸到 200 个左右的粉丝。

接下来，小胖就来介绍下这种不闻不问的群如何做到自动吸粉。

首先，群名一定要含有和生意相关的关键词，比如批发、销售等，可以适当取得高大上一点。例如，你是做美妆的微商，群名可以叫"化妆品批发总群""微商货源总群""化妆品批发交流群""化妆品销售交流群"等等。

加这种群的人一般只有两类人：一类是想进群找零售商的批发商；另一类是想找批发商的零售商。也许还会有第三类，不管是哪一类，至少可以保证想加群的人一定是做生意的，即使此刻没有做生意，也一定有想做生意的念头，否则不会加这种群。

为什么需要吸引这类人群加群呢？第一，因为做生意的人都喜欢发广告；第二，做生意的人很容易被转化成微商。

群名取好后，第一批的群成员和上面专业交流群一样，要通过好友列表拉进来，但这些好友只能是一种人，就是喜欢发广告的人。我们可以在其他类似的不闻不问群里面找，这种发广告的群没人管，我们可以直接在群里面公告新群，也可以建立讨论组，总之，多申请几个QQ小号，想尽一切办法把第一批群成员组建好。

群里面如果有人发广告，我们可以随他们发，同样，群文件和群相册等都可以随便上传，因为这些都可以提高群的活跃度。群的活跃度越高，排序就会越靠前，添加的人也就会越多，如此反复，反复如此，会形成一个良性循环。

当然，前期我们要每天坚持往群里面拉人，目标至少是群容量的一半，因为如果群人数太少，一般别人不太想添加，而且群排序也不会太靠前。这种群的容量最低要求是1000人的高级群，2000人的超级群更好。其实拉人也不难，如果一天一个QQ可以拉20个人，五个QQ可以拉100个人，坚持十天就可以拉1000个人。不闻不问群不是说我们从头到尾都不用管，一开始还是要做一些必备的操作。

当我们经过前期的努力把群的活跃度和人数都提高后，就可以开始吸粉。群聊天、群相册和群文件，群论坛等我们就留给群里面的成员来做广告，当然我们自己也可以发广告。

除此之外，我们还可以通过两个地方来吸粉：

第一，在群公告里面吸粉。

群公告只能由群主来编辑，想怎么发就怎么发。每编辑一条公告，群消息里面都会有提示。

群公告里面有一个"本群须知"的公告，这个公告和其他的公告不一样。它在公告栏中是置顶的，而且每一个新加入的成员，群系统都会自动的向他们推送这条公告。所以，本群须知公告是一个黄金广告位，一定要认真的编辑。

第二，在加群方式里面吸粉。

在QQ群的"加群方式"设置里面，我们前期应该设置成"允许任何人加入"，当后期群人数达到三分之二的时候，我们就可以通过设置"需要正确回答问题"来吸粉。

吸粉方法很简单，如果是想把粉丝引流到微信，可以把问题设置成"添加某某微信号获取正确答案"。当他们添加微信后，我们再告诉他们正确答案就可以了。同样的，想引流到哪里就让对方添加某某号来获取答案。

这里要注意的是，"需要正确回答问题"的设置一定要在群成员最少达到三分之二的时候才能去做。因为这种方式本身就比较麻烦，如果群人数不多，一些嫌麻烦的人也许就放弃了，大不了换加其他群。如果群的人数很多，并且快满员的时候，会让一些生意人感觉群里面看上去商机无限，至少会让他感觉这个群很活跃。当他发现加群不是那么容易的时候，会给人造成一种错觉，以为越难加的群越有价值。当然，这句话本身没有错，只是放到我们这里是一种特例。

当QQ群在查询中的排序偏低时，我们可以暂时停止这种玩法，回到"允许所有人加入"的加群方式，待群排序提高后可以继续玩。这种吸粉方法不妨去试一试，对于一些没有玩过的人而言可能会觉得很好玩。虽然这种办法也不是很新鲜，但是现在依然有很多人在用这种方法吸粉。当群快满员的时候，要及时清理一些群等级低和活跃度不高的群成员。

在自建QQ群吸粉之前，建议大家先去QQ群的官网把群的相关规则搞清楚。我讲的时候很简单，你听的时候也很简单，但是在做的过程中，你肯定会遇到这样或那样的问题。还是那句话，不懂的在网上多搜一搜或在小胖分享圈内多问一问。

当我们不想接收群消息的时候，一般会设置群消息不提示。但在某些情况下，即使我们设置了群消息不提示，还是会收到群里面的动态。导致这种情况发生的原因在于群成员启动了相关群应用功能。

这些群应用功能里面最常见的有四种：第一种，@全体成员，这个功能只有群主才可以用，并且群主要开通超级会员；第二种，群视频或QQ电话；第三种，群作业，前提是群主开通了这个功能；第四种，群邮件，前提是群开通了这个功能。

至于这些功能什么时候用？该怎么用好？小胖这里不再拓展。总之，适当地用，不要物极必反。

关于QQ群，再说一个吸粉的方法，不管是混别人的群还是自建群，这个方法都非常受欢迎，那就是QQ群的口令红包。

操作很简单，在手机版QQ上打开需要吸粉的群。在QQ群的发红包选项中有一个是口令红包，群成员领取红包的方式是输入之前已经设置好的口令。这里设置的口令就是我们吸粉的广告点，至于吸粉广告怎么写，那就是你的事了。

有时候，如果你想在群里面互动，却又不知道从何开始，小胖建议不妨就从这个口令红包开始。红包的口令可以直接设置为你想互动的话题。

在运营QQ群的时候，我们还可以使用一些QQ群机器人来帮助我们增加互动的趣味性。至于什么是QQ群机器人大家可以在网上多了解一下。

最后，告诉大家一个关于QQ群获取第一批成员的捷径方法。

无论是我们自建的专业交流群还是不闻不问群，都需要第一批群成员。

我们在加群的时候，一般会选择人数多一点的群，尤其是那些快接近于满员的群，因为我们潜意识会觉得人数多的群可能会更有价值。所以说，第一批群成员在某种程度上决定着我们群的未来。

上面我们说过可以自己添加群成员，但是这种速度可能相对较慢。在QQ群的营销中，我们现在可以通过花钱买群粉丝来为群注入第一批成员。但买来的粉丝基本都是僵尸粉，虽然粉丝也区分在线和不在线，但不管是哪种粉丝，基本都不会在群中互动，仅仅是增加群人数而已。

所以，对于经常玩QQ群营销的人来说，常用的办法是先买粉再踢粉。操作方法很简单，假设我们建立了一个两千人的超级群，可以陆陆续续地买1600个僵尸粉，然后再每天拉一点真实粉进去，这样几天下来也差不多接近1800个群成员，基本达到快满员的情况。

这个时候如果别人按照群人数排序来查找群，我们的群应该排序在比较靠前的位置了，所以，正常情况下会陆续地有人主动加群。这个时候我们就要开始踢人了，有多少人主动加群就要踢掉多少僵尸粉。慢慢地，随着加群的人越多，踢掉的僵尸粉也就越多，最终我们的群成员都会是真实的粉丝。

上面只是 QQ 群营销的一个简单玩法，在运营 QQ 群的过程中，我们要遵守一些群的规则，否则将会被搜索降权。

微信群吸粉

微信群吸粉和 QQ 群吸粉的过程基本是一样的，可以是自建群，也可以混别人的群。微信群的功能没有 QQ 群那么多，没有所谓的群文件和群相册等，吸粉的途径只能靠和群成员互动来实现。但微信群的活跃度在一定程度上要比 QQ 群高，活跃度高意味着更容易和群成员产生互动。

在微商的吸粉引流方法中，微信群吸粉是最容易也是最有价值的一种方法。想在微信群吸粉，最直接有效的方法就是向群成员提供价值。

在续本中，我会结合自己的混群经验和运营小胖分享圈的社群经验，详细讲解如何混好微信群和运营自建群。

关于微信群，这一堂课只讲两个简单的内容，即微信群立足三部曲和微信群游戏。

微信群立足三部曲

这里讲的微信群是专业交流群，想在别人的微信群里面混好，我们首先需要解决一个问题，就是如何在群里面立足？因为立足是混群的第一步，第一步未站稳，后面想混好群就比较难了。

第二课
微商吸粉大法之引流入室（一）

这里小胖提供一个在微信群立足的三个简单步骤：

第一步，寻找群主和群管。

当加入到一个专业交流的微信群后，我们要做的第一件事情不是在群里面发言，而是通过默默观察，打探清楚群主和群管是谁。因为这些人是群里面的核心，也是群里面最有影响力和话语权的人。

群主很好找，群成员列表第一个人肯定就是群主，但是群管有时候不一定是群主，找出群管就需要我们花点时间去观察。除此之外，我们还需要了解群规，搞清楚哪些能说，哪些不能说，要投其所好，避免禁忌话题，以免被踢出群。

第二步，举办入群仪式。

找出群主和群管后，我们要搞好和群主、群管的关系，让他们给我们举办入群仪式。

一些自认为很牛叉的人，一进群就夸夸其谈，喜欢用导师的口吻和人聊天，发一堆自认为有价值的干货，这样显得很浮夸和没有内涵。以这种形式开场，基本上很难在群里面立足。

正确的开场方式应该是让群主或群管给我们撑场面，让他们在群里面介绍我们。有人会问，怎么才能让群主或群管帮我介绍呢？最简单快捷的方式就是给他们发一个红包。红包数额建议适当的高一些，不要几毛几元地给，显得太小家子气了，毕竟我们有求于人，需要他们的帮助。

这个步骤一定不可缺少，如果想在这个群里面立足，就一定要做好这一步。它可以最快速度地帮我们在这个群体里面建立信任，塑造良好的第一印象。

群主或群管转介绍的内容可以事先和他们商量好，最好是自己先把转介绍内容写好，然后让群主或群管直接复制粘贴，毕竟最了解自己的人还是自己。

除了群主或群管帮我们开场介绍外，也可以是群里面其他有话语权的人。所谓有话语权的人是指在群里面有一定的影响力，他的言语或行为能够在群里面得到大部分人的认同。至于哪些人有话语权要靠自己去观察和发现。

第三步，发红包和自我介绍。

当群主或群管介绍完我们后，我们要及时给群里面发几个红包，以此来提高关注度和活跃度，然后再谦卑地自我介绍下。

发红包是在混群过程中屡试不爽的营销手段，毕竟谁没事会和红包作对呢。但是发红包还是需要讲究技巧的，比如发红包的时间和红包的数额等等都是有讲究的。这些我们放到续本再详细的讲解。

这里的自我介绍要和第二步的转介绍区分开，转介绍的内容是群主或群管帮我们转述的，而自我介绍是自己来阐述的。正常情况下，转介绍可以作为自我介绍的开场白内容。如果说转介绍是目录或摘要，那么自我介绍就是详细内容。所以，在编写转介绍和自我介绍的时候，要注意两者的区别。关于自我介绍该如何写，我们在后面的课程中会详细讲解。

以上三步做好了，我们基本上就在群里面立足了，接下来要做的就是在群里面持续分享一些有价值的干货，然后静静地等待时间的回报。

微信群游戏

有时候，我们可以在微信群开展一些有趣的小游戏，主动吸引群成员加我们。小胖曾经在微信群玩了一个发红包的小游戏，结果群成员一半的人都添加我为好友。

这个游戏的内容大致是：12小时内加我为好友的，按照被添加的先后排序，将有机会获得对应排序数值尾数的红包，比如对方是第19个添加我的，那么将有机会获得九元红包。前提是在微信摇骰子或猜拳游戏中战胜我，游戏全程公开透明，截图为证。

当时群里面有400多人，12小时内有216个人添加我为好友。当然，这个小游戏是否能够被成功激活，需要具备一定的条件，换句话说，我们在游戏前需要精心地预谋准备。

第二课
微商吸粉大法之引流入室（一）

首先，我们在群里面必须有一定的活跃度，平时要时不时地在群里面发一些红包，和群友玩一玩猜拳或丢骰子游戏，让他们先熟悉一下这个游戏的大致玩法。在游戏的过程中，我们要每间隔一定时间在群里面发布添加人数的截图，及时让对方来找我们玩游戏赢红包，整个过程公开透明。

有人会觉得这个游戏的累计红包太高了，按照游戏规则，我承担的费用可能要几千元。其实整个游戏下来，我一共支付不到200元的红包，后来这群被我吸引来的人给我创造的价值要远远超过200元。之所以支付红包数额小，是因为这两个微信自带的小游戏我有必杀技。也许现在很多人都知道这两个游戏必赢的诀窍，但是当时知道的人很少，我相信现在还有一些人不知道，不信你可以和小胖玩一玩。

虽然我知道必赢的诀窍，但是每间隔一段时间我还是会输几次，给对方发红包的过程要截图到群里面做见证，同时要善于配合小号来推动游戏的持续进行。

这个吸粉游戏之所以成功，我认为有四个原因：

第一，群本身活跃度很高，游戏所在的群是我朋友建立的一个专业交流群；

第二，游戏前热身做得比较好，我找了几个朋友扮演想玩游戏的成员，在群里面和我打配合，调动了群成员对这个游戏的关注度和参与度；

第三，红包的吸引力比较大，红包的价值虽然不大，最大也不过九元钱，但是红包本身的吸引力很大。

第四，这个游戏本身很好玩，向群成员发起游戏挑战赛本身就会激起群成员的不服输精神。

当然，这个游戏不一定每一次的复制都有效，同样的游戏在不同的群产生的效果也许不一样，这里面有诸多因素的影响。这种小游戏大家平时可以自己去设计，要有娱乐性且具有奖励机制。

QQ空间和公众号吸粉

QQ空间和公众号是所有做微营销的人必争之地，我们之前在装修篇的时候也讲过这两部分。

QQ空间吸粉

QQ空间主要板块有日志、相册、留言板、说说。

在运营QQ空间之前，我们一定要加一些QQ精准活跃粉，至于这些粉丝哪里找，前面也说过，可以在QQ群里面找到。这些粉丝将会帮我们把QQ空间有价值的内容转发到自己的朋友圈。通过这样反复的分享、传播、扩散，我们就可以慢慢地实现引流。

有人会问，别人凭什么要帮我们把QQ空间的内容转发到他自己的朋友圈呢？转发的理由很简单，我们一定有转发别人QQ空间或公众号文章的经历，想一想当时我们为什么会转发。你转发别人文章的理由，就是别人为什么要转发我们文章的答案。毫无疑问，答案肯定是我们的文章内容有价值。

除了别人转发外，我们也可以自己主动转发，比如转发到QQ群或转发给QQ好友，也可以请好友帮忙转发。

空间日志是我们编辑文章的地方，一定要选择有价值的或者容易带来转发的内容；相册、留言板和说说是我们用来做广告和晒朋友圈的地方。

整个空间里面最有价值的地方就是日志，其他板块都是配合日志做广告宣传的地方。小胖并不建议日志内容里面留联系方式。最好的方式是别人通过看我们的日志进入空间，通过看空间的其他板块获得我们的微信号。

为什么空间日志里面不能留联系方式呢？因为这样会影响被转发和扩散的积

极性。大部分人头脑中都有一个潜意识，就是留下联系方式的文章或多或少都有做广告的嫌疑。如果希望自己的 QQ 空间文章被转发，就尽量在文章中少留联系方式。

如果我们非要留联系方式，也只能通过提供帮助的方式来操作。例如，你的文章是关于护肤保养方面的，可以写，"想知道更多的护肤保养常识，请添加微信号某某某"。如果你的文章是关于微商方面的干货，联系方式就不用留了。因为很少有微商愿意去转发一个带有联系方式的微商文章。

QQ 空间发文章要注意专一性，不要今天发这个方面的文章，明天又发其他方面的文章，这样会让人感觉不专业，也无法塑造专业形象。确定好自己的目标人群，然后专注于发表这方面的文章，持之以恒，一定会有收获。

公众号吸粉

微信公众号和空间日志差不多，都是通过发布一些有价值的内容吸粉。在做公众号之前一定要把后台的功能搞清楚。

公众号的文章如果是原创的最好，长期发表原创文章可以获得微信团队的原创认证以及留言和赞赏功能的邀请。如果文采有限，也可以搜一些相关的文章回来自己改编下。公众号文章除了吸引粉丝转发，也可以自己转发到朋友圈或微信群。

公众号文章可以通过搜狗微信（网址 weixin.sogou.com 或百度搜关键词"搜狗微信"）来查询。在搜狗微信中，我们可以查询到所有已发布过的微信公众号文章。当然，也可以使用微信自带的搜索功能。

在公众号的运营中，我们也可以借助一些第三方公众号运营工具或平台来协助自己，比如西瓜公众号助手（www.xiguaji.com）、i 排版微信编辑器（ipaiban.com）等。除了空间日志、微信公众号可以发表文章，我们还可以在其他的资讯平台发表文章，比如今日头条、一点资讯、百度百家等等，凡是自媒体平台，我们都可以用来吸粉。

课堂小结

在吸粉的过程中，要想给别人提供价值，成为别人心目中的专家，首先我们自己必须要不断地充实自己，提高自己的专业水平，平时要多看、多听、多想。多看多听一些与之相关的专业书籍、视频或讲座等等一切可以获取知识的途径，然后想一想如何将这些知识运用到微商的运营中。

最后，我们来拓展一个知识点，就是在互联网的引流推广中，如何留联系方式？

在互联网中，微商做引流推广，需要留下的联系方式最多只有三种：微信号、QQ号和手机号。

手机号除非是在线下做宣传或一些特殊情况下，一般不建议留，留了可能会被一些电话营销的骚扰，烦不胜烦。因此，当我们需要留联系方式的时候，往往会选择QQ号和微信号。

在留QQ号和微信号的时候，最好的展现形式是QQ号和微信号为同一个号码。实现的方法也很简单，只需要微信绑定QQ即可。这样，当我们需要留联系方式的时候，只需要留一个就可以，比如"QQ/微信：362267272"。

如果在特殊情况下，比如排版要求或字数限制等等，"QQ/微信"只能选择留一个，正确的选择应该是留微信。格式可以用"微信+绑定的QQ号"，比如"微信：362267272"。稍微有点经验的人都可以看出来，微信的号码就是绑定的QQ号。

这么做还有一个好处，就是当微信人数满员后，我们可以直接用QQ号重新绑定新的微信号，不至于出现微信号满员后就无法添加的困境。

微商吸粉大法之引流入室（二）

有一句古话，相信很多人都听到过，叫"将欲取之，必先予之"，这句话的意思是想要得到，必先给予。在上一堂课中，我们讲了吸粉引流方法的核心是给别人提供价值，只有当别人发现你能够提供给他价值的时候，他才会被你吸引，主动地加你。微商吸粉引流的核心正好就是"将欲取之，必先予之"这句话的真实写照。

在这一堂课中，小胖将分享一些利用百度产品吸粉的方法。如果你之前没有接触过百度营销，这一堂课对你而言可能有点难度。所以，为了让你能够轻松地阅读并理解本堂课的内容，你需要做两事情：第一，你要去试图了解百度的系列产品，至少我今天这堂课讲的百度产品，你都要有一个基础的了解；第二，请你跟着我的节奏打开相应的百度产品网页，场景化更容易让你理解本堂课的内容。

百度知道吸粉

百度知道是一个基于搜索的互动式问答知识分享平台，是用户根据自身需求，有针对性地提出问题，通过积分奖励机制发动其他用户，来解决该问题的搜索模式。同时，这些问题的答案又会进一步作为搜索结果，提供给其他有类似疑问的用户，达到分享知识的效果。

用百度知道做引流是微营销中最常用的一种方法。

常用的百度知道有两种引流的方式：一种是找问题答，另一种自问自答。

找问题答

所谓找问题答就是去找专业的问题来回答。

在找问题之前，我们首先要确定好目标人群，因为我们回答的内容是希望被这些目标人群看到的。而什么样的问题目标人群会看到呢？当然是与目标人群有关联的问题。例如，我们的目标人群是宝妈，那么我们应该去找一些与婴儿或宝妈有关联的问题。

有时候为了塑造专业性，我们可以把关联问题的范围缩小到某一个领域，最好是和你的产品有关联的领域。例如，我们是做护肤品的，目标人群之一是宝妈，那么我们就可以把百度知道的问题锁定在"宝妈"和"护肤"这两个关键词内。

当我们知道问题的关键词后，就可以直接在百度知道（网址：zhidao.baidu.com 或百度搜关键词"百度知道"）的搜索框里面输入关键词，比如刚才讲的"宝妈""护肤"两个关键词，我们就可以直接输入"宝妈护肤"。搜索结果中的问题都会含有这两个关键词或者与之相关的问题。

如果我们想再进一步缩小关联问题的范围，也可以继续优化关键词，比如可以把护肤品缩小为某一功效，例如补水，那我们就可以锁定关键词为"宝妈补水"。

在找百度问题的时候，我们要尽量找一些提问时间较近并且还未被采纳的问题来回答。这个我们可以直接通过在"筛选答案"功能中把提问时间设置为最近一周或最近一个月就可以了。提问时间较近的一般未采纳的概率比较大，只有这样我们才有机会被提问者或网友采纳。

第三课
微商吸粉大法之引流入室（二）

在百度知道的搜索结果中，找到符合你要求的问题后，接下来要做的就是回答问题。

在回答问题之前，我们要精心组织语言，最好是回答得越详细越专业越好。百度知道的用户最喜欢那些有条不紊、分段有序的答案，所以在回答问题的时候，排版很重要。如果文字多建议分段表述，因为问题的答案不仅仅是给提问者看的，也是给所有关心这个问题的人看的。只有我们的答案越详细越专业、条理清晰，才能够让阅读的人想去进一步的联系我们。

问题来了，如何让别人联系到我们呢？

百度本身提供了互动的方式，即通过百度的互动工具"私信"来和对方联系。但私信的用户使用率并不高，且只有一个网页版本。所以，为了信息查收的及时性和提升互动率，我们需要在回答问题的内容里面留下自己的QQ或微信号。

问题又来了，在百度知道中留联系方式的通过率不高。如何技术性的留联系方式成为百度知道营销的一大难题。小胖这里暂时性地提供两个解决的方法：

第一，躲避敏感词。

百度知道有一套检测敏感关键词的筛选算法，如果回答的内容里面被检测有敏感关键词，这条回复将不会被通过。其中，与联系方式有关的词汇就是敏感关键词之一。

例如，我们在百度回答里面直接输入"微信：12345"，肯定是通不过的。微信、QQ、旺旺、陌陌等社交工具都是敏感关键词。

目前管用的方法是，可以把关键词"微信"换成"V""wei"或者谐音"薇"，一般是谐音或者简称，比如"V12345"。数字中间可以用空格或插入一些特殊符号，又或者可以用大写的数字。

总之，想在百度知道留联系方式需要一定技巧，这个技巧需要通过不断地测试敏感关键词来获取。与此同时，百度也在不停地升级敏感关键词的检测算法，所以，这是一项猫捉老鼠，老鼠玩猫的游戏。

第二，联系方式命名。

既然在百度知道里面留联系方式比较困难，那么我们不妨选择一种一劳永逸的方式，即用联系方式直接命名。

我们可以在百度创建账户名称的时候，直接把名称命名为自己的联系方式，比如账户名称可以命名为"微信12345"。

如果有一天"微信"被作为账户名称禁用的敏感词，也可以直接用"V12345"或"薇12345"等等。在回答的问题时候，只需要稍微引导一下，别人就会明白，比如"联系方式见账号""找我看账号"等引导语。

除此之外，还可以在百度账号的头像里面留下联系方式。

在百度知道中，我们都希望自己的回答被采纳。按照百度知道的规则，被采纳的回答会排序在最前面，也是关注度最高的地方，所以我们要争取让自己的回答被采纳。

那么问题来了，回答如何能被采纳呢？

百度知道采纳有两种方式：一种是网友采纳；一种是提问者采纳。

网友采纳是系统自动推荐的，一般系统会自动采纳回答内容比较详细、条理逻辑清楚的答案。大家可以去找一些网友采纳的回答内容，然后好好分析下他们的回答有什么特点和共性。

提问者采纳就是提问者采纳自己满意的答案。一般提问者采纳的答案相对而言也是回答得比较详细专业的。除此之外，在回答提问者答案的时候，我们要感同身受地站在提问者的情绪场景中，这样会更容易让对方采纳答案。

关于找问题答，我们还需要注意以下几点：

第一，在百度知道中，每条回答都会有一个评论。如果我们的答案没有被采纳，也可以在被采纳答案的评论中输入你想让别人看到的内容。

第二，百度知道的账号是有等级划分的，等级越高，回答内容的通过率就会越高。想提高等级就需要提高百度知道账号的经验值和采纳率，这个需要一定时间的积累。

第三，百度知道的回答内容不仅可以用文字，还可以插入图片，图片这里我们也可以放上联系方式，但也需要有一定的技巧。

第四，百度所有产品包括百度知道曾经不会、现在不会，将来也不会让你免费做广告，所有一切和广告有关联的敏感词都会被 pass。想在百度做免费的广告，一定要学会有技巧性地找 bug 和内容的足够软性。

自问自答

所谓自问自答很好理解，和我们之前在 QQ 群里面讲的自导自演差不多，就是自己提问，自己回答，然后自己采纳。操作步骤也很简单，无非是一问一答一采纳。

问题来了，我们应该问什么？答什么呢？

很简单，和上面找问题答一样，找准目标人群，然后结合自己的产品，锁定关键词。问别人关心的问题，答我们想答的内容。

例如，我想推广《小胖微商课堂》这本书，主号可以提问："有没有好的微商书籍可以推荐下？"然后小号回答："我正在看《小胖微商课堂》这本书，里面的内容挺不错的。"这时主号继续追问："哪里可以买到？"小号继续回答："在京东可以买到。"

通过一问一答一追问，就成功实现了推广的目的。当然，上面的例子只是做一个简单的示范。在实际运用中，问题和答案都需要进一步的优化和拓展。

在操作的过程中，为了提高通过率我们要注意以下几点：

第一，问题和答案一定要贴近真实。

在百度知道的提问中，有一个补充问题的功能。如果你想你的提问表现得更加真实，建议在补充问题里面把问题描述得更清晰一点。

例如，我们想推广一个祛痘的微商产品，问题可以写："脸上的痘痘怎么才能根治呢？"在补充问题里面我们可以对问题做进一步的描述，比如可以这么写：

我脸上不知道什么原因经常长痘痘，在网上也买了一些祛痘的产品，有的效果不佳，有的用后痘痘虽然会短暂消失，但是过一段时间又会复发。不知道怎么样才能彻底治好，有经验的朋友麻烦帮帮我！

这样的补充描述会让问题变得更加真实，让看到的人更愿意回答问题。

在回答问题的时候，我们需要站在参与者的角度去回答问题，合理植入软文广告。切记：广告不要太明显，这样会让别人产生反感。

比如刚才上面的问题我们可以这么回答：

我以前脸上也有很多痘痘，和你描述的情况差不多，后来经过一些调理已经根治了，这里给你一些建议，希望对你有帮助。

脸部长痘主要是由于体内的因素造成的，主要是由于生长激素以及性荷尔蒙的大量需求，触动了皮脂腺的分泌功能。要注意平常的面部清洁和补水，平常多注意自身保养。

根治痘痘的方法有以下几点：

1. 尽量不要用手触碰脸上的痘痘，因为这样容易刺激面部。

2. 饮食尽量清淡，勿食辛辣口味的食品，不要酗酒、抽烟。

3. 养成良好的生活习惯，适量运动，保证规律的作息时间，平常多喝水、多吃新鲜的水果蔬菜。

4. 睡眠一定要充足，放松心情，避免肝火上升造成荷尔蒙的失调。

5. 要补充 VC 和 VE，尽量用食补的方法治疗。

6. 对于反复无常的痘痘肌肤，建议用温和不刺激的祛痘产品，这里根据自己的体验推荐 A 产品（知名产品）、B 产品（推广产品）、C 产品（知名产品），我目前正在使用的是 B 产品，但每个人的肤质各有不同，具体哪个好一点要自己去体验。

这个回答看上去会比较专业，调理很清晰，在最后也做了一些适当的软植入广告。

细心的人会发现，最后做广告植入的时候，我推荐了三个产品，只有一个是要推广的产品，其余两个是知名产品。这是我个人最喜欢用的一种产品推广方式，叫"价值捆绑法"或"衬托推荐法"。这里我简单说下这种方法的使用。

这个方法的操作很简单，B 产品是你想推荐的产品，但是由于知名度和影响力不够，又或是避免广告嫌疑，我们往往要借助其他有知名度的品牌产品来捆绑推荐。

像上面那个祛痘产品的推荐，如果我们只推荐自己的产品，不管广告软植入得多么好，别人或多或少会认为我们是在做广告。但是如果我们推荐 N 个知名产品，里面夹着一个我们自己的产品，这样别人反而会觉得我们是在真心推荐，至少显得不那么刻意为之。

价值捆绑法在互联网的产品推广中运用的非常广泛，它的原理在于当消费者在认知中觉得 A 产品有价值的时候，如果我们让 B 产品和 A 产品发生某种关联，那么消费者潜意识会认为 B 产品也同样有价值。价值捆绑法最常用的地方就是排行榜，比如中国十大某某产品排行、微商十大团队排行榜等。

第二，避免主号和小号 IP 重复。

提问的账号不能和回答的账号同一个 IP，这样很容易被系统检测到。

这里我们可以使用 IP 切换工具，具体的 IP 切换工具可以在互联网下载到。同时，我们也可以将电脑和手机相互配合起来使用，主号用电脑提问，小号用手机回答。

在自问自答的操作中，我们要多注册几个账号，分别用不同的账号来提问和回答。

第三，可以通过互帮的方式来完成操作。

如果你觉得使用 IP 切换器很麻烦，我们也可以通过好友互助的形式来完成问答。方法很简单，要么你问我答，要么我问你答。

如果你有自己的团队，可以让团队成员一起来互帮互助。如果没有自己的团队，也可以加入一些百度问答互助的 QQ 群，QQ 群的查找关键词可以搜"问答互助"。

第四，操作频率不要太频繁。

主号和小号每操作一次，应该间隔休息几个小时。在同一时间段，不要频繁操作，否则会被短暂列入黑名单。

用来回答问题的小号不要一直去答自己的问题，也可以去适当帮别人解答问题，这样在系统检测的时候不容易被检测到。要学会让自己伪装得好一点，小号才能活得更长一点。

第五，要善于利用追问做广告。

为了尽量提高问答的存活率，我们在回答的时候可以不做广告也不留联系方式。等到问答存活一段时间后，我们可以通过追问的方式再来做广告。正常情况下，一个问答存活时间越久，通过追问做广告的通过率就会越大。

除此之外，还可以通过在百度问答里面留链接，引导观众去链接查看更多的内容。我们可以事先将联系方式和广告软植入到链接内容里面。留链接也需要一定的技巧，大家可以去互联网搜一搜相关的技巧。

长尾关键词

问答类标题一般由长尾关键词构成，而长尾关键词是在目标关键词（短尾关键词）的基础上延伸出来的，即"长尾关键词 = 目标关键词 + 延伸词"。

短尾关键词：一般是两个字和四个字组成的，比如"微商"。

长尾关键词：一般是四个字以上的，比如"小胖微商课堂"。

例如，我们根据产品或目标人群定位出来的目标关键词是"祛痘"，那么构成我们标题的长尾关键词应该是在关键词"祛痘"的基础上左右延伸出来的。长尾关键词可以是"有什么好的祛痘方法吗？""祛痘用什么产品好？""怎么可以快速祛痘？""怎么才能彻底祛痘？"等等。

为了增加问答被搜索到的概率，我们一定要学会创造出更多的长尾关键词。

百度知道的问答技巧不是我三言两句就可以讲清楚的，以上只是做了一个入门级的讲解。其实我也并不想讲解清楚，因为我有更好的办法来实现通过率。本堂课的最后，小胖会告诉你这个终极大秘密。

问答类平台除了百度知道，还有360问答、天涯问答、搜狗问问等等，相关的操作步骤和流程基本都差不多。

百度贴吧吸粉

百度贴吧是一个在线的交流平台，让那些对同一个话题感兴趣的人们聚集在一起，方便地展开交流和互相帮助。

百度贴吧引流有两种方式，第一种是自建贴吧，这一种方法这堂课暂时不讲，因为贴吧名称具有唯一性，我们根本抢不过那些专业做贴吧营销的人。一般好的贴吧名称早就被抢注了，贴吧名称不好一般很难运营。作为微商，我们没有必要浪费时间来运营一个贴吧。所以，我们一般都采用贴吧引流的第二种方式，混别人的贴吧。

混别人的贴吧前，要搞清楚自己的目标人群，找准贴吧关键词。例如，你的目标人群是微商，你的贴吧关键词就应该与微商有关联，比如"微商吧""微商货源吧"等等。除此之外，还有一类贴吧也有很多微商聚集，那就是以微商品牌命名的贴吧或以微商团队命名的贴吧。

再例如，你的目标人群是宝妈，那你就应该寻找与宝妈有关联的关键词，比如"宝妈吧""亲子吧""育儿吧"等等。

百度贴吧的内容编辑和 QQ 空间日志的编辑差不多，引流的核心都在于发表一些有价值的内容，但百度贴吧的话题互动性更强。

每个贴吧都由几个吧主管理，如果贴吧的吧主没有满员，你也可以尝试申请一个吧主。申请吧主必须由现任吧主同意，你需要和吧主搞好关系或通过一些付费的方式让现任吧主同意你的申请。

贴吧帖子的排序规则是按照互动时间的先后顺序来排列的，所以，帖子的互动性越强，排序就越靠前，排序越靠前，阅读的人就越多，互动性也就越强，这是一个良性循环。

问题来了，如何让帖子的互动性加强呢？这里我们需要做好两点：

第一，标题要吸引人。

标题在互联网自媒体的推广中拥有举足轻重的作用，它是吸引读者注意力的关键，也是一篇文章点击率的保障。

贴吧的标题一定要有吸引力，因为在贴吧列表中只会展现帖子的标题。所以，一篇帖子是否会被人们关注，很大程度上取决于标题是否足够吸引人。

一个有吸引力的标题往往存在于好奇、渴望和情感之中。

好奇

所谓好奇就是对自己不了解的事物觉得新奇而感兴趣，充满新鲜感。当人们对某篇文章的标题产生好奇后，往往会产生一探究竟的冲动。

例如，我们想写一篇引流微商的文章，标题可以写"你绝对不知道的微商吸粉方法，据说只有1%的人知道"。

这个标题会让那些不知道这种吸粉方法的微商产生好奇，有想点击进去一探究竟的冲动。

渴望

当人们对某篇文章的标题产生渴望后，往往会迫切希望得到想要的答案，而想得到的前提就是点击标题，查看文章内容。什么样的标题会让人产生渴望呢？答案是未曾拥有的事物和未知的解决方案。

例如，我们想写一篇推广祛痘产品的文章，标题可以写"祛痘原来可以这么轻松搞定，真后悔没有早一点看这篇文章"。

这个标题会让那些被祛痘困扰许久的人产生渴望，迫切希望得到轻松搞定祛痘的方法。即使你知道这是一个广告标题，我想你内心还是有想点击的欲望。

情感

俗话说，人非草木，孰能无情？当人们对某篇文章的标题产生情感后，往往会不由自主地想了解这篇文章情感背后发生的故事。这里的情感包括快乐、愤怒、忧愁、悲伤、悔恨、恐惧等等。

例如，我们想写一篇推广护肤产品的文章，标题可以写"三无产品居然如此畅销，天理何在？大家来评评理！"。其实在正文中这个三无产品指的是三个无添加，这里用的是偷换概念的玩法。

这个标题会让人产生愤怒、不解或疑惑等某些情感，让人们不由自主地想点击进去看看到底发生了什么事情。

在一篇有吸引力的文章标题中，好奇、渴望和情感往往是会相互共存的。例如，在情感的例子中，人们同样会对标题产生好奇，想知道为什么三无产品还能如此畅销；在渴望的例子中，人们同样会对标题产生情感，心想没有看会不会后悔；

在好奇的例子中，人们同样会对标题产生渴望，迫切希望得到只有 1% 的人才知道的吸粉方法。

第二，内容要有互动性且具有价值。

所谓互动性强，是指内容要能够让读者一起参与，只有参与才能产生互动。

帖子的正文内容是吸粉的关键所在，这里我们提供两种常见的贴吧吸粉方法。这两种方法在吸粉的同时又具有较强的互动性。

"贴吧电视剧"吸粉

电视剧一般都是采用多集的方式来放映的，这样能够持续地吸引观众。同样，我们在发表帖子的时候不要一次性把内容都写完，而是把内容分成几个部分，慢慢地调动读者的兴趣。

在发帖的时候，我们可以在正文中写一部分，然后用回复帖子的方式把剩余的内容分成几段来发表。用这种方法，内容一定要足够精彩，每段写完后可以留下一个悬念或者发表一个让参与者可以讨论互动的话题。

为了加强互动性，增加顶贴率，我们可以让想看更多精彩内容的参与者在帖子上回复数字 1 或其他指定的内容。

例如，我们要写一个微商吸粉 108 招的引流帖子。我们可以在正文中写几个方法，读者见没有写完，一定会回帖询问剩下的方法是什么。这时我们再用回帖的方式继续写几个方法，一定会有读者继续回帖询问剩下的方法。等到把读者的兴趣调动起来后，我们就可以开始把这批读者引流到微信，比如回帖说"想知道更多的吸粉方法，请加某某微信号"。至于什么时候开始引流，可以根据个人的需求来决定。

为了加强互动性，增加顶贴率，我们可以在每发完几个方法后，在内容的最后写上"想知道更多吸粉方法，请回复数字 1 或其他指定内容"。

第三课
微商吸粉大法之引流入室（二）

再比如，我们想推广某款功效产品，也可以用电视剧的方法来展示产品的效果，通过引流读者完成销售的过程。我们可以在帖子的正文中阐明："在接下来的一段日子里，我会用事实来检验某产品的功效究竟如何，希望大家一起来见证奇迹发生的时刻。"然后每间隔一定时间，我们可以通过回帖的方式晒效果图和用文字描述使用过程，整个产品的体验过程都让读者一起见证。

在晒产品体验的过程中，一定会有很多需要这款产品功效的潜在客户在帖子中和我们互动交流，询问产品的体验过程。如果产品的体验效果很好，我们只需要留下联系方式，那些一起见证体验过程的潜在客户，一定会主动来找我们购买。当然，前提是要找对目标人群所在的贴吧。

我社群里有一位卖减肥产品的微商，就是利用这种方法通过在贴吧里面连续晒减肥体验，吸引来了很多客户，也招到了很多代理。电视剧营销的方法同样适用于朋友圈，玩法稍微改变一下就可以吸引微信好友的关注。当然，这一切的前提是产品真实有效。

在"贴吧电视剧"的吸粉过程中，如果一开始关注互动的人不是很多，我们可以将帖子的链接发到 QQ 群或微信群等其他社群里面，让社群的朋友帮你实现第一批的互动。也可以用小号通过自导自演的方式引导读者互动。嫌麻烦的话，也可以直接找水军顶贴，或在猪八戒威客网里发布相关任务。

"贴吧钓鱼"吸粉

这个方法很简单，就是在目标人群的贴吧里面抛出诱饵，然后等待愿者上钩。

例如，我们想引流微商，帖子标题可以叫"你绝对不知道的微商吸粉方法，据说只有 1% 的人知道"。在帖子的正文中，我们可以写上"吸粉方法已经整理成文档，需要文档的可以在回帖中直接留下自己的邮箱"。当然，在实践运用中，正文的内容还需要继续优化，比如简单的描述下这个吸粉方法的神奇之处。

这里钓鱼的方法要注意三点:

第一,要找对目标人群所在的贴吧。

如果没有找对目标人群所在的贴吧,只能是对牛弹琴,不入牛耳。上面这个例子,我们只能在有微商存在的贴吧中运用。如果在一个非微商存在的贴吧里面,应该没有人会对吸粉方法感兴趣。

第二,要让对方通过回帖留下联系方式。

让对方通过回帖留下联系方式的好处在于可以增加顶贴率。只有帖子排序靠前,我们才能源源不断地吸引参与者。这种方法也有一个缺点,就是联系方式是公开的,竞争对手也可以看到。

小胖认为凡事有利必有弊,如何化弊为利就需要靠我们的智慧。我们不妨换个角度来想,既然别人能看到我们帖子里的联系方式,我们也可以同样去看别人的。再者,吸到粉不一定就能转化成客户,能否转化最终还是要靠自己的本领。

第三,联系方式最好留邮箱。

如果真的有一千个参与者留下自己的微信号,你真的要去一个一个地加吗?当然不加。我们这一堂课讲的是吸粉方法,所以要让别人主动加我们。而邮箱不需要主动添加就可以直接发送,并且可以一键群发邮件。

读者留下邮箱后,我们有三种方法实现引流:

(1)在邮件正文写上"由于发送邮件过多或文档内容过大,邮件发送受到限制,麻烦提供下微信号,我直接转发下载链接给你"。

一些人也许会觉得这个引流借口太烂了。其实,如果我们在帖子里面将这个吸粉方法塑造得足够有价值,任何一个很烂的借口对方都会照做。

（2）将吸粉方法整理成文档，给文档加密，然后在正文里面写上"获取文档密码，请加某某微信号"。

如果得到一件东西需要三步才能完成（留邮箱、下载文档、加微信），你已经完成了两步，只剩下最后一步简单的操作，你会不会放弃？如果这个东西你认为足够有价值，你愿不愿意完成最后一步操作？

（3）将吸粉方法整理成文档，在文档的最后写上"想获得比这更厉害的吸粉方法，请加某某微信号"。

这种方法利用的是对方的好奇和渴望。如果这个吸粉方法对方觉得有价值，一定会迫不及待地添加微信，获取更有价值的吸粉方法。

以上方法的具体文字内容需要进一步优化，小胖这里仅仅是示范而已。在此基础上，还可以衍生出更多的引流方法，这里不再一一讲解。

想成功实现贴吧吸粉，帖子的内容必须有价值。如果说标题的作用是吸引注意力，那么内容的作用就是延伸注意力。

生活中，我们经常看到一些文章的标题非常有吸引力，点进去一看却发现内容和标题毫无关联，自然而然不会得到读者的继续关注。像这种标题和内容不匹配的文章，我们要坚决抛弃。因为想实现引流，我们一定要延伸注意力，只有这样才能调动读者的兴趣，一步步的引导读者进入我们事先预埋的"引流陷阱"。

贴吧引流注意事项

和百度知道一样，百度贴吧对带有广告性质和联系方式的内容都有过滤机制，这里也是需要一些小技巧才能把广告和联系方式悄悄地放进去。

相对于百度知道，百度贴吧发一些软文广告或带有联系方式的内容，通过性的概率会大一些，操作技巧也相对而言会简单一点。即使这样，我们还是建议在帖子的正文中不要带有广告和联系方式。常见的做法是在发完帖子后自己抢楼层，一般建议 1 至 3 楼，在楼层回复中可以适当地做一些软植入的广告和留联系方式。

每个贴吧都有等级制度，等级的提升和贴吧签到、发帖数量等有关系。

贴吧账号等级越高，帖子的通过概率也会越大。想做好贴吧营销，前期一定要好好养号，多在目标贴吧里面互动。

贴吧除了系统管理员可以删帖，吧主也可以删帖。如果你的引流帖子没有被管理员和系统查到，那吧主就是你最大的威胁了，所以我们要学会搞定吧主。

百度贴吧有一个免费做广告的地方，就是签名档。贴吧签名档和 QQ 空间留言板签名档差不多，在回复别人帖子的时候，会默认在内容下方出现签名档内容。

贴吧类平台除了百度贴吧外，还有天涯论坛、豆瓣社区、新浪论坛等等。在 QQ 里面也有一个类似的平台叫兴趣部落。

百度文库吸粉

百度文库是百度发布的供网友在线分享文档的平台。

作为微商，我们可以针对目标人群上传分享一些有价值的内容。这里我们建议发一些有整理归纳性质的文章，比如微商 108 种加粉方法、最实用的 10 种祛痘方法等等，这些文章需要我们花一些时间来收集和整理。当然，其他有价值文章也可以发。

在百度文库分享内容，我们只需要直接上传一个文档就可以了，一般建议采用 Word 和 PDF 格式的文档。

和百度其他产品一样，等级越高，通过率越大。所以，我们前期需要花一些时间来养号，养号期间可以发一些通过率高的文章。

为了保持良好的通过率，我们要尽量做到标题和正文与百度文库里面已有的文档不重复。如果标题或正文被检测重复度高,有可能会通不过,即使通过了也会影响被搜索到的概率。

问题来了,如何做到标题和内容不重复呢?

检测标题不重复很简单,只需要把想好的标题在文库搜索框中查询下就可以。如果显示有重复的,我们可以将标题做适当修改。

正文目前无法自动检测,如果你的正文是原创的,那肯定没问题。问题是很多人都是复制别人的,这时我们需要做适当的修改。例如,增减一些内容,加入一些自己的见解,对文章重新进行排版布局。

如果想参考一些有价值的文章,建议尽量不要在百度文库里面找,这样重复度会太高。我们可以从其他平台里面来找,比如可以找微信公众平台里面的文章或其他的文库平台等等。

在上传文档的时候,要正确地选择分类或填写恰当的标签关键词,这样可以提高搜索的权重。

文库如何留联系方式

当文档整理好后,我们需要解决怎么留联系方式的问题。

百度文库对广告性质的词汇审核比较严格,通过率一般不高。但我们会发现,一些文库里面的文档也留了联系方式。它们是怎么做到的呢?如果留意这些文档的上传时间就会发现,留联系方式的文档都是几年前的老文档,当时的审核力度不是很严格。

随着现在审核力度的加强,留联系方式通过的概率会很小。以前的老办法是将联系方式放在文档的中间位置,或者联系方式的颜色尽量调成接近于文档的底色,或者把联系方式的文字大小尽量调低一点,也可以将联系方式放到文档的页眉或页脚等等,但是这些方法现在的通过率都不高。

现在比较常用的做法有三种：

（1）账号用联系方式来命名。

这种方法和百度知道一样，将账号直接命名为联系方式，然后在文档中稍微提示一下读者就可以了。因为百度所有产品都是共用一个账号，所以这种方式是小胖比较推荐的。

（2）将联系方式作为案例来软植入。

这种办法只适用于特定的、需要用联系方式作为案例的文章。

例如，小胖在之前介绍如何留联系方式的时候，直接用我的微信号来举例。同样的，如果文章中需要用到微信号或其他联系方式作为案例的时候，也可以直接用你自己的联系方式。

这种办法的局限性很小，而且通过率就需要看系统管理员的心情了，但是我们也不妨把它作为一种办法来参考。

（3）用文章来源或版权声明的形式留联系方式。

平时我们看网络新闻的时候，会发现有一个文章来源或版权声明的字样。

百度文库目前允许上传者进行来源或版权声明。现在最常用的方式就是在文章的最后写上"本文版权归某某所有"，然后给一个文章来源链接。例如，"本文版权归小胖所有，来源链接：http://www.baidu.com"。

上面的来源链接就是我们做引流的地方。我们需要事先找一个可以编辑文章的网站，比如博客、论坛等等，只要这个网站可以发表文章和留联系方式就可以。我们将上传到百度文库的文章在这些网站中事先编辑好，并且在文章中留下联系方式。然后将这些链接作为百度文库的来源链接就可以了。

当然，别人看到这个来源链接会不会查看，需要用点小技巧。例如，上面说的微商108种吸粉方法，我们在文库的文档中只介绍80种，剩下的方法通过简单的引导让读者去来源链接查看完整版。

文库类平台除了百度文库外,还有豆丁文库、道客巴巴等。

百度热词吸粉

所谓百度热词是指在百度搜索引擎中一些搜索率比较热门的关键词。

热门关键词可以在百度搜索风云榜(网址: top.baidu.com 或百度搜关键词"百度搜索风云榜")里面查看。打开百度搜索风云榜后,我们可以看到很多类别的关键词搜索排行,其中需要重点关注的是"实时热点"和"七日关注"的热词排行榜。

问题来了,怎么利用热词来吸粉呢?

利用热词吸粉很简单,我们可以在搜索风云榜中找一些适合自己的热词,将想要推广的产品或服务与热词关联在一起,做成一篇软文发表出去。当别人在百度搜热词的时候,我们的软文将会有很大概率出现在搜索结果中。

例如图片上显示的七日关注排行榜中(见图1),第八个关键词是"最帅猛男是女儿身",我们就可以结合自己的产品做成一篇关联软件,软文的标题可以写成《最帅猛男是女儿身,一款产品道破秘密》或《最帅猛男是女儿身,只因使用某款产品被发现》。

排名	关键词		搜索指数
1	王宝强离婚	详	1970302 ↑
2	曝王宝强亲子鉴定	详	1696599 —
3	马蓉称微博被盗	详	978890 ↑
4	王宝强获商家力挺	详	628895 ↑
5	知名网红被毁容	详	550438 ↑
6	白百何再发声被赞	详	520978 ↑
7	女子透视装逛寺庙	详	457464 ↓
8	最帅猛男是女儿身	详	446681 ↓
9	地铁膏药姐走红	详	372886 —
10	李晨力挺王宝强	详	347779 —

图1 七日关注排行榜

再比如第九个关键词是"地铁膏药姐走红",如果你正好是销售某款膏药的微商,标题可以写成《地铁膏药姐走红,某某产品揭露事件真相》。如果你不是销售膏药,而是销售面膜的,标题也可以写成《地铁膏药姐走红,公交又现面膜姐》。

与热词的关联一定要体现在标题上,即软文标题由"热词+拓展词"构成。

拓展词和热词要有关联性,至少标题要读得顺畅,不能热词和拓展词牛头不对马嘴。

微商吸粉大法之引流入室（二）

软件的正文需要有一定的文字功底，要善于从热词事件过渡到拓展词事件上来，最终实现引流的目的。具体的文案怎么写，我们放到续本的文案篇里面再来详细讲解。

软文可以在一些博客或论坛上发表，也可以找一些软文平台发布到主流媒体上去。

有时候，为了让软文更加的真实，我们可以适当地在软文中配一些相关图片，比如《地铁膏药姐走红，公交又现面膜姐》，我们可以真的去公交车上送一些面膜，然后找人给你拍几张。

百度网盘吸粉

百度网盘在前面的课程中已经介绍过，它是一个云存储的网盘。

我们不仅可以将文件存储在网盘上，还可通过网盘将这些文件通过链接的形式分享到互联网上，供他人下载。网盘吸粉就是靠这些链接分享来实现的。

网盘文件的链接分享有两种方式：一种是公开链接，所有人都可以通过分享链接查看或下载文件；另一种是私密链接，当点击分享链接后需要输入提取密码才能查看或下载文件。

私密链接吸粉

目前，微商用得比较多的吸粉方法是通过创建私密链接来吸粉。操作方法很简单，根据目标人群写一篇有吸引力的文章，通过塑造价值引导读者下载网盘文件，利用读者渴望获得提取密码的心理实现引流。

例如，我们的目标人群是微商，标题可以写"最新微商大咖吸粉方法被揭露，据说在这之前只有1%的人知道",然后在正文中进一步塑造吸粉方法的价值,最后公布文档的网盘下载链接和获得提取密码的途径,比如可以让他们加微信来获取密码。

这种文章可以发表在目标人群常去的贴吧论坛上。帖子发完后,一定要学会顶贴,不然帖子会石沉大海。为了增加顶贴率,我们可以要求想获取密码的读者在帖子中回复数字1或其他指定内容,然后加某某微信号,并在微信中发送回帖截图获取密码。

有人会问,别人会按照我们说的去做吗?对于那些微商大咖或有经验的微商也许不会,但是对于那些微商小白,也许会义无反顾地照做。为了以防万一,这种方法还需要有一个绝招,就是在发帖后要用小号或找朋友帮忙抢占前十楼的位子。这前十楼用来模拟回复文档下载后的评价,和淘宝刷评价类似,目的在于增加读者获取文档的渴望度。

为了增加帖子的点击率,我们也可以将帖子链接发送到目标人群所在的社群,比如QQ群、微信群等。

公开链接吸粉

分享公开链接也可以吸粉,做法其实和私密链接吸粉一样,唯一的区别就是文件的加密方式。因为公开链接没有提取密码,任何人都可以下载文件,所以加密的方式要在文件中来进行。

为了加密文件,我们要要借助压缩工具,比如常见的360压缩、WinRAR等等,具体可以在百度搜关键词"压缩工具"。

操作方法很简单,我们可以利用压缩工具将文件压缩进去,然后设置解压密码,最后上传到百度网盘创建公开链接就可以了。

这个方法的其中一个好处在于发帖的通过率比较高。公开链接由于是对下载的文件加密，我们可以直接把获取密码的操作方式写在压缩文件中，而不需要在帖子中留下微信号。

另外一个好处在于参与者想获取密码的欲望更强。私密链接是下载前就需要密码，而公开链接是下载后才发现需要密码。这两种方式，参与者的心情是不一样的。就像之前说过的，得到一件东西需要三步才能完成，当人们已经完成了两步时，越是渴望得到的人越不会放弃。

问题来了，怎么把获取密码的操作方式写进压缩文件中呢？

这里需要大家熟悉压缩工具的基础操作。在压缩工具里面，我们可以用通过添加注释或者添加文档的方式来将获取解压密码的操作方式写进压缩文件中。

压缩注释相当于是压缩文件的说明书，我们可以在注释里面写明获取文件解压密码的操作方式，比如可以写"添加某某微信号获取解压密码"。当别人下载并打开压缩文件后，会在压缩文件的右边看到之前编辑好的注释。

添加文档的操作方式也很简单，我们直接新建一个文档，命名为"文档解密须知"或类似的语句，然后在文档里把获取解压密码的操作方式编辑好，最后把这个文档添加进压缩文件就可以了。

要注意的是，文档一定不要设置解压密码，不然别人就看不到里面的内容了。压缩工具是可以对文件或文档进行单独加密的，我们只需把参与者想获取的文件设置解压密码就可以了。

关于压缩工具如何对文件设置解压加密，建议在网上搜一搜相关的知识。除了将压缩文件上传到网盘，我们也可以直接将压缩文件上传到QQ群的文件里面，作为QQ群吸粉的一种方法。

百度经验吸粉

顾名思义，百度经验就是供网友在线分享经验的一个平台，它主要解决用户"具体怎样做"，重在解决实际问题。例如，我们可以分享"微商怎么做？微商如何吸粉？"等等经验。

在百度经验里想放联系方式很难，基本通不过，最好的办法就是用账号命名联系方式。

通过率的高低和百度文库一样，标题和正文不能过多地重复已有文档。

百度百科吸粉

百度百科是百度公司推出的一部内容开放、自由的网络百科全书平台。

百度百科并不能直接吸粉，但是对于那些想塑造个人品牌的微商也有一定的作用。通过百度百科可以让微商在塑造个人品牌的过程中变得更加权威。

想创建百科词条，参考资料一定要有权威性。相关知识可以去百度了解一下，这里不做详解。

百度付费吸粉

百度作为中国最大的搜索引擎，是互联网营销和微营销的必争之地。前面小胖说过，有更好的办法提高我们在百度产品里面的通过率，但有一个前提，就是需要支付一点费用。接下来，小胖会告诉你，什么样的付费是你最佳的选择。

百度付费有两种：

第一种是付费给专业做百度营销的人。适合小白或经济能力有限的微商。

第二种是付费做百度推广。适合代理级别高或有一定经济能力的微商。

第一种：付费给专业做百度营销的人

在互联网中，有一批专门做互联网产品营销的人。比如我们上面说的百度知道、百度文库等百度产品以及其他一些互联网平台的产品，通过支付一定的费用，这些营销人会帮我们去做我们并不擅长的事情。

例如，他们可以帮我们去做知道类平台的问答，帮我们去上传各种文章到文库，也可以帮我们在贴吧或论坛发表文章等等，最关键的是他们的通过率都很高。因为他们专业度很高，他们每天都在研究产品背后的规则，每天都在养号，他们手中有很多等级高的账号。而这一切，都是我们不具备的。

也许有人会说，我自己通过慢慢研究也可以做到，为什么要花钱请他们呢？的确，你是可以做到，但我想请问，你要花多长时间研究出来每个产品背后的规则？要花多长时间去提高自己的账号等级？

小胖曾经也认真研究过很多互联网产品平台背后的规则，其实研究出规则也不是很难的事情，无非就是花一点时间，不停地去测试。比如知道类的问答，这个关键词通不过就变相的换另外一个关键词，账号等级不够就慢慢地花时间养账号。

但是我们要知道，我们是做微商的，不是专业做互联网营销推广的。作为微商，我们要处理售前售中售后等各种烦琐问题，要花大把时间学习专业知识，还要和粉丝保持互动等等，我们没有必要浪费时间去做一些我们不擅长而且又费时费力的事情。

所谓闻道有先后，术业有专攻。作为一名微商，我们一定要懂得一个道理：**让专业的人做专业的事**。通过资源的合理配置，让效益发挥到最大。比如我这堂课讲的吸粉方法大部分都可以让专业的营销人来替你操作完成。如果是我们自己做，不仅通过率低而且还浪费时间，这些浪费的时间完全可以去互动或成交好几个客户了。

最重要的是，需要支付的费用并不是很高。如果操作得当，产生的效益会远远高于支出。这是一道成本与时间的算数题，可能每个人的算法和得出的结果并不一样。

当然，并不是百度所有产品都需要让专业营销人来帮我们运作，至少个别产品我觉得是有必要的。比如知道类问题，也许经过自己的努力，十几个问答可以搞定，但是问答类的营销推广一定要走量，而这个量是我们很难靠凭一己之力完成的。

其实这些营销人很好找，淘宝网和猪八戒网就可以搜到很多。有的小伙伴可能觉得自己时间多，也不愿意花钱。如果是这样，小胖建议可以购买一些高级别的老账号，这样可以有效节省养号的时间，还可以提高通过率。

第二种：付费做百度推广

百度推广有多种类型，比如搜索推广、网盟推广等。我们这里讲的推广类型是百度搜索推广。百度搜索推广是按照 CPC 的方式来计费的，即展示信息点击后才付费。推广场景也是多样的，可以在百度网页、百度知道、百度贴吧等百度产品中推广。

做百度搜索推广要做好两件事：第一，要学会看后台数据；第二，要根据数据进行关键词优化。这里面的知识结构比较复杂，后期如果想做百度推广，相关的工作人员会和你对接这块知识。

百度推广需要有一个独立的网站或网页作为宣传的平台。对于微商而言，一般只需要一个简单的网页就可以了。网页可以在淘宝上请人帮你设计下，百度合作方一般会按照需求免费帮你做一个网页。

微商想做百度推广，目前有两种渠道：

第一种渠道是和百度公司直接合作。

这种渠道的好处在于比较正规，我们可以按照自己的需求设定关键词，通过竞价排名，点击付费。有些热门的关键词可能竞价比较高，需要合理的设定关键词。

这种渠道适宜于以企业为主体的微商或者一些经济实力比较大的微商。

百度推广在每个城市都有代理商，想知道当地的代理商是谁，可以登录百度推广的官网查询，然后进一步的电话咨询。

第二种渠道是由第三方公司给你做百度推广。

这种渠道的好处在于不需要按照点击付费，一般采取的是包月或包年形式。关键词是需要双方协商来确定的，一般精准度不会太高，都是一些长尾关键词。不过只要关键词设置得好，点击率依然比较可观。

目前，这种渠道在个体微商中比较流行，费用相对于第一种渠道要低很多。

这种第三方公司在朋友圈比较活跃，也可以在互联网中找到。

课堂小结

在讲吸粉方法的时候，有些方法我没有具体地拓展开，仅仅提供了一个入门思路。所以，跟着小胖学习微商知识，一定要学会拓展思维，学会自己去探索钻研，不能小胖讲多少你就学多少，小胖讲一半你就学一半，剩下的一半你也不闻不问。

在阅读的过程中，我们要学会举一反三，要学会在已有的方法上迭代更新出更多的新方法。例如，贴吧的吸粉方法，我这一堂课只分享了两个，实际上，在这两个方法的基础上，可以演变出很多的方法。

我希望当我提供一个点的时候，你自己要想办法把它变成一条线。很多时候，也许我把某一知识都拓展开了，你也就看看而已，可能印象不会很深。如果我只讲一半，剩下的一半你通过自己的努力探索出来了，我想你会对这个知识刻骨铭心。所以，对于小胖没有展开或没有深入讲解的内容，建议课后在网上多搜一搜，通过自己的努力把更多的知识探索出来。

曾经有人问我，小胖讲的这些吸粉方法会不会有一天过时，或者用的人多了变得不好用了呢？我的回答是，这些方法早就过时了，而且很多人都在用，用了好几年。

这一堂课中讲的百度吸粉方法，在微商甚至在微营销出来之前，它就已经存在了，但是直到今天依然还有很多人在用这些方法吸粉，与此同时，还有很多人不知道这些方法。为什么呢？我在前面的课程中也讲过，因为信息的不对称，每个人受职业、年龄、喜好等诸多因素的影响，获取某一知识的时间和渠道是不一样的。正因为如此，才会出现有些人是导师大咖，有些人是学生小白。

所以，只要万物在更新，新旧还在交替，即使千年前的姜子牙就已经在钓鱼，千年后的今天，我们依然还能钓到鱼。

第四课
微商吸粉大法之引流入室（三）

在前面的两堂课中，我们分别讲了腾讯系和百度系的一些吸粉引流方法。BAT肯定不能少了阿里巴巴，所以，这一堂课，我们来讲一讲如何利用淘宝做吸粉引流。

淘宝论坛引流

淘宝论坛引流的方法和之前讲的百度贴吧引流的方法差不多，区别在于淘宝论坛的读者相对而言比较精准，不是买家就是卖家。这两类人群都是微商比较优质的目标群体，卖家作为销售群体可以转化成代理商，买家作为购买群体可以转化成零售客户。

淘宝论坛（网址：bbs.taobao.com 或百度搜关键词"淘宝论坛"）有很多板块。

针对买家人群，你销售什么类型的产品就去找对应的相关板块。例如，我销售的是美妆产品，我就会去找一些与美妆有关联的板块，然后在板块里面分享一些美妆方面的干货。

在分享干货之前，可以先去观察下论坛板块哪种类型的帖子阅读量比较大，然后入乡随俗，通过借鉴模仿，发表一些同类型的文章。通过观察发现，经验型的帖子永远是最受欢迎的。

剩下的互动和引流方法可以参考百度贴吧中的内容。

针对卖家人群，可以去找一些和卖家有关联的板块，比如卖家之声、创业先锋等。在这些板块里面可以发表一些店铺运营、创业经验等受欢迎的电商干货。在网上可以找到很多有价值的电商运营文章，要学会收集整理。通过持续的晒电商运营干货，一定会有淘宝卖家来找你交流。

在本篇第一堂课的主动加粉方法中，我们提到过可以主动联系一些淘宝店家，将他们转化成微商代理，但是主动加粉很多时候可能会无功而返。通过淘宝论坛引流的好处在于，对方加我们或主动与我们互动，肯定是因为这些淘宝店家有需求。

例如，我们刚才说的，在淘宝卖家板块发表一些电商运营干货，能够主动和我们互动或加我们的人，有很大可能是淘宝店铺做得不太好的店家或一些新手店家。我们之前说过，对于那些经营不善的淘宝店家，是比较容易被转化成微商的。对于创业者而言，电商也好，微商也罢，反正都是创业，哪里能赚钱就往哪里走。

上一堂课我们提到过百度贴吧，这一堂课又提到了淘宝论坛。这两者之间的区别在于百度贴吧是综合性的论坛平台，而淘宝论坛是专业性的论坛平台。像这类专业性的论坛，它的目标群体比较专一，比如淘宝论坛的用户，除了电商买家就是电商卖家。

专业性的论坛有很多，只要是细分领域的专业网站，都会设有论坛平台供用户互动交流。所以，当我们定位好了目标人群后，就可以去找对应领域的专业网站，然后在网站的论坛平台进行引流。例如，我们想找有宝妈存在的论坛，可以去妈妈网和宝宝树这样的专业网站，通过在论坛中分享一些有价值的文章，从而实现引流。

淘宝评价引流

根据淘宝买家的购物习惯，一般在购买产品前都会看产品评价。所以，我们可以通过淘宝评价来做引流。

熟悉淘宝评价的人都知道，淘宝评价的查看方式有六种，分别是全部、图片、追评、好评、中评和差评。其中，图片和追评是关注度最高的地方。所以，为了最大限度地曝光评价，我们在对产品进行评价的时候，一定要晒图，事后要追加评论。同时，晒图和追评也是淘宝评价引流的关键步骤。

有人会问，为什么不用中差评呢？虽然中差评的关注度也很高的，但出于对卖家和产品的尊重，我们要坚决抵制使用中差评来博曝光率的做法。这种做法不仅不好，反而会让买家产生抵触感。试想，一个通过中差评来博取关注度的人，有谁愿意和这样人做朋友，我们更没有办法在别人心目中树立良好的第一印象。

传统的淘宝评价引流一般是直接在评论和晒图里面做广告。这种方法对于某些行业产品的引流是有效的，但是对于微商引流作用不大。加之现在淘宝对评价这块监管力度比较严，卖家也有评价举报渠道。所以，直接打广告这一块是行不通的。

微商如何通过淘宝评价来实现引流呢？其实很简单，任何的引流方式都必须建立在吸引力上。如何能够让买家通过看评价来主动加我们微信，同时又让卖家不愿意举报我们呢？只要我们能解决这个问题就可以实现引流。

我们来想一想，买家看评价，他最关心什么呢？毫无疑问是产品效果。所以，我们可以从产品效果这里构造吸引点。再来想一想，卖家最喜欢什么样的评价呢？当然是对产品的好评夸赞。只要我们同时满足上面两点就可以成功实现引流。

小胖就以祛痘产品为例，提供三种评价引流的玩法：

赠送玩法

在评价中，我们可以夸赞卖家的服务、快递的配送服务、产品的包装、产品的使用体验等等，同时我们要做好晒图。然后我们要构造一个理由引导买家加微信来获取免费试用品。

例如，我们可以间隔几天后在追加评价中说"脸部的痘痘已经好了，之前产品买多了，现在想把多余的产品免费赠送给大家"等类似的话语。

免费赠送相信很多人都感兴趣，特别是那些对产品效果持怀疑态度的买家。当有人加我们的微信时，可以通过付邮赠送的方式将多余的产品送给对方。如果产品已经送完了，可以直接告诉对方产品已经送完了。虽然对方没有获得想要的产品，但是我们可以分享一些好的祛痘经验和方法给对方，这些经验和方法也许比祛痘产品更有价值，同时也可以借此机会塑造我们的专业性。

关于经验和方法，就需要我们去努力地收集和整理了。如果我们代理的微商产品有祛痘功效的，不妨也免费赠送一些给对方试用，借机宣传自己的产品。总之，只要对方加了微信，我们一定要遵守承诺将产品送给对方。如果产品送完了，我们可以赠送一些价值相等的信息产品，比如经验和专业知识。

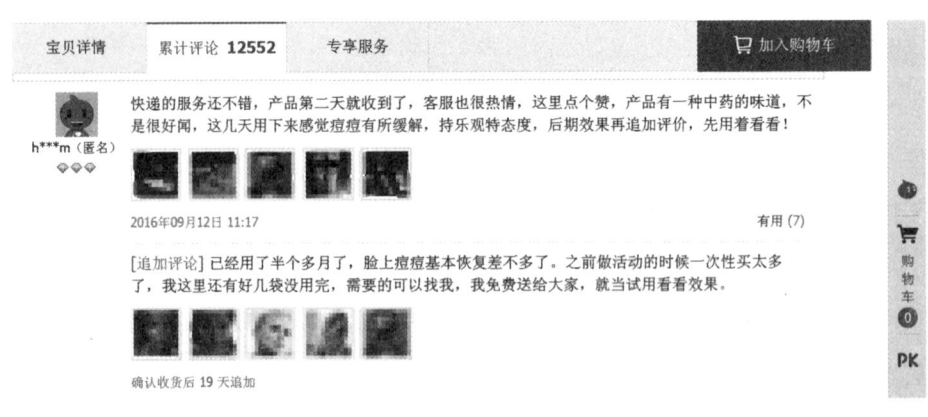

图1 赠送玩法

经验玩法

经验玩法和第一种玩法差不多,我们可以在评价中夸赞卖家的服务、快递的配送服务、产品的包装、产品的使用体验等等,同时做好晒图。然后我们要构造一个理由引导买家加微信来获取产品使用的经验。

例如,我们可以间隔几天后在追加评价中说"产品用了一段时间,总体感觉效果还不错,但在使用的过程中想让效果满意,还是需要注意一些方法的,我这里有一些经验总结,有需求的朋友可以找我交流下"等类似的话语。

关于祛痘经验,我们可以在网上收集整理一些专业的知识。这些知识和经验必须是通用的,无论对方使用哪款祛痘产品,都可以配合这些经验让祛痘效果更好。总之,我们分享的祛痘经验一定要能够帮助对方。

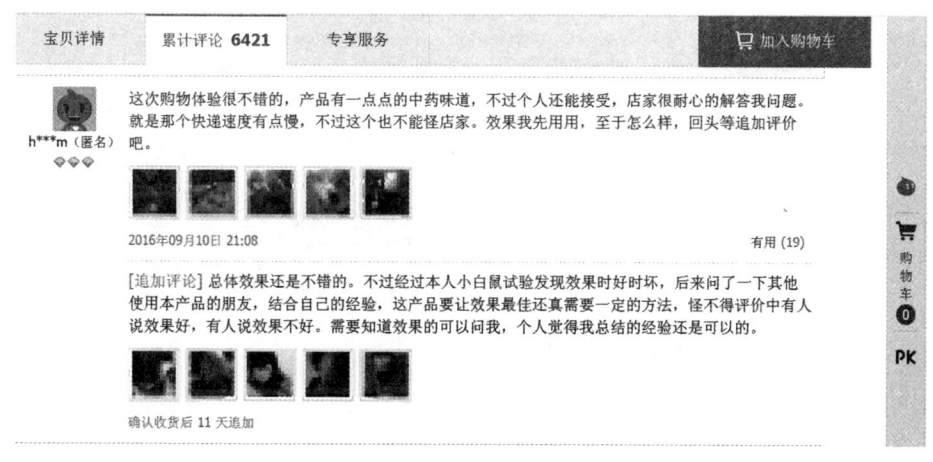

图2 经验玩法

反馈玩法

反馈玩法和前面两种玩法差不多,我们可以在评价中夸赞卖家的服务、快递的配送服务、产品的包装等等,同时做好晒图。要注意的是,在评价中,不要对产品的效果进行反馈,因为产品效果是反馈玩法引流的关键。我们要利用买家想知道产品效果的心情引导他加微信来获取产品效果的反馈。

这里又分为两种玩法，简单一点的玩法，我们可以在初次评价中直接说"产品刚使用不久，效果目前还不清楚，想知道效果可以联系我，我会如实告知产品的效果"等类似的话语。

还有一种稍微复杂一点的玩法，就是通过追评反馈部分效果，后续反馈通过引导买家加微信来获取。例如，我们在初次评价中反馈一次效果，然后间隔几天在追加评价中再反馈一次效果，然后在追加评论中写上"由于追评次数限制，不能再给大家反馈更多的效果，如果大家想知道后续效果可以联系我"等类似的话语。

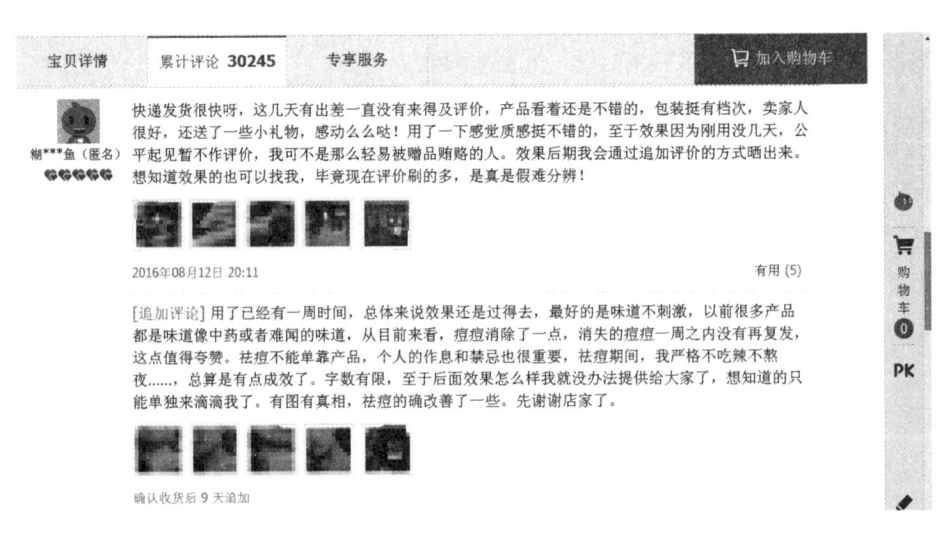

图3　反馈玩法

上面是三个简单的评价引流玩法，具体评价怎么编写，大家可以自己去研究，玩出新的花样，学会举一反三。

评价引流注意事项

在评价引流的时候，我们需要注意三点：

第四课 微商吸粉大法之引流入室（三）

第一，要提高评论的曝光率。

想让评论的曝光率提升，初次评论、追加评论和评论晒图一定都要涉及。

追评和晒图是关注度最高的地方，而且大部分买家其实都不太愿意去追评和晒图。所以，我们会在淘宝评价中发现，追评和晒图的数量往往是不多的，这就为我们的评论曝光度提供了保障。

第二，联系方式要具有隐蔽性。

联系方式建议不要放在评论中，我们一律通过晒图的方式展现。

我们可以用作图软件直接在图片上写上联系方式，在评论中通过提示，引导买家去图片中寻找联系方式。还有一种更巧妙的方法，就是用一张纸写上联系方式，在拍产品的时候，把纸放在产品旁边，两者一起拍下来，然后晒出去就可以了。不一定非要纸，只要可以写字的物品都可以，甚至直接把联系方式写在产品上都可以。

经常关注 BAT 新闻的人都知道，腾讯和阿里撕逼已久，所以，在淘宝的评论中是绝对不可以出现微信、QQ 这些字眼的，甚至图片上建议最好都不要出现。还是老办法，微信或 QQ 变相的用谐音或字母代替。

有时候，我们直接留号也是可以的。例如，联系方式我们直接留一个号 13866666666 或 362267272，稍微有点互联网常识的人都能猜到这是手机号和 QQ 号，再有一点微信常识的人也应该知道这些号可能是手机或 QQ 绑定的微信号。如果以前没有意识到这个常识，那么现在所有阅读这本书的人，我们不妨来做一个默契的配合：凡是以后看到联系方式是纯数字的，我们就默认它是手机号或 QQ 号，然后再进一步的验证是否是微信号。

第三，选择的产品要是低价爆款。

想要评价曝光多，这款评价的产品必须是爆款。没人买的产品，引流评价写得再好也没用。

在选择产品的时候，我们不可能为了引流去买一款价格昂贵的产品，这样很不划算。所以，在选品的时候，我们一定要选择一些做促销活动的产品。在淘宝店的运营中，店家拿来做活动的产品，一般都是该店铺计划打造的爆款产品。为了提升销量，这些产品在做促销活动的时候，价格往往会很低。

我们可以通过四种方法找到低价活动产品：

（1）可以在淘宝的聚划算或淘抢购等官方活动中寻找低价产品，这些活动的入口在淘宝网的首页可以找到；

（2）可以利用淘宝搜索的一些筛选技巧来寻找低价产品，淘宝每天都有很多店家做九块九的包邮活动，关键就是看寻找技巧；

（3）可以找一些和淘宝店家合作的第三方购物平台，比如返利网、比购网等，这些网站里面都有低价做活动的淘宝产品；

（4）通过加入淘宝购物QQ群寻找低价产品，这些QQ群一般都和淘宝店家有合作，QQ群搜索关键词可以是"淘宝9.9""淘宝打折""淘宝购物""淘宝秒杀"等。

第四，购买的产品要和销售产品有关联。

为了保证引流人群的精准性，在淘宝购买的产品一定要和我们销售的产品有关联。

例如，我们销售的是一款祛痘面膜，我们的目标范围应该控制在祛痘类产品，比如祛痘霜、祛痘膏、祛痘面膜等与祛痘有关联的产品。

第五，找专业营销人，省时省钱省力。

如果我们不想购买产品，也可以请专业的营销人来帮忙，当然，内容需要由我们来编辑。除了找专业营销人，也可以去威客网站发任务，比如猪八戒网、威客中国等。与此同时，我们还可以加入一些淘宝购物群，在群里面通过付费的方式让购买过目标产品的群友帮你评价。

除了淘宝，我们也可以去其他的电商平台，比如京东、一号店等，操作步骤都是一样的。

淘宝回复引流

这个方法比较简单，在淘宝产品累计评价中有一个功能是"问大家"，所有买家都可以通过"问大家"来提问。根据淘宝的规则，问题会随机推送到已购买的用户，换句话说，不是所有已购买到的用户都能够有机会回答。

回复引流的方法就是在"问大家"功能里，通过回答问题来实现引流的。想回答提问者的问题必须先去购买产品，这个可以和淘宝评价引流来相互配合，也就是说，在做评价引流的同时可以兼做回复引流。

做回复引流，我们只能守株待兔。有的教程里面说可以自问自答，这个可能是对方没搞清楚规则。用 A 号提问，恰巧被随机推送到 B 号回答，这个概率不是很大。随机推送的规则是淘宝故意设置的，其中一个目的就是为了防止自问自答做营销。所以，对于回复引流，我们只能守株待兔。

被筛选为回答的用户，在淘宝系统里面会有一个消息提醒。如果被选中了，在回答中，我们不要直接打广告，因为这样会被卖家举报。如果仔细观察会发现，买家提的问题都比较单一，比如美妆产品，无非就是问产品效果怎么样。针对这样的问题，我们回复的原则依然是和上面评价引流一样，让卖家高兴不会举报我们，同时又让我们可以引流。

回复引流的玩法其实和评价引流是一样的，假设我们买的还是祛痘产品。

赠送玩法：我们可以回复"产品效果还不错，之前做活动买多了，现在还有一些剩余，有需要的朋友可以免费赠送给大家试用，数量有限，先来先得"等类似的话语。

经验玩法： 我们可以回复"产品用了一段时间，效果是有的，但在使用过程中需要有一定的技巧和方法，否则事倍功半，由于字数限制没办法详述，想知道的使用技巧和方法的朋友可以联系我"等类似的话语。

反馈玩法： 我们可以回复"包裹包装很结实，感觉质感挺不错的，味道挺好闻的，由于产品才刚使用，暂时不做评价，需要效果反馈的可以联系我，一定如实告知"等类似的话语。

由于回复里面不可以插图，联系方式可以直接放在回复内容里面。总之，无论是评价引流还是回复引流，都是先夸赞好评，再吸粉引流。回复引流可以作为评论引流的一个追加引流方法，由于只能守株待兔，所以，无须刻意的等待。

淘宝店铺引流

通过淘宝引流的店铺一般都是幽灵店铺，这种店铺通过发布一些商品，利用一些技巧将淘宝买家引流到QQ、微信等其他平台交易。

继微信整顿朋友圈后，淘宝也在大力整顿这种幽灵店铺，因为一些不法分子会通过这种方式将买家引流到其他平台，通过欺骗性的手段来诈骗买家。

作为微商的我们，肯定很多人也是电商的买家，这里提出来只是希望大家提高警惕，一定要在有支付保障的平台交易。同时作为微商的我们，也应该想一想，如何给我们的客户提供一个放心的交易方式。

虽然我们进行淘宝店铺引流的出发点仅仅是为了吸粉引流，但是很遗憾，这种方法被一些别有用心的人用坏了。这里小胖就不再讲解这种方法的玩法了，列举出来只是想让大家知道，曾经有这种方法的存在。

淘宝合作引流

淘宝店家有一种常用的聚粉玩法，就是当店家发货的时候，在包裹里面会放上一个印有二维码的小卡片，二维码的内容一般是店家的个人微信号或店铺公众号。卡片上会写一些扫二维码引导语，比如"扫描二维码，免费领取红包"或"五星好评后，加微信领红包"等类似的话语。

所谓的淘宝合作引流，就是我们和淘宝店家合作，帮助淘宝店家开展聚粉玩法，通过合作双赢，最终实现引流。

具体的合作方法要分两种情况：

（一）对于没有开展过聚粉玩法的淘宝店，我们可以和店家合作。

合作的内容是，由我们制作卡片，并在卡片上印刷上我们的微信二维码。在二维码的卡片上，写上"五星好评后，加微信领红包"等类似的话语。

这种合作方式是互惠互利的，一方面，淘宝店家用零成本的方式提高了店铺的好评率；另一方面，我们也成功实现了引流。

至于给买家的红包金额，可以和淘宝店家事先协商好。一般情况下不超过五元红包，或者也可以通过玩微信游戏摇骰子的方式来决定红包的金额。我社群里有一位微商朋友，就是通过这种方式和淘宝店家合作，引流了非常多的精准粉。当时我帮他设计的红包金额也是用摇骰子游戏来决定的，为了增加趣味性，还增加了微信猜拳游戏。

实际上，很多淘宝店主都没有聚粉意识，所以，我们能够寻找到合作店家的概率还是很大的。

（二）对于已经开展聚粉玩法的淘宝店，店主可能不太愿意合作。因为这些店主有聚粉意识,他们不会让客户白白流失掉,会持续挖掘客户的价值。

这时候,我们要换个玩法,店家的卡片制作和内容都不干涉,只需要店家把最后一个发红包的环节转嫁给我们就可以了。这样店家实现了聚粉的目的,发红包却不用他出一分钱,何乐而不为。

具体的做法就是,当买家找店主发红包的时候,店家只需要把我们的微信个人名片发送给买家就可以了,剩下的红包就交给我们来发。如果店家还是不太愿意,我们也可以将制作卡片的费用承担下来。如果这样都不愿意,只能说明店主不够精明,或者我们没有和店主建立足够的信任,又或者我们的谈判技巧太弱了。

解决合作的阻碍

以上只是一个简单的思路,在和店主协商的过程中可能会遇到一些阻碍,解决阻碍的方法就是消除店家的顾虑。在合作过程中,店家的顾虑主要集中在我们会不会骚扰或抢走他的客户。

对于骚扰的顾虑,我们需要把我们合作的意图向店主解释清楚,要真诚相待。同时还要让店主明白,通过合作可以实现双方的互利共赢。我们甚至可以缴纳一定的保证金给店家,承诺只要违约,保证金直接归店家所有。也许店家不一定会要保证金,但是我们可以主动提出来,从而获得店家的信任。

对于抢走客户的顾虑,要求我们在选择合作对象时,不要选择和自己销售产品同类型的淘宝店。我们可以选择一些具有共同目标人群,但非同类型或具有互补性质的淘宝店合作。比如我们是卖女性护肤品的,我们可以和一些销售美甲、女士内衣、女士鞋包等女性产品的店铺合作,也可以选择和卖彩妆的店铺合作。

课堂小结

在微商的诸多引流方法中,淘宝的引流方法使用的人不多。一来是没有这方面的详解教程,二来是淘宝引流需要一定的费用支出。

第四课
微商吸粉大法之引流入室（三）

在微商的运营中，一些微商往往愿意支付高额的费用去买一些所谓的精准粉和吸粉工具，而不愿意尝试用相对低的费用去做淘宝引流。实际上，如果运用得好，淘宝引流的效果还是非常理想的。

在小胖分享圈的社群互动中，吸粉引流永远是一个持久不衰的热门话题。在他们的讨论中，我发现很多微商在小白的时候，都有花钱去买所谓精准粉的经历，其结果往往是上当受骗。

在微商的创业过程中，一些渴望快速成功的人往往喜欢走所谓的捷径。在我看来，一切所谓的捷径皆是误入歧途和走火入魔。微商想创业成功，要么花时间，要么花精力，除此之外，别无选择。所谓的"慢就是快，快就是慢"也许就是这个道理。

希望从这一堂课开始，我们能够将钱用在正确的地方，用在有回报的地方。

第五课
微商吸粉大法之引流入室（四）

在前面的课程中，我们分别讲了腾讯、百度和淘宝的一些吸粉引流方法。除了 BAT，我们再来看看，如何借助其他平台来实现微商的吸粉引流。

微博引流

截至 2016 年 9 月，微博月活跃用户数为 2.97 亿，同比增长 34%；日活跃用户达到 1.32 亿，同比增长 32%。

微博是基于社交关系来进行信息传播的平台，它主打的是陌生人社交，通过人与人之间的社交网络来传播信息。

微博和微信在社交关系中有一个显著的区别：微信是封闭式社交，微信的互动双方必须是好友；而微博是开放式的社交，陌生人之间也可以产生互动。

微博营销和如今的微信营销一样，曾经风靡一时。作为微商，我们没有必要去浪费时间运营好一个微博，我们仅仅是把微博当作一个吸粉的渠道。

热门话题引流

微博是一个互动性和节奏性非常快的平台，我们要善于利用微博的热门话题帮自己引流。微博的热门话题非常多，也是微博用户关注度最高的地方。

在微博（网址：weibo.com 或百度搜关键词"微博"）的首页，我们可以寻找到热门话题的板块。点击任一热门话题后，通过观察会发现，存在于热门话题列表的微博内容都有一个共同点，就是内容中都含有热门话题的标识。它的展现形式是两个#号夹着热门话题，即"#热门话题#"。所以，只要我们在发微博的时候，内容里面含有热门话题的标识，这条微博的内容就会出现在热门话题的列表里面。

如果你是一个微博小白，不懂什么叫热门话题以及热门话题的展现形式，请在课后花点时间去了解下。更多的热门话题可以在微博热搜榜（网址：s.weibo.com/top/summary 或百度搜关键词"微博搜索热搜榜"）寻找到。

当我们找到一个合适的热门话题后，就可以开始我们的吸粉之旅。这里我们提供两种引流玩法：娱乐八卦和有奖活动。

热门话题	
#城管服装年底前全国统…#	89万
#直播旅行#	9.1亿
#去看那花花世界#	2.6亿
#最好的时光在路上#	1.9亿
#海口版成都#	3.4万
#保洁员卖房捐款助学#	11.8万
#男子坐在行驶中车顶#	7.5万
#深圳报刊亭不准卖热狗#	7400
#冒牌警车变道闯红灯#	2.2万

图1 热门话题

娱乐八卦引流

微博关注度最高的热门话题一般都是娱乐八卦话题，制造悬念引流就是要利用读者八卦的心理来欲擒故纵。

例如，热门话题是"#某某明星结婚#"，我们就可以借此话题引流。微博的引流内容可以写"通过某某渠道，获得了婚礼现场的最新照片，想要的请联系我"

等类似的话语。在实际的运用中，微博的内容需要进一步的详细优化，越有吸引力越好，要做到图文并茂。

用这种方法一定要注意时效性，同时还要注意一个度，即我们只能发表有吸引力的内容，绝对不能编造任何谣言，这个度一定要把握好。

有奖活动引流

有奖活动引流需要我们找到与节日或活动有关联的话题，这个话题将作为我们开展有奖活动的借口或开场白。

例如，热门话题是"#某某节日#"，我们就可以借此话题来引流。微博的引流内容可以写"为庆祝某某节日的到来，前100名加我微信的，可以获得某某奖励"等类似的话语。在实际的运用中，要根据不同的节日或活动，有针对性地优化内容。

为了加大参与力度，我们可以规定凡是转发本条微博多少次或@多少人，就可以获得某某奖励。为了制造紧迫感和稀缺性，我们可以采取限时限量的奖励规则，比如可以规定前多少名采取行动的才能获得奖励，或活动截止时间到某某时间点。

规则是活的，我们可以发散思维想一些好的规则，但是奖励的东西一定要有吸引力，可以是红包或实物，也可以是有价值的知识干货。为了增加可信度，我们可以让获得奖励的人在微博内容下面进行回复，证明活动的有效性和真实性。

为了增加微博内容的曝光率，我们要搞清楚微博热门话题列表里面微博的排序规则，规则是什么大家可以自己去了解和测试。我个人对微博热门话题引流并不是很推荐，因为引流人群的精准率不是很高，建议大家慎用。在后面的课程中，我会具体分析为什么要慎用精准度不是很高的吸粉引流方法。

第五课
微商吸粉大法之引流入室（四）

明星势力榜引流

明星势力榜是微博开通的类似于公众号打赏功能的板块。打开任一明星的微博，都可以在微博页面的左边模块中找到明星势力榜板块。

在明星势力榜中有一个本周送花榜，送花是需要支付费用的，目前是一朵鲜花两元钱。本周送花前五名的微博用户将出现在本周送花榜的列表中，排行在五名以后的用户要点击查看更多才能显示。

明星的微博流量比较大，如果我们的引流信息可以出现在明星的微博中，一定会给我们带来可观的流量。于是，一些比较聪明的小伙伴将引流目光锁定在本周送花榜的前五名。

在本周送花榜中，用户的信息只会出现微博头像和微博名称，所以，如果要放引流信息，只能放在微博名里面。

这种引流方法是一种拼金钱的玩法，可以根据自己的经济实力来适当选择。至于引流人群的精准度，我认为也不是很高。

除了以上微博引流方法，还可以利用热门微博热门评论和微博搜索进行引流，这里就不具体讲解，有兴趣可以去网上了解一下。

微博还可以用官方提供的粉丝通来吸粉，粉丝通（网址：tui.weibo.com 或百度搜关键词"粉丝通"）是新浪微博官方广告产品，它会根据用

明星势力榜　　　　11476 爱慕值

已经收到 **5738** 朵花

立即送花

送花可增加明星的爱慕值，帮助明星在微博中获得更多曝光机会。

王宝强 内地榜排行 **第5名**　　　　去看看»

本周送花榜

  深圳德福财富金融
本周送花200朵，爱慕值400

 温哥华SPMUBARRY
本周送花180朵，爱慕值360

 加微信ZKK74不定时有红包
本周送花115朵，爱慕值230

 喜欢琥珀蜜蜡加V7909403_2
本周送花114朵，爱慕值228

 胆小鬼梦楠
本周送花112朵，爱慕值224

查看更多 ›

图2　明星势力榜

户属性和社交关系将广告信息精准地投放给目标人群。

微博留联系方式相对而言比较简单，我们可以直接在微博的内容里面留联系方式，一般都会通过。除此之外，还可以将微博名直接命名为联系方式，或者将联系方式写入内容的插图或视频里面。

视频引流

在前面讲到的吸粉方法中，提供有价值的内容一般都是采用图片或文字或图文结合的静态方式，而视频引流就是将静态的转化成动态的。相比静态的图文，动态的视频更能够博人眼球。

引流视频的内容需要我们根据目标人群来选择。目标人群喜欢什么样的视频内容，我们就选择什么样的视频内容。例如，小胖分享圈的目标人群是微商，我就通过录制《小胖微商课堂》视频版来吸引微商人群。

视频内容选择好后，我们需要将视频上传到互联网上供目标人群观看。

一方面，我们可以把之前用静态图文展示的地方换成动态视频，比如微信公众号、QQ 空间、贴吧论坛等等。从目前来看，只要能发表图文的地方，基本都可以发布视频。

另一方面，我们可以把视频上传到一些互联网视频分享平台，比如优酷土豆、腾讯视频等等；也可以把视频上传到一些微视频 App 平台，比如美拍、微视、秒拍、快手等等。

传统视频引流方法

传统的视频引流方法是通过在互联网上搜集目标人群需要的视频，利用视频编辑软件将引流信息嵌入到视频中，然后再上传到视频网站吸引目标人群观看。

在小胖分享圈，我会偶尔通过YY语音给社群成员分享一些微商知识和经验。其中，一些社群成员常常把我的分享录制成视频，然后利用传统的视频引流方法，在视频中嵌入"想学习更多的微商知识，请加某某微信号"或"想观看全部内容，请加某某微信获取"等类似的引流信息。

实际上，上面的视频引流方法我认为并不是很精准，虽然看上去吸引到了目标人群，但是这些目标人群并不是为你而来，而是为我的分享而来。当他们加你后，即使你给了他们更多的视频内容，他们也不会真正成为你的粉丝，因为视频里面传授经验和分享知识的人不是你，你所有的引流行动只不过是在为他人作嫁衣。

在微商的运营中，如果你想塑造个人品牌，引流到为你而来的精准粉丝，你必须把所有提供价值的内容主角变成自己。因为微商吸粉是为了成交，只有为你而来的粉丝才更容易被成交。

所以，我后来建议社群的小伙伴，不要采用传统的视频引流方法，而是要把我分享的内容尽快吸收并转化成自己的知识，然后通过自我分享的形式去吸引真正为你而来的粉丝。

微商如何自制视频

最好的引流视频就是原创视频，虽然原创视频需要耗费一些时间和精力，但是粉丝的质量以及后期的转化率都会比较高。这里我们简单分享下微商应该如何自制视频。

视频拍摄工具有专业的摄像机更好，如果没有，也可以使用手机自带的摄像功能，必要的时候可以配一个自拍杆。

专业的视频编辑工具有AE、PR、会声会影等，但这些编辑工具专业性太强，除非你学过，一般不建议使用。作为微商，我们可以用一些简单的视频编辑工具，比如爱剪辑等。一些微视频 App 本身也自带一些简单的视频编辑功能，比如美拍、秒拍等。在视频的后期编辑中，我们可以将引流信息通过编辑工具嵌入到视频中，引导观众加我们微信。

视频的内容我们可以根据销售的产品和目标人群的需求来展开。例如，我们代理的是一款面膜，我们就可以录制一个教别人如何正确敷面膜的视频。

这个视频的拍摄很简单，我们可以邀请两个朋友，一个朋友做体验者，另外一个朋友负责拍摄，自己就做操作者和解说员。面膜就用自己代理的产品，这样可以起到软植入的作用。

在敷面膜的过程中，我们可以讲解一些敷面膜需要注意的事项，比如什么样的肤质应该选择什么样的面膜等等有价值的经验和知识。最后，当敷面膜结束后，也可以让体验者反馈下面膜的体验过程。

后期编辑的时候可以将引流信息嵌入到视频中。引流信息分为两部分：引流理由＋引流动作。一个好的引流信息一定是一个好的引流借口，你一定要给别人一个加你的充分理由，引流动作必须简单易操作，比如扫描二维码。例如，在《小胖微商课堂》的视频版里面，我们会在屏幕上经常看到"想了解更多的微商知识，请扫描二维码"。其中，"想了解更多微商知识"是引流理由，"请扫描二维码"是引流动作。

视频制作好后，可以上传到微视频 App 应用、互联网视频分享平台和自媒体平台，同时也可以把这些视频分享朋友圈或社群。

拍视频一定要注意个人形象，可以适当加入一些具有个性的言语和行为。有人会问，我代理的产品没有面膜怎么办？这种分享经验的小视频不局限于你所代理的产品，视频的目的在于分享经验，而不在于推销产品。产品只是一个道具，经验的讲解才是重点。这种小视频的创意太多了，所有的经验分享都可以通过视频的形式展现给目标人群。

分享直播

网络视频呈现的方式有两种：第一种是我们上面讲的录播，第二种是现在很流行的网络直播。在网络直播中，有一种微商很熟悉的直播类型叫分享直播。分享直播的内容都是一些经验或知识的分享。

分享直播的平台有很多，只要是能够实现实时互动的工具都可以作为分享直播的平台。例如，YY 语音、一直播、掌门、千聊、荔枝 FM 等，甚至微信群、QQ 群都可以作为直播的平台。

分享直播是微商通向成功路上必须要做的一种引流方式。从某种程度上说，分享直播的主角其实就是一名演说者。作为微商，想做好分享直播，不仅要学习足够的干货，还要把自己的演说口才练好。只有这样，我们才能够在直播分享的时候，通过自己的演说吸引听众、感染听众，才能准确、有效地向听众传达自己的经验和知识。

当有一天你破茧成蝶，从演说者蜕变成演说家的时候，你会发现，吸粉原来可以这么简单。

微信群导航站引流

在前面的课程中，我们说过一个微信群主动加粉的方法，即在微信群导航网站加粉。

既然有人添加，那么肯定要有人来发布了。所以，我们可以利用微信群导航站的信息发布功能来实现引流。从目前来看，所有的微信群导航网站都支持个人微信或微信群的发布。

由于微信群超过 100 人就无法通过扫二维码加入，而只能由群成员邀请加入。所以，在发布微信群二维码的时候，一定要在群简介里面写明"若扫码不成功，请添加某某微信号，由某某将其拉入微信群"等类似的话语。经过测试，大部分的微信群导航站都支持群简介添加类似内容。

微信群导航站的主要流量都来自于微商，如果你的引流人群正好是微商，微信群导航站是一个不错的引流渠道。如果你的引流人群不是微商，那么就不要选择微信群导航站，毕竟一些导航站的信息提交是需要支付费用的，我们没有必要浪费这个钱。

微信群导航站有很多，可以在百度搜关键词"微信群"寻找到。

热播剧引流

热播剧引流的创意来源于一些视频播放软件的引流方法。你或许有这样的经历，当你在看一些热门电视剧的时候，每看完一集都想再看下一集，于是你会不自觉地在网上搜寻相关的信息。很奇怪的是，每次都能如你所愿，在搜寻结果中，某些视频网站打出了观看下一集或全集的标题。但是当你进入网站点击播放的时候，网站就会要求你下载某某播放器。后来我们才发现，这只是某某播放器的一个引流手段。

相信上面的经历，很多电视迷都有遇到过。于是，我们可以将上面的方法通过借鉴的形式运用在微商的引流中。操作方法非常简单，只需要找到一些热门的还在更新当中的电视剧，通过论坛贴吧、博客空间等渠道，发布类似于某某热播剧多少集更新的标题。正文里面可以描述自己这里有更新的节目资源，加某某微信号就可以获取。

有人会问，怎么才能提前获取节目的更新资源呢？这个很简单，一些网络视频播放平台为了吸引用户开通会员，推出了会员可以多看几集的 VIP 特权。对于一些不愿意开通会员的用户，我们就可以将自己的会员账号提供给对方。

这种方法的引流人群虽然不是很精准，但是作为一个电视迷，你和对方之间已经有了很好的互动话题了。

分类信息引流

分类信息网站也是一个人群比较活跃的地方，谈到分类信息网站也许有些人不太懂，但是一提到58同城、赶集网、百姓网，相信大家都很熟悉，这类网站就是我们说的分类信息网站。以58为例，里面有很多分类信息，比如招聘、房产、二手车、二手市场、宠物等等。如果善于利用这些分类信息网站，也可以实现比较好的引流效果。

记得2012年的时候，我一个做二手房交易的朋友，想找我帮她获取一些近期有购二手房意愿的客户名单。当时我的第一想法就是通过分类信息网站帮她收集客户的联系方式。

做法很简单，我在朋友的二手房源信息里面找了一个特价出售的二手房，由于房东急于出售，所以它的价格相对于同地段同面积的二手房要低很多。之所以要找这样的低价房源是为了吸引买家的注意力。

筛选出了特价房源后，我就在一个分类信息网站上发布了售房的信息。由于房子的价格比较优惠，很多买家都来电咨询，后来我就将这些人的信息整理好给了我朋友，顺利完成了客户名单的收集，这个特价二手房也被其中一个客户买走了。

当房子成功出售后，还是会有一些人时不时地来电咨询，我一般都会告诉他们房子已经卖完了，并且把他们推荐给我那做二手房的朋友，后来得知他们也在我朋友那里购买了满意的二手房。

从上面的这个案例中，我们可以得出以下的引流思路：

我们在分类信息网站交换的产品是有限的，但是前来咨询的人是无限的。这个类似于聚划算的限量抢购活动，这里只不过是将抢购的平台从淘宝转移到了分类信息网站。由于分类信息网站没有抢购功能，只提供了一个信息发布的功能，所以想获得限量产品的人必须先添加我们提供的联系方式，这也就为引流找到了一个合理的理由。

因此，我们可以通过在分类信息网站上交换一些有价值的产品，从而吸引有需求人群的咨询，这些前来咨询的人就是我们的客户资源。例如，我们可以在淘宝上买一些目标人群喜欢的产品，然后以亏本销售，甚至是免费赠送的方式将相关信息发布到分类信息网站，从而吸引目标人群的咨询。

要注意的是，既然我们提供的产品是有限的，肯定会出现很多前来咨询但不能获得产品的人。对于这部分未获得产品的人，我们不能仅仅给一个"不好意思，产品已经送完了"等类似的解释。

小胖以前说过，如果我们不能够给予对方想要的产品，就一定要给予对方同等价值的东西，比如知识、经验等信息产品，只有让对方感受到我们的价值才能持久地吸引对方。如果我们仅仅是给了一个合理的解释，可能对方听完后觉得很扫兴就删了我们；如果我们向他们分享了一些有价值的信息，说不定对方愿意为我们停留。

我有一个卖狗粮的微商朋友，她利用分类信息网站引流了很多精准的粉丝。引流的方法很简单，她通过和当地的流浪狗收留所合作，在分类信息网站上发布免费送宠物狗的信息，从而吸引了很多喜欢狗狗的朋友前来咨询。

当然，这里赠送的狗狗需要精心挑选，主要以2~3个月的幼犬为主。挑选出来的狗狗要送到宠物美容院去打扮一下，然后拍一些照片上传到分类信息网站。通过合作，一方面解决了我朋友引流的问题；另一方面也解决了收留所狗满为患的问题。

每次只能赠送一条狗狗，但是前来咨询的人会有很多。对于最终获赠狗狗的人，我朋友都会用心地去筛选。对于没有获赠狗狗的人，如果对方家里已经有狗狗，她会免费送一袋试用装的狗粮；如果对方家里没有狗狗，她都会分享一些有价值的养狗经验和知识。通过这种方式,她和所有前来咨询的人都成了好友,狗粮的销量也自然"汪汪汪"。

通过分类信息网站引流,在发布信息的时候如果要留手机号码,小胖的经验是尽量不要填写自己的主号,可以使用一些手机小号。因为不同的分类信息网站之间往往会彼此复制对方网站发布的信息,用来增加自己网站的信息内容。即使你关闭了之前发布的信息,这些信息依然又会出现在其他的分类信息网站。

在微商的引流方法中,我们更多的是让对方主动加我们微信,所以,在发布的内容里面,我们要适当做一些引导,在内容中留下自己的微信号,让对方优先加我们微信。

转介绍引流

每个微信都相当于一个封闭式的鱼塘,微信好友就是鱼塘里面的鱼。如何让鱼在不同的鱼塘之间畅游呢?很简单,将鱼塘打通就可以。同样的,我们可以用转介绍的方式将微信背后的好友进行资源互换。

转介绍对象

转介绍的对象一般分为三种:好友转介绍、大咖转介绍和客户转介绍。

好友转介绍

这里的好友包括现实生活中的好友和互联网中结交的好友。当然。微信好友列表中那些不经常联系的微友也可以算是好友的范畴。

大咖转介绍

每个行业或领域都有一些有影响力的大咖,如果这些人给我们做转介绍,一定会有很多人愿意加我们。因为在潜意识里面,别人会觉得大咖转介绍的人一定也很牛。

客户转介绍

这里的客户包括潜在客户和老客户,客户转介绍是最有说服力的,很多时候,客户转介绍的人能够直接带来成交。

转介绍方式

有人会问,怎么才能让别人给我们转介绍呢?常见的转介绍方式有三种:互换、付费和自发。

互换

当好友给我们转介绍时,我们也给好友转介绍。这里互换的资源不仅仅是个人好友,也可以是社群,比如好友邀请我们加入一个微信群,我们也邀请好友加入一个微信群。

除了与好友进行互换,也可以与经营不同类目的微商进行互换,还可以在一些资源互换的社群或平台进行互换。

付费

有一些公众号、微博号等自媒体大号专门承接付费推资源的业务,我们只需要付费,运营者就会帮我们转介绍。

还有一种付费的方式是间接的,比如大咖转介绍,我们直接付费也许大咖不一定愿意接受。最好的方法就是和他们产生某种关系,比如成为他们的学生、徒弟或粉丝,也可以加入他们创建的一些组织或付费社群,以及参加他们举办的一些线下活动。

在微商的引流中，我们可以通过返利或提成的方式让别人帮我们转介绍。例如，别人给我们推荐客户，如果成交了，即给予对方一定的提成或返现。

除此之外，我们还可以通过利益交换的方式让别人帮我们推荐资源。例如，将我拉入5个某某性质的微信群，即可获得某某奖励。这里的奖励可以是红包也可以是其他赠品。

自发

自发是转介绍最高的境界了，需要有良好的口碑支撑，一般来源于客户转介绍。怎么样才能让客户自发的转介绍呢？很简单，给客户提供价值，让客户满意。想让客户满意，就要用心对待客户，以客户为中心，让客户在产品和服务上感受到良好的体验。

转介绍注意事项

在让别人转介绍的时候一定要事先准备好转介绍的内容，再配一些与你个人相关的形象照，最好是有一张你与转介绍人的合照，这样的效果会更好。自己编写转介绍的内容有两个好处：一来可以免去对方的工作，节省对方的时间，让对方更容易接受你的要求；二来是因为自己最了解自己，自己编写转介绍内容更能够表达自己想要的效果。

在转介绍的内容里面，一定要写清楚自己的价值在哪里，别人如果看不到你的价值，再厉害的大咖转介绍你，也不会有人加你。

在转介绍中，有一个不成文的原则，即转介绍的对象只能是人不能是产品。因为转介绍人是一种社交行为，更容易被人们所接受，而转介绍产品，更像是一种广告，一旦处理不好，很有可能会损害介绍人的口碑。所以，我们让对方给我们转介绍的时候，只需要介绍我们自己就可以了，至于产品，在转介绍成功后，我们有的是时间和机会广而告之。

课堂小结

在互联网上出现的微商吸粉引流方法中，有一些方法是从传统的互联网营销思维中生搬硬套过来的，这些方法在转嫁给微商的时候，并没有结合微商的特点来做适当的调整。有些传统的互联网引流方法可能仅仅只需要流量的引入，而微商引流不仅仅需要量，还需要量的精准，因为只有精准的量才能实现后续的转化。

如果引流来的粉丝无法转化，再多的粉丝也没有意义。因此，微商在学习吸粉引流方法的过程中，不要一味地只关注量，也要关注质，只有量和质的结合才能得到有质量的粉丝。

第六课

微商吸粉大法之引流入室（五）

活动引流

活动引流是微商最常用的一种引流方法，这种方法可以运用在前面我们讲过的很多引流方法中。活动引流与其说是一种方法，不如说是一种套路。只要按照设计好的套路做，我们可以设计出无数的引流方案。

引流活动想要成功引流必须具备两个要素：**操作点**和**吸引点**。

所谓操作点就是我希望在这个活动中参与者帮我做什么。比如让参与者帮忙转发、分享或大声地吆喝等等行动指令。所谓吸引点就是参与者在这个活动中能获得什么。吸引点是活动引流成败的关键。

想让活动具有吸引力，我们就必须准备好吸引物。吸引物主要分为两种：一种是有价值的产品，另外一种是万人迷产品。

有价值的产品

我们先来看看如何通过有价值的产品创建引流活动。

一款产品是否有价值取决于产品是否满足人们的需求。在互联网时代，最有价值的产品是信息产品，这种产品的价值点往往是针对某一类群体。所以，我们需要根据不同的人群制造不同的吸引点。

例如，对于微商而言，最大的吸引点莫过于掌握微商知识和技巧。如何能高效吸粉，如何快速成交客户等等微商技巧对微商而言一定非常具有吸引力。当了解了对方的吸引点在哪里，我们就可以设定相应的吸引物。

我们想吸引微商，就可以开展一些参与即送微商干货方面的活动，比如加微信免费赠送《微商吸粉108招》《微商营销四心法则》等一些微商电子书。

同样的，举一反三，宝妈的吸引点在于怎么恢复或者保养自己的身材，怎么让宝宝健康成长，怎么给宝宝赚奶粉钱等等。于是我们可以有针对性地赠送吸引物，比如参与即送《宝妈保养18招》《宝妈育儿宝典》《宝妈赚钱攻略》等等电子书。

有时候，为了调动积极性，我们可以制造一些紧迫感，比如限时限量赠送。同时我们还可以制造一些稀缺性或价值性，调动粉丝的欲望，比如可以强调赠送的产品是独一无二或独家秘籍，价值多少钱等等。

知识干货在互联网的展现形式，电子书（PDF格式）是最佳的选择。Word文档、图片、PPT都没有电子书好。

电子书名可以根据需要去命名，越有吸引力越好。内容就需要我们用心搜集、整理、编辑，越有价值越好。电子书的制作可以用一些简单的PDF软件来实现，具体的制作方法可以百度一下。如果追求美观，我们也可以在淘宝上找一些专业人士帮我们排版设计下。

第六课
微商吸粉大法之引流入室（五）

在电子书的制作中，我们要在电子书里面留下自己的微信二维码和引流信息，这样可以实现二次引流。

每个引流活动都有一定的时效性，一开始也许会很新鲜，但是玩的人多了就OUT了。越玩到后面，活动的吸引力就会越小。所以，我们要学会不断的创造引流活动，这样才不会失去吸引力。

在创造引流活动的过程中，我们要遵循**操作点简单不复杂的原则**，尽可能减少参与者的操作难度。不要让对方截图，又让对方点赞，还让对方转发。即使是转发，也只能转发一个渠道，不要让对方转发到朋友圈，又让对方转发到社群，还让对方转发到论坛贴吧。这样操作步骤烦琐，会让很多想参与的人望而却步。

所以，小胖建议一个引流活动与游戏最多两个操作点，比如点赞并截图，或者转发并截图。其中，截图是一个必备的操作点，它的作用在于监督参与者的操作完成度。

引流活动案例①

有时候，创造引流活动本身就是一个有趣的游戏。

在小胖分享圈，除了现有的资源群和知识群外，其实还有一个特别的社群，这个社群由30个人组成，群里面的人只做一件事，就是每个月每个人需要创造一个引流的活动。然后通过一定的比赛机制，在规定时间内，筛选出谁创造的活动引流人数最少。引流最少的人将会面临一定的处罚。处罚内容二选一，要么离开社群，要么群发一个红包雨。在这个社群，只要你不是最后一名，每个月都能抢到数额很可观的红包。处罚的目的在于制造危机感，提升爆发力，让懒人混不下去，让社群价值最大化。当然，引流最多的人也会获得一定的奖励，其余的人不处罚也不奖励。

这个社群的成员就是小胖通过一个活动引流过来的，群里面都是一些比较有经验的微商人。虽然有被处罚的风险，但是直到现在，从来没有一个人愿意离开这个群。因为每个人每月仅仅只需要创造一个引流的活动，就可以免费获得其余

29个最新的引流活动的创意。这群人通过这些引流活动吸粉无数，给他们创造的价值要远远大于被处罚的红包雨。

听到这里，你是不是也想加入小胖的这个社群呢？由于当初创建这个社群的时候，设定的社群成员人数最多就是30个人，除非有人退出，否则是不会再增加成员。但是，假设小胖现在打算扩招社群人数，想给社群做一次引流活动，我的操作点和吸引点应该怎么设计呢？

很简单，由于这本书的每一堂课都配有视频版，而视频版可以在优酷免费收看。通过刚才对社群价值的塑造，我相信凡是收看过这堂课视频版的微商，如果想通过活动引流，大部分人还是愿意加入这个社群。

如果作为一个引流的活动来展开，我们需要写一个活动文案。**在操作点上**，我会要求参与者向自己的若干位微商好友分享本文案并截图为证，或者要求在朋友圈分享，又或者分享到微商社群里面都可以。**在吸引点上**，我会写明完成操作点的好处，这里的好处就是可以加入小胖的社群。

需要注意的是，如果活动的吸引物是别人不太熟悉的东西，虽然你很清楚吸引物的价值所在，但是别人可能不知道，在这种情况下，我们一定要在文案中把吸引物的价值先塑造起来。所以，为了最大化的塑造吸引物，我会将这堂课的视频链接放入文案中，通过引导语让参与者自己去观看视频，等参与者看完后，自然而然地就会知道加入这个社群的好处。

此外，我会制造一些紧迫性，比如名额有限，仅限前100名参与者。

喂！说你呢！就是你！没错！说的就是你！

你是否还在为引流而烦恼？你是否因为没有足够的粉丝而做不好微商？

如果是，请你往下继续看；如果不是，请就此打住，可能我认错人了，再见！

今天，你将有机会获得加入小胖XX社群的机会，你没听错，就是微商界传说的那个中年胖子。如果你有幸加入这个社群，你将从此无须为引流而烦恼，从此告别做不好微商的困境。放心，我不会让你支付任何费用，你唯一需要做的就是将本条文案信息复制并转发到你的朋友圈，然后咱们截屏为证，我就会拉你入群。（发送截图请加 XX 微信号）

如果你想抓住这次改变命运的机会，请你尽快行动，因为本次免费加入社群活动仅限前 100 名参与者。活动结束后，我们将恢复 XX 元入群费。

如果你还在怀疑这个社群的价值，请你先观看下这段视频节目吧：http://i.youku.com/XXX

注：参与活动者请加 XX 微信，用于验证截图有效性和邀请入群。

引流活动案例②

小胖再分享一个比较有趣的引流活动，这个活动创意来源于众筹。活动的吸引点是 24 小时后将告诉参与者一天可以吸粉百人的方法。活动的操作点是要求参与者复制并转发本条信息给 10 个微商好友，截图为证。

为了增加可靠度和互动性，活动发起者承诺吸粉绝技是本人亲测有效，如果 24 小时后不提供有效吸粉绝技，愿意接受各种吐槽和打击报复。

这次活动的吸粉效果非常好，通过不断的转发扩散，24 小时内有一百多人加了活动发起者微信。同样，发起者也兑现了承诺，在 24 小时后公布了吸粉诀窍，一共就六个字：复制本次活动！

各位还在苦苦挣扎的微商伙伴们，你是否想每天有几百人加你微信，坐拥粉丝无数？

如果想，那你走运了。因为我有一个日吸粉百人的引流绝技，这项引流绝技让我现在每天都可以吸粉数百人。

现在，只要你复制并转发本条信息给 10 个微商好友，然后截屏为证，我就会在 24 小时后告诉你这个引流绝技。

这个引流绝技经本人亲测有效，如果 24 小时后我没有告诉你有效方法，愿意接受各种吐槽和打击报复。

注：参与活动者请加 XX 微信，用于验证截图有效性和发送引流秘籍。

通过上面两个引流案例，我们可以总结出，想要使一个活动具有好的引流效果，操作点一定要有扩散性，比如转发分享。转发分享的对象可以是好友、朋友圈、社群，也可是论坛、贴吧、微博等等所有可以发布信息的渠道。这些渠道同时也是我们发布活动信息的场所。

在创造活动的过程中，我们要根据吸引点来选择活动的参与者。例如，上面小胖的社群引流活动，吸引点针对的目标人群是微商，其他群体可能对加入社群的吸引点毫无兴趣。一旦活动信息被扩散到非微商群体，扩散范围就会逐渐减弱。

引流活动的文案展现形式可以是文字或图片，也可以是图文结合。在文案中，我们一定不要忘记留下引流的微信号，否则一切都白忙活了。要注意的是，如果文案的展现形式是图片，在展示微信二维码的时候，一定要同时留下用于手动添加的微信号。这样做的好处在于当别人不方便扫二维码的时候，还可以手动添加微信号。

万人迷产品

我们再来看看如何通过万人迷产品创建引流活动。

所谓万人迷产品是指人人都喜欢的产品，比如金钱或大众都需要的有形产品。利用万人迷产品创建引流活动的过程，和利用有价值的产品创建引流活动的过程，大致是一样的。

有些微商喜欢用红包作为吸引物，在操作点上也不去控制，结果往往吸引来的都是一些不精准的流量。其实，即使是用红包这样的万人迷作为吸引物，我们也可以适当地控制流量的精准性。方法很简单，我们可以在操作点上对转发分享的人群做相应的限制。

但像红包这种吸引点本身就不是很精准的万人迷产品，即使在操作点上做了限制，由于监督存在盲区，通过逐级扩散，目标人群可能会越来越不精准。加上扩散越来越大，最终有可能会导致你的微信粉丝暴涨，这种引流人群不精准的暴涨很快会产生一大批僵尸粉，一大批僵尸粉又会导致你在不停地删粉，不正确的删粉方法又会导致一些潜在客户给你加黑。处理不好，这就是一场恶性循环。

所以，为了避免上面的情况发生，对于像红包这种人见人爱的万人迷产品，在活动中，我们一定要学会限时和限量。不限时间，就是上面刚才说的结果；不限量，那你的口碑和人品估计要跌破零点了，除非你有足够多的产品可以赠送。限时，我们可以说活动截止到某某时间，限量，可以说数量有限，先到先得。

有些微商一定会想，小胖真是杞人忧天，我做梦都想粉丝暴涨，你却让我们限时限量。对于有这样想法的微商，我只能呵呵了，然后请你们看本篇的第九堂课，也许在那堂课中，可以找到正确的答案。

引流活动注意事项

在小胖分享圈，很多微商经常问我，微信团队曾发布过禁止在微信中发布诱导分享和关注内容的规则，问以后还能不能愉快地玩这些引流活动。

其实，如果对微信发布的这些规则进行详细的解读，我们会发现，微信拒绝的是那些用恶意、低俗的手段诱导用户分享和关注的信息，主要针对的是一些具有恶意营销以及诱导分享的公众号文章、外链和 H5 等等。

对于想在微信里面发起引流活动的微商，我们要注意以下三点：

第一，不要在微信禁止的公众号文章、H5 页面等一些外链平台中发布引流活动。

好的引流活动只需要一段精彩的文案配合几张图片，通过微信自带的发布文字和图片功能就可以实现引流。

为什么说我们不建议用第三方平台来编辑活动呢？举个很简单的例子，如果我们把引流活动的文案发布在公众号文章里面，在设置操作点上，一般都会让参与者直接转发公众号文章。这就意味着所有被转发的人看到的信息源都是这篇公众号文章。如果这篇公众号文章被投诉举报而删除，那么这个活动就夭折了。

同样的，我们如果将引流活动的文案直接通过微信自带的编辑功能编辑好后发送到朋友圈、微信群或微信好友，然后让参与者复制转发本条活动信息，这时被转发者看到的活动信息其实是参与者个人发送的内容，与活动发起人没有直接关联。如果不小心被人举报投诉，删掉的信息也仅仅是参与者转发的那条信息，并不会影响整个活动的进行。

第二，创造一些真正有价值的活动，提高活动的档次。

微信团队从来不会拒绝那些真正有价值的活动，转发、分享本身就是社交的一个常态化行为。所以我们要多创造一些有价值的引流活动，拒绝恶意营销和低俗的诱导。

第三，活动的目标人群要精准，这样可以有效减少对他人的骚扰。

我们在创造引流活动的时候，一定要针对目标人群来设计。对于这些目标人群，我们活动的吸引点往往是有价值的，这样可以避免被投诉举报。如果我们不设定目标人群随意的扩散，对于那些非目标人群，一定会觉得我们的活动是一种骚扰，投诉和举报在所难免。

关于活动的发布渠道，小胖认为未必就非要在微信里面来发布，除了微信，我们还可以在其他社交平台发布，比如在QQ、陌陌、贴吧论坛、博客空间、微博等等，只要有人群聚集的互联网平台，都是我们发布活动的渠道。

最后，需要注意的是，所有引流活动的吸引物必须兑现，如果你做不到就不要轻易发起活动，因为没有人愿意和一个没有诚信的人做朋友。

第六课
微商吸粉大法之引流入室（五）

付费推广引流

付费推广是一种既节约时间又提高效率的好方法。在讲百度引流的时候，我们也提到过百度付费推广。除了百度推广，我们还可以在很多网站或平台通过付费的方式进行引流。

想在腾讯的产品里面做引流广告，可以开通广点通。我们经常看到的 QQ 和 QQ 空间以及微信和微信公众号里面的广告都是通过广点通这个平台来投放的。

如果你有自己的淘宝店，也可以在淘宝的广告平台阿里妈妈进行广告投放，比如可以投放淘宝客、钻石展位、淘宝直通车等等。

有时候，我们可能会遇到一些烦琐或不熟练的操作，这时我们也可以在威客网付费发布任务，让威客们来替我们操作。

有时候，我们在引流的过程中可能需要写一些软文，或者希望自己的软文能够出现在一些网络媒体中。如果自己一没文采二没媒体资源，我们可以在一些软文营销的网站中通过付费的方式请专业人士帮我们操作。

有时候，我们希望自己的引流信息出现在某网站或平台的亮眼位置，以便获得更多的流量。这时我们也可以通过付费的方式来实现。

在微信朋友圈，我们也会经常看到很多做付费推广业务的微商。

任何一个互联网平台都有投放广告的地方，广告是互联网平台最重要的收入来源。作为微商，我们可以根据个人的经济能力选择合适的付费推广业务。具体每个平台怎么投放怎么操作，这里就不讲了，我们来讲一个比怎么操作更重要的话题。

在这一本书中，我不可能把每一个知识点都讲解得非常详细，有些知识点我只能简单介绍下，让你知道有这个东西的存在。比如我上面讲的腾讯广告投放平台广点通，也许你会疑惑广点通是什么？怎么在广点通投放广告？在广点通可以投放哪些类型的广告？广告展位都分布在哪些地方？等等问题。再比如上面讲的威客网站，也许你会疑惑威客是什么？怎么在威客网发布任务？可以发布哪些任务？费用是怎么支付和结算？等等诸多疑问。

虽然一些知识点我没有详细讲解，但这并不意味着你就不需要知道。想知道这些也很简单，只需要百度一下相关内容就可以了。你所关心和疑惑的问题，互联网其实早就已经为你准备好了答案。正如百度的广告语说的，百度一下，你就知道。

思维拓展

我们在获取知识的路上，不能仅仅被动地获取知识，也要善于去主动寻找知识。这本书的作用顶多是告诉你路在哪里，至于路怎么走还是需要靠自己。从小胖这里获取的微商知识是有限的，更多的微商知识需要我们自己去主动发现和拓展。有不懂的地方，就要去网上搜一搜，没有搜不到的，只有不会搜的。

没有人有义务告诉你所有的一切，所以，一切的所有需要自己去寻找答案。小胖一直认为，学会怎么获取知识比知识本身更重要。如果你想对自己负责，不妨做这么一个课后练习：把这本书中没有详细讲解的知识点都拓展开，把你对这些知识点的疑惑全部找出来，然后在网上去搜寻相关的知识，一个一个的把你的疑惑搞定。

例如，在前面的课程中提到过微信电脑版，当时在讲微商硬件工具的时候，我只是简单地提了下。这时你便可以拓展出以下知识点：微信电脑版怎么下载、怎么操作使用、怎么配合手机版微信开展工作、在哪些方面比手机版有优势、可不可以在电脑端实现多开等等。

在这本书中，凡是我提到过的知识点，不管有没有详细讲解，对微商来说都是有用的，没用的知识点我是绝对不会讲出来。如果你坚持把这本书中每一个没有详细讲解的知识点都拓展开，我相信，你一定会有非常大的收获。

吸粉引流的辅助工具

所谓工欲善其事，必先利其器。在吸粉的过程中，我们可以适当用一些辅助工具来帮我们更好的实现引流，让烦琐的操作变得简单化。

在社群里面吸粉，我们可以使用一些群发软件、社群机器人、社群自动加好友等辅助工具；在博客空间、论坛贴吧、微博里面可以使用一些定时发送、顶贴回帖、自动互踩等辅助工具；在注册社交账号时，我们可以使用阿里小号、天翼小号等手机小号辅助工具。

微商用得最多的辅助工具莫过于微信辅助工具，很多微信辅助工具就是为微商而生的。功能更是五花八门，要什么有什么，想什么来什么。比如自动点赞评价、自动清理僵尸粉、一键群发五千人、自动定位、微信多开等等辅助工具，有的辅助工具还宣称可以自动吸精准粉。

辅助工具终归是起到的辅助的作用，我们不能反客为主，要学会择优而选，适当地使用。例如，微信自动定位这个辅助工具，我们就可以用来吸精准粉。我们可以用定位工具将微信定位到一个目标人群集聚的场所，然后用微信自带的"附近的人"这个功能来添加目标人群。

俗话说得好，这个世界上没有免费的午餐，有的话也是别人吃剩下的。这些辅助软件都是第三方平台开发的，免费版本的一般功能都有限制，功能强大一点的一般都要收费。随着辅助工具对应平台的不断升级，这些辅助工具也会不断更新，我们要学会第一时间找到更新的版本，同时还要掌握好对应平台的规则，以免被平台封号或限制使用。

总之，小胖并不太赞同微商过多使用辅助工具。吸粉引流没有捷径，有的微商天天幻想着用所谓的微商神器来吸粉引流，这里要明白，辅助工具仅仅是辅助而已，不要把希望寄托在一些商家宣传的吸粉神器上。试想，如果真的有吸粉神器，那小胖何必在这里啰里八嗦的分享吸粉引流的方法呢？那些买吸粉神器的人能不能通过吸来的粉丝赚到钱我不知道，我唯一可以确定的是那些卖吸粉神器的人可以赚到钱。

课堂小结

微商线上吸粉引流的方法我们就先讲到这里，一些引流方法可能不是很新鲜，有的都老掉牙了，但是我在前面的课程中说过，即使千年前的姜子牙已经在钓鱼，千年后的今天我们依然还能钓到鱼。我们要学会举一反三，不断地拓展思维，把老方法玩出新花样。

吸粉引流的方法除了之前讲的，还有很多其他方法，并且每间隔一段时间都会有新的方法出现。有时候，我们会发现同样一种方法，别人操作起来非常简单，当自己操作的时候变得困难重重。如果遇到这种情况，只能说明你没有真正学会这个方法，或者你不太适合用这种方法。

在微商吸粉引流的过程中，我们没有必要把每一个方法都学会，选择几个你喜欢并且适合自己的方法，持之以恒坚持下去，一定会有不错的效果。吸粉引流方法并不是会得越多越好，像我社群的一个微商朋友，她现在有3个满员的微信号都是用活动引流这个方法来实现的。再比如小胖，虽然我懂的吸粉引流方法很多，但是我自己经常用的方法也就那么几个而已。那些什么都会一点的微商，吸粉效果反而不如这些专注于某个吸粉引流方法的微商。微商吸粉引流的方法在精不在多。懂一万招，不如把一招练一万遍。

虽然我每个方法讲得都很轻松，看起来操作并不难，但在实际操作过程中，你一定会遇到很多问题。有可能是因为平台升级导致的一些原有的方法不能使用，也有可能是受限于自己的思维模式。还是那句话，有不懂的地方，要多在网上搜一搜。在加粉的过程中，不能急于求成，就像国民公公王健林说的，要先定一个小目标，比如每天加几个精准粉，积少成多，一步一步实现自己的目标。

微商吸粉大法之线下引流（一）

前面的课程中，我们讲了一些微商线上吸粉引流的方法，但是作为一名微商，只懂得线上吸粉引流是不够的，我们还要掌握一些线下引流的方法。

无数的微商实践者都证明了一个事实：在线上引流100个陌生好友，不如在线下面对面地引流一个真实好友。由此我们可以看出，线下吸粉对于微商而言，是一个很重要的引流渠道。

活动聚会引流

俗话说，线上见面千万遍，不如线下见一面。微商不能仅仅停留在线上，一定要适当地走出来，参加一些线下的活动聚会，这样可以积累更多的人脉。

线下活动聚会很多，比如参加一些专业的培训班、培训会、线下沙龙，参加同城聚会、老乡聚会、同学聚会，还有一些团购会、相亲会以及参加一些旅游团和公益类的活动等等，只要是能够将人聚集起来的活动都可以去参加。

如何寻找活动聚会

参与活动的形式有两种：一种是被动参加，一种是主动发起。

对于一些没有线下活动经验的微商，不建议主动发起活动，而是应该多参与一些别人举办的活动聚会，当自己有了一定的经验后可以慢慢尝试主动发起活动。

想寻找到活动聚会很简单，比如想参加培训班、培训会，我们可以联系一些专业的培训机构，一些专业的行业网站或社群也会经常发布一些线下培训或交流活动。我们也可以搜一些本地的 QQ 群，找一些适合自己的主题群加入，群里面一般都会开展一些线下活动。

QQ 群里面有一个发起或参与活动的应用功能，在里面我们可以查找到很多线下聚会的活动。在一些手机 App 应用里面，我们也可以找到很多线下的活动聚会，这样的手机 App 应用有互动吧、活动行、相见、微链等等。如果还没有使用过这些 App，赶紧去下载一个，然后搞清楚如何使用。

我在这本书中介绍的每一款应用软件都是有用的，没有用的我不会分享出来。也许有些读者在我刚才介绍几款 App 应用的时候，可能就是一扫而过，根本不会去具体了解这些 App 应用，更不会去下载使用。如果一本书，你是抱着一扫而过的态度来阅读，那么这本书将会失去应有的价值，你也无法获得应有的知识。

总之，只要你愿意参加线下活动，稍微留心一下，身边处处都是参加活动的机会。不怕没机会，就怕你没准备。

作为微商，我们要有针对性地参加活动，想接触什么样的人群就去参加这些人群可能参加的活动聚会。

例如，我们想认识一些宝妈，我们可以参加一些宝妈培训班、亲子活动班等；我们想认识一些与美妆行业有关联的人，可以参加一些美妆方面的沙龙、培训班、交流会等；那些卖酵素、卖减肥产品的微商，可以参加一些与健身或减肥有关联的活动聚会；那些想招代理的微商，可以去参加一些与微商有关联的培训活动。

以上注意事项同样适用于寻找线上的活动。总之,你的目标人群在哪里,你就去哪里。

如何让自己更加专业

在参加活动聚会前,我们应该准备好与主题活动相关的话题。例如,我们要去参加亲子活动,就要准备好一些与宝宝或宝妈有关联的话题,话题的内容越专业越好。

为了让我们的话题具有专业性,要求我们在选择活动的时候,一定要选择自己擅长的。例如,我们对护肤技巧方面很有研究,我们就应该多参加一些与美容美妆有关联的活动;我们对微商技巧很了解,我们就应该多去参加一些与微商有关联的活动。这样我们在活动中才能够尽情地表现出我们的专业性。

与此同时,活动的人群与主题还要和自己产品有关联,要确保参加活动的人群是你产品的潜在客户,这样才能保证吸粉的精准性。举一个极致的例子,你的目标客户是年轻群体,你跑去参加老年聚会,怎么可能找到客户呢?除非大爷大妈返老还童,重返二十岁。

曾经有小伙伴问我:怎么样才能够让自己变得专业?

这里说的专业不一定非要把一件事情上升到理论的高度。我们可以把专业这个词换一个轻松一点的说法,绝活。想一想自己有什么绝活?比如说我会用手机拍照,我会自拍,我能从各种角度拍出完美的自己,让我360度无死角。我熟悉各种手机拍照的美颜软件,知道它们每一个功能应该在什么场合使用。

有了这个绝活我们就可以教别人如何拍照,如何自拍,如何使用软件让自己看起来更美更出众。微商需不需要学会拍照,打造自己的专业形象呢?需要。宝妈需不需要学会拍照,把自己的孩子拍出人见人爱的样子呢?需要。既然他们需要,那我们就可以去参加他们的活动聚会,然后尽情地分享我们的绝活。

同样的,有的人会玩红包营销,有的人会制作小视频,有的人会文案写作,这些都是绝活。小胖很喜欢一句话：**把一件傻逼的事情做到极致，你就牛了**。简单的事情重复做，你就会成为专家，重复的事情用心做，你就会成为赢家。

有小伙伴会问，如果我知道的别人也知道怎么办呢？

如果你知道的别人也知道，那是因为你走错了圈子。在参加线下活动的时候，我们一定要注意，如果你是想去吸粉引流、装逼格，尽量不要去参加同级别的圈子活动。

假设有三个圈子，分别是护肤圈、微商圈、宝妈圈，每个圈子按照逼格又分为三个级别，假设小胖是微商圈的二级，如果我想吸粉，我可以走两条路：

第一条路，跨圈子。我们可以去别人圈子里面分享，别人不懂的我们懂，我们就是他们的专家。当然，这里一定要注意跨圈的范围要合适，至少要和你的圈子有关联，换句话说，我们分享的东西要对别人有价值。例如，小胖懂点微营销，我可以跨级到传统的企业，和企业的老板分享微营销，教他们如何对接或转型微营销。

第二条路，降级别。如果在自己的圈子里面分享，可以去下一级分享。我们知道的比他们多一些，我们也是他们的专家。

所以，我们要多去合适的圈子里面参加活动聚会。如果我们去参加一些和我们同圈子并且大于等于自己级别的活动，我们知道的他们也知道，那我们就提供不了什么价值。

图1　三个圈子

当然，如果你想去学习新的知识，领悟新的道理，窥探新的格局，你一定要多去大于等于你级别的圈子。山外有山，人外有人，在自己的圈子里面永远不要觉得自己有多么牛，要始终有一个学习的心态。我一直告诫自己，在微商圈子里面，我永远是一个学生，因为我知道比我牛的人太多了。

活动中加粉的方法

我们来参加活动的目的是为了吸粉引流，结交一些志同道合的朋友，所以在活动的过程中，我们一定要有加粉意识，一定要主动地创造机会加粉。

在活动中可能会有互动的环节，有分享的环节，有自我介绍的环节等等发言的机会，只要有机会就一定要把握好，不要错过任何一次表现的机会。

作为微商，我们一定要学会销售自己。在一场活动聚会中，能够给人留下印象的人永远是那些在活动中善于表现的人。小胖曾经在一些活动聚会中，发现有些人从头到尾很少互动和发言。不知道是因为初次参加线下活动没经验，还是本身性格内向。不管是哪一种原因，既然我们来了，就一定要有收获。不能"悄悄的我走了，正如我悄悄的来，我挥一挥衣袖，没增加一个好友"。

在加粉的过程中，不是你加别人就是别人加你。有些活动如果参与者比较多，那么加粉的多少取决于时间的把握。为了在别人加我们的时候留下一个良好的印象，活动前我们应该事先在自己的手机相册中存储一张微信二维码照片，也可以提前在微信中直接打开我的二维码，这样做的好处在于当对方添加我们的时候，可以第一时间提供二维码。

为了防止手机没电或被偷等特殊情况，我们还应该准备一个实体的二维码。实体的二维码展现形式很多，比如我们最常见的名片。如果你的名片上联系方式还是传统的数字号码，那么请你在名片上增加一个微信二维码。名片的制作我们可以在淘宝上请人精心的设计一下。有时候，如果名片用完了或弄丢了，也可以临时将自己的微信二维码用打印机打印在空白的纸张上。

无论是用微信加人还是交换名片，我们一定要在这之前简单地做一下自我介绍。例如，你好，我叫某某某，从事某某行业，希望能够和你成为朋友相互交流下。

如果之前不做自我介绍，那互加后可能谁都搞不清楚谁是谁。也许事后对方不一定能够完全记得我们，但至少我们应该在对方心里留下一个印象，这样当下次稍微提醒一下，对方就会想起来。反过来说，如果你希望别人对你留下一个深刻的印象，你就应该在活动中积极地表现自己。

除了一对一加粉，我们还可以建微信群。这里要注意的是，如果参加的是别人举办的活动，我们一定不要喧宾夺主地去建立微信群，而是需要事先咨询发起人或主办方有没有微信群。如果有，我们就加进去；如果没有，我们就询问发起人或主办方是否需要帮忙建立一个微信群。这样他们反而会感谢你的这个建议，下一次如果有同样的活动，也许会第一时间告知你。

有些活动，尤其是那种有培训师授课的培训活动，有时候，可能本身没有给我们提供自由交流和互动的时间，基本都是老师在讲，参与者在听，即使有互动也是老师和参与者的互动。活动结束后，可能大家都匆匆离场，没有互相加粉的机会。

这个时候，如果希望加到这些优质的人群，我们可以通过雷达加朋友或者添加附近人这两种方式来加好友。一般验证信息可以写"我是和你一起参加某某活动的朋友"。也许参与活动的人彼此都想加好友，只是活动方没有提供机会，一般加好友通过的概率很大。

像上面说的培训活动，一般都是需要付费参加的。如果我们想加这些优质的人群，但是又不愿意付费参加活动，这里也有一个好办法。

我们可以在活动场地的附近，比如培训场地的门口或走廊，通过雷达加朋友或添加附近人这两种方式加到他们。验证信息和上面一样，反正对方也无法确定我们是否真的参加了活动。小胖曾经就通过这种方式加了很多优质的好友，他们

第七课
微商吸粉大法之线下引流（一）

后来有的成了我的合伙人，有的成了我的客户。

为了获得更好的人脉或者成为活动的焦点，我们可以和发起者或主办方搞好关系，比如我们可以给活动提供一些赞助，或者帮助发起者或主办方宣传活动等等一些力所能及的事情。这种方法可以让我们最全面地实现吸粉引流，因为发起者或主办方一般都有参与者的联系方式。当我们给他们提供一些帮助的时候，他们一般都会愿意把这些人脉资源分享给我们。

线下活动聚会是结交优质人脉的最佳场所，一定要学会走出去。我相信有些微商之所以没去，不是因为没地方去而是因为不敢去或不想去。其实这种心理，我非常能够理解，小胖曾经也是一个很胆小很懒惰的宅男，不太善于交流，也不愿意去参加一些线下社交活动。因为作为一个不太善于交际的人，在一些社交场合总感觉很别扭和有些胆怯。

终于有一天，我认为我必须要突破自己，因为我的创业快失败了，我即将失业一无所有。在那种背景下，我认为自己必须要增长见识，结识新人脉，在朋友的推荐下，我鼓起勇气参加了一次关于微营销的交流会。那是我第一次接触到微营销的概念。也正是那一次的活动，才成就了现在的我。在活动中，我发现原来并没有我想象得那么糟糕，自己表现得也还算可以，甚至我看到有的人比我更不善于交流。

其实，线下活动聚会并没有我们想象的那么可怕，勇敢一点，你会发现不一样的自己。尤其是女性，作为微商的主力军，我们更应该勇敢地挑战自己。谁说女子不如男，我们要巾帼不让须眉，拿出新时代微商女性的魄力和魅力，撑起自己的半边天。

培训活动引流

在诸多的聚会活动中,有一种活动是微商最熟悉的,就是培训活动。这里把培训活动单独作为一个主题拿出来讨论,是想拓展一些其他的知识点。

培训活动有免费的,但更多的是需要付费参与的。免费的培训活动,只要时间和距离允许,小胖建议都应该去积极地参与。付费的培训活动,我们可以根据自身经济条件来适当选择。

参加培训的人主要有两种:
要么是来增长见识,学习知识;要么是来拓展人脉,结识朋友。

从学习知识的角度来说,在某种程度上,培训费用越高,价值越大。当然,也不一定,有的可能是挂羊头卖狗肉,关键在于自己要学会甄别。

小胖每年都要付费参加一些专业知识的培训。因为有些知识更新得太快了,今年学的知识,明年也许就过时了。如果不持续地学习,很有可能会被淘汰,我也无法持续地在小胖分享圈输出价值。

从结识朋友的角度来说,培训费用越高,结识的人脉越有质量。当然,是否能结识成为朋友,取决于个人的交际能力。

作为微商,在参加培训活动前,我们应该想清楚去参加培训活动究竟是找合伙人或高级别代理(以下简称第一种人脉),还是去找一些微商小白或零售客户(以下简称第二种人脉)。

如果是想找第一种人脉,我们应该参加一些看起来高大上或者培训主题看起来很牛的并且费用在中高端的培训活动。因为愿意支付一定费用参加这些培训活动的人,都具备成为第一种人脉的资质。

微商吸粉大法之线下引流（一）

如果你想找第二种人脉，那么费用相对较低的培训活动就比较适合。正常情况下，费用较低的培训活动更多的是启蒙教育。如果你参加过类似的线下培训活动，应该比较了解，这种培训活动更多的是一个鱼饵，目的在于让你花更多的钱去学习更牛的知识。当然，也不排除有那种性价比高的培训活动。

对于微商而言，低费用的培训活动往往是微商吸粉引流的最佳场所。因为参与者对专业知识都很懵懂，不然也不会参加这种启蒙培训。

在培训活动中，我们可以先和参与者结交好友，事后再持续的对他们输出价值，慢慢地就会转化成客户。例如，我们想招中低级别的代理商，那么我们就可以去参加各种低费用的微商培训活动。能够参加这种微商培训活动的人，都是有意愿做微商并且渴望获得微商知识的人。只要我们事后给他们输出更多微商的知识，就很容易转化他们成为自己的代理。

如果大家发现有这种低费用培训活动，请赶紧报名参加。如果觉得这种方法的引流效果还不错，那么可以持续地去参加同一培训活动。培训内容虽然重复，但是参与的人会不断更新。最重要的是，同一培训活动，因为我们参加过，知道培训的内容，所以更容易和参与者打开话题。这些引流方法同样适用于线上的培训活动。

有小伙伴会问，我可不可以去中高端的培训活动中吸粉呢？当然可以，只要你有钱，你想去参加什么高大上的培训活动都可以。

例如，一些微商的中高端培训，培训费少则上千，多则上万。小胖上面说过，中高端的微商培训很难遇到微商小白，我们更多的是去寻找合伙人或者中高级别的代理。要结识这样的优质人脉，你需要把自己的逼格提高到和他们同等档次，否则，去了也只能白白花钱。

拓展知识点一

做微商的应该或多或少都接触过线上培训活动。即使没有参加过付费的培训活动，也应该参加过免费的公开课培训。所谓公开课培训就是一些微商团队或培训机构为了扩招，开办的免费线上培训活动，一般以微信群的方式授课。这种免费的公开课在微商团队中比较流行，是微商团队扩招新成员最快速的方式之一。

作为微商，如果你告诉我你没有被邀请参加过类似的公开课培训，我只能告诉你，你的好友列表该更新了。怎么更新呢？去添加一些微商大咖的微信或加入一些微商社群。去哪里添加呢？百度一下，你就知道。

小胖认为微商的好友列表应该多元化，除了添加一些想要被转化的粉丝，也可以添加一些同行微商，同时我们还可以添加一些微商导师以及他们创立的社群。

有些微商可能一看对方是某团队的大咖或比他更厉害的微商，觉得不可能被转化就不加。这样做是不对的，你不仅要加还要多加一点，因为比我们厉害的竞争对手永远是我们学习的榜样。正确的做法应该是：多逛一逛这些微商的朋友圈，看看他们是如何经营自己的朋友圈；没事就和他们聊聊天，看看他们是如何互动成交的。

有小伙伴会问，要是他们知道我们是来偷师学艺的，不肯和我们互动怎么办？很简单，转换一下身份，把自己乔装成他们的意向客户或代理，这样我们就可以从他们那里学会很多有价值的知识和经验。

我们可以从同行微商那里获得这么多的有用知识，我们为什么要拒绝添加他们呢？微商的同行永远是值得我们学习的好伙伴，永远是值得我们尊敬的老师。在微商，同行不一定是冤家，也可以是亲家。从现在开始，对自己的微商同行要好一些，当他们想成交你的时候，不要再不闻不问不理不睬，而是要把自己变成一个小白，要问来问去问东问西，要向那些试图营销我们的人学习。

拓展知识点二

当你的好友列表多元化后，你就会经常收到一些团队的公开课邀请。公开课培训一般都是以微信群的方式来授课。通过观察我们会发现，这些团队公开课的微信群里面都有一条不成文的规矩，就是禁止互加好友。

不让你加好友你就真的不加了吗？如果你是真的想来学习知识，那就另当别论；如果你是来引流的，你一定要加，只不过我们要选择合适的添加方法。一旦方法不恰当，就会面临被群主踢掉的风险。被踢是因为你不小心添加了他们安插的卧底，或者一些喜欢跟群主打小报告的人。

在微信群添加群成员一般有两种方式：第一种是直接在群聊天对话框中点击成员头像，这种方式仅限于在群聊中发言的成员；第二种是直接在群成员列表中点击成员头像。

在公开课群里面添加好友其实没有非常好的方法，更多的是要凭运气带一点点的技巧。

不要一进群就添加好友，而是要等培训课程开始以后再添加。在课程还没有结束前，不要添加在群聊中发言的小伙伴。

在群成员列表中添加好友，不要加最前面的，也不要加最后面的，因为这是卧底最频繁出现的地方。所谓群卧底，是指和群主一伙的人。群成员列表是按照入群的先后时间来排序的，一般排在群成员列表前面的一群人，可能是群主最亲近的人或者是群主好友列表里面的人，比如群主的团队成员等。所以，加了他们就等于加了群主，很快会被群主移出群。为什么排在成员列表最后的人不能加呢？因为当参加公开课的人数没有达到预期人数时，群主往往会邀请团队的其他成员加入，以弥补群人数的不足。

根据经验，群成员列表中间部分是最适合添加好友的，一般卧底出现的概率比较低，至少我目前是没有被逮到过。当然，不排除小胖讲完后，群主都学精了，立刻重新排兵布阵。所以，更安全的方法是，在课程快结束的时候添加，这个时候一般是群主最松懈的时刻，因为公开课结束后，团队要开始转化群成员了，群主自然也会加入其中，没时间踢你。

这里面有一种人千万不能加，就是在培训开讲后，时不时会冒出来一些语不惊人死不休的过分夸赞讲师的小伙伴，比如，"哇，老师你讲得好棒呀""老师你讲得真有道理，我也要加入你们"等等诱导你加入团队的言语，因为这极有可能是一群托儿。当然，也不排除有一些成员是真心夸赞的，这个需要你自己斟酌辨别。

上面说的都是我们在群里面主动加人，其实我们也可以被加，因为来听课的群成员中，可能会有一部分人也是出于和我们同样的加人目的。所以，你只需要让他们知道，加你不会被踢就可以了。这个信息的传达肯定不能直接发到群里，但是我们可以用群昵称的方式来告诉对方。

在微信群里面，我们可以设置自己在本群的昵称，并且不同群的昵称是相互独立的。

群昵称的正确格式是：昵称 + 广告语

例如，我的昵称是小胖，广告语可以写"加我送红包"或"加我有惊喜"等等。昵称设置好后，我们需要在群里面冒泡，因为群成员列表中显示的昵称太短，最多只能显示昵称的前四个字，昵称广告语别人根本就看不到。所以，我们必须在群里面发言，让别人看到昵称广告语。

一般建议不要轻易发言，因为有经验的群主一看昵称就知道你在玩什么花样。根据经验，最好的发言就是我们也加入夸赞讲师的行列，但是不要像托儿那样太浮夸。我们可以发表一些诚恳的、认同讲师观点的、有建设性的言语，或者也可以直接发一个红包。这样群主看见了有可能会心怀仁慈放你一马。这只是一种可行的方法，至于群主是否会开踢就要看运气了，况且写这段的目的主要是为了普及群昵称的命名格式。

像这种群昵称的命名格式可以运用在各种社群，不仅仅是微信群，只要能在

第七课
微商吸粉大法之线下引流（一）

社群里面独立修改昵称的都可以。所谓独立修改昵称指的是你在社群里面修改群昵称，不会影响社交号的昵称，也不会影响在其他社群的群昵称，比如微信群和QQ群就是这样的。

把你当下最想让别人知道关于你的事情浓缩成广告语，这样当你每发一条群消息，或当群成员每@你一次，就相当于你做了一次群广告，而且是零成本的。

最后，如果不小心走了狗屎运，我们还是被群主移出群了，这里还有最后一招。

有被移出群经历的小伙伴应该知道，被群移除以后，其实我们还是可以查看群的对话列表和添加群成员的，只是我们不能够继续在群里面接收和发送群消息而已。所以，既然被踢了，我们终于可以毫无顾忌地加了。但是有一个前提，就是我们要提前在群消息设置里面开启"保存到通讯录"功能，这样群主将我们移除后，群聊会继续存留在消息列表中。

"保存到通讯录"功能不仅仅用在这里，加入任何一个微信群后，我们要做的第一件事就是设置"我在本群的昵称"和开启"保存到通讯录"功能。对于你认为重要的群，还要开启"置顶聊天"功能。这种操作行为，我们要养成一个好的习惯。

其实，我觉得这种团队公开课培训活动没有必要规定禁止互加好友，如果活动组织者担心群成员被抢走，只能说明他们不够强大，没有足够的能力去吸引和留住听众。

再者，如果有人就是想加群好友，按照小胖上面说的技巧，无论怎么禁止都可以加到。与其花时间去踢人，不如多花点时间去提高自己团队的培训技巧，充实公开课的培训内容。只要你的团队公开课讲得足够精彩，没有人可以抢走你的粉丝。

拓展知识点三

参加过营销培训的人，一定熟悉一句话，"你想成为什么样的人，就要加入什么样的圈子"。这句话没有错，但我认为隐含了一个前提，就是在加入圈子之前，你要让自己的水平接近于那个圈子。只有这样，你才能融入那个圈子。

加入圈子和融入圈子完全是两码事。融入圈子要的是思想的共鸣，比如你参加了一个微商的高端线下活动，里面的人都是一些很厉害的大咖，如果你只是一个微商小白，那么在活动交流中，你和其他人可能没有共同的语言，别人想聊微商格局，你只能聊点微商入门知识。这样结交的好友，仅仅是好友列表多了一个人数而已。

这里不是说你不能参加中高端的活动，只是说，想结识高端的人脉，我们必须先不断提升自己的价值，让自己的水平接近于他们。这样才能和他们有更多的交集，才能融入他们的圈子，这样结交的人脉才有价值。

在微商的运营中，我们最常用的一种营销方法，叫晒见证。在晒见证中，有一种方法是晒一些和大咖有交集的照片。

这种见证方法本身没有错，和大咖有交集说明你很厉害，但有些微商没有学到精髓只学到了皮毛，刻意制造和大咖有交集的见证。我曾经看到过一个微商，为了证明自己是牛人，专门跑去参加一些导师大咖的培训活动，为的就是和大咖照一张相，回来在朋友圈各种炫耀。

小胖认为和大咖有真正的交集，来源于思想上的交集，而不是一张表面的合照。曾国藩说过这么一句话："倚富者贫，倚贵者贱，倚强者弱，倚巧者拙。"需要依靠别人来获取优越感的人，其实是因为自己无能。那些真正有能力的微商大咖之所以能成功吸粉，我想绝对不是因为晒了几张和大咖有交集的照片，而是因为他们肚子里有干货。

所以，作为一名微商，吸粉引流最靠谱的方法就是让自己变得更牛，不要去追求一些表面的假象。

第七课
微商吸粉大法之线下引流（一）

有一句话说得好，你若盛开，蝴蝶自来。小胖看见很多微商的微信昵称或个性签名里面都有这句话。我们不仅要知道这句话，还要认真领悟其中的内涵。

曾经，有一个人为了得到美丽的蝴蝶，便买来一双跑鞋、一只捕网，穿上运动服，拿着捕网，追逐奔跑了很久，终于在气喘吁吁、满头大汗中抓到几只蝴蝶。可是蝴蝶在网拍里恐惧挣扎，丝毫没有美丽可言，一有机会，蝴蝶就会飞走。而另一个人他也很喜欢蝴蝶，但他并没有像上面那样，而是买来几盆鲜花放在窗台上，然后静静地坐在沙发上品着茶香，望着蝴蝶翩翩而来，心情犹如吸蜜的蝴蝶。

一个在追逐，一个在吸引，我们要做就做后面的那个人：不断提升自己的价值，让自己充满吸引力。只有这样，才是"**你若盛开，蝴蝶自来；你若精彩，天自安排**"。

课堂小结

我相信有一部分人选择做微商的原因，也许是误以为微商可以足不出户，只需要在家里玩玩手机就可以了。我还相信有一部分微商，选择做微商的原因，是误以为微商只需要在虚拟的移动互联网中聊聊天就可以了。不管是什么原因导致这部分人对微商产生误解，作为微商，我可以很肯定地说，这些想法是错误的。

无论你是宅男宅女，还是由于性格内向等其他原因，从你决定做微商，想改变自己命运的那天起，你就应该重塑自己的性格，说以前不敢说的话，做以前不敢做的事。当然，不是让你去骂人和打架，而是让你学会突破自己，试着走出去。

所以，对于微商，我们要习惯性地从现在开始做一件事：**拒绝闷骚告别宅**。

第八课
微商吸粉大法之线下引流（二）

在前面的线上引流课程中，我们讲过活动引流。其实在线下引流中，我们同样可以通过活动来引流，而且线下引流的粉丝，无论是精准率还是转化率都要比线上更佳。这一堂课，我们就来讲一讲如何通过线下活动将目标人群引流到微信中。

门店引流

门店每天都有固定的人流，传统的实体经营无法把这些流量留为己用。也许客人进了门店，但是没有买东西；也许今天客人买了东西，以后再也不会出现。对于很多实体门店，大部分的人都是走过、路过，但常常错过，而这些浪费的流量都可以成为我们微商引流的目标人群。我们要做的就是让这部分人流，走过路过，不要错过。

在合作门店的选择上，我们要根据自己的产品，针对目标人群去选择合适的门店。例如，我们是做美妆产品的，可以选择一些与女性相关的门店，比如美甲店、美发店、女士服装鞋帽店等等。

第八课
微商吸粉大法之线下引流（二）

引流的方式一般是让客户通过扫码加微信。这里最大的难点是如何让门店支持你的活动？客户也心甘情愿地扫码？

其实很简单，我们可以通过利益交换的方式来实现。常用的办法是我们向门店免费提供一些有价值的产品，店主可以将这些产品免费送给客户。

例如，做面膜的微商，可以免费向美甲店提供一些单片的面膜。当有客户来店的时候，只要扫码即可免费领取一片面膜。这样一方面可以提高客户对门店的好感度，客户也愿意通过扫码获取免费的产品体验。

如果你销售的产品成本比较高，不能长期开展活动，我们也可以提供一些其他有价值的产品。有价值的产品不一定是贵的，但一定是客户需要的。

例如，我们知道女生逛街的时间一般都比较长，有的女生一逛就是半天。于是，我们可以给门店免费提供一些纯净水，当客户进门店后扫码即可免费领取。

如果想长期做这类门店的扫码活动，可以送一些价格低又很实用的产品。有小伙伴会问，这些产品在哪里可以找到呢？很简单，我们可以在阿里巴巴等网络批发平台找，也可以去当地的商贸批发公司、批发市场、集贸市场等地方找。

我社群里面有一个微商朋友，曾经通过免费送纯净水这种办法，在门店一天吸粉二百多人，而且这二百多人都是优质的精准粉。赠品的费用仅仅只需要100元左右，而这些人后来产生的价值远远超过一百元。

为了吸粉的精准性，有时候我们可以规定只有客人在门店消费后，才能参加免费扫码赠送活动，这样可以有效避免一些专门为领取赠品而来的蹭客。

为了提高门店合作的兴趣，我们可以采取逐层加码的方式来送赠品。

例如，客户来店咨询，可以送一瓶 200ml 的纯净水；客人在店内消费后，送一瓶 500ml 纯净水；客人消费达到一定数额后，赠送 1L 纯净水。当然，这里只是拿纯净水来举例，也可以是其他各种各样的产品，只要逐层加码就可以了。

在时间允许的情况下，建议尽量自己在门店开展活动，或者让同城团队的成员轮岗，也可以请一些在校大学生等群体用兼职的方式帮你在门店开展活动。

这么做的原因是，一来可以避免店主太忙忘了向客人介绍扫码活动；二来也可以避免店主不按照规则赠送。毕竟这些产品都是自己花钱买的，虽然用人不疑，疑人不用，但是防人之心不可无。

如果我们实在无法安排人来开展活动，在只能店长帮忙开展活动的情况下，我们可以用好友暗访的形式来监督。如果几次下来发现店主都很诚信，我们就可以放心把产品交给店主，也可以考虑长期合作。在一些特殊的节假日，如果门店有活动，我们也可以给予一定的赠送加码，和店主互惠互利。

同一类型的门店在同一个商业区域，只需要选择一家就可以了。选多了可能会造成扫码顾客的重复，这样也可以让店主享受到独家合作的优待。

上面我们讲的门店活动，它的二维码形态是和产品分开的。这种形式的活动产品，一般都具有吸引力，所以可以要求客户先扫码再领产品。

其实我们还可以采用另外一种二维码形态，即二维码和产品合二为一，这种产品一般需要 DIY 定制。例如，我们可以给门店定制一些购物袋，也可以给美甲、美妆、服饰等门店做一些小手册，手册内容可以包含门店的一些最新产品介绍，产品使用过程中需要注意的一些小常识或小经验等等，前提是手册内容一定要有价值。而我们可以通过在这些 DIY 产品上留下二维码，从而实现引流。当然，产品的内容需要事先和店主协商，做到双方都满意。

由于这些产品的吸引力很低，可以说是一个必备品，即使你不做，店主可能自己也会去做。我们不可能要求客户先扫码再赠送，这样对方会嫌麻烦，心想，不就一个小册子吗，老娘还不要了。即使小手册的内容很有价值，能学到很多知识和经验，但客户在没有看到内容之前，一切的价值都是虚的。所以这种情况下，我们只能先赠送，再给客户提供一个后期扫码的理由。

客户扫码的理由主要有三种：

第一种扫码理由是好奇驱使。

我们可以在二维码下面写上"扫码有惊喜"，这个扫码理由是万能型的，适用于任何产品。当然，我们也可以用一些其他的好奇理由，比如可以带点挑逗性，例如，"我确定一定以及肯定你不敢扫我""是女人就拿起手机可劲地扫我""有种你扫我"等。

第二种扫码理由是价值吸引。

我们可以在二维码下面写上"想知道更多，请扫我""有任何疑问，请扫我！""更多精彩内容，请扫我"等等，这种扫码理由适合于能够体现内容价值的产品，比如我们刚才说的小手册。当然，"请扫我"这个词感觉有点俗气，我们也可以更 fashion 一点，比如可以说"请骚扰我"等。

第三种扫码理由是利益诱惑。

我们可以在二维码下面写上"扫我送红包""扫我送优惠券"等。如果是和合作门店有关联的利益，比如优惠券，需要事先和店主协商好。

同样的，我们可以在不同的门店，定制不同的 DIY 产品。例如，在餐厅或宾馆，我们可以做一些小贴士、餐牌号、餐厅菜单、扑克牌等等。在产品上面印上我们的二维码，给一个有吸引力的扫码理由即可。

在选择定制产品的时候，我们一定要选择一些有价值而且使用频率高一点的产品。比如购物袋，客户拿回去后可能平时还会装一装其他东西，即使客户今天没有看到二维码，明天也许会看到。如果你把二维码直接印刷在纯净水瓶这样的一次性消费品上，客人如果当场没看到二维码和扫码理由，喝完了可能直接丢掉了。

门店引流涉及和店主的沟通，一般建议选择一些私人开的门店。因为这些店主一般都是门店的所有者，在沟通方面相对而言比较简单。一些传统的店主由于信息的不对称，可能对微营销这块不太懂，你的活动对他们而言没有冲突，正常情况下，他们也很愿意接受合作，毕竟我们做的是一件双方互利互惠的事情。

那些连锁门店一般店主可能只是一个员工，权限没有私人店主大，沟通起来可能比较烦琐，而且这些门店的店主都会定期接受总部的各方面的培训，门店本身也会开展一些引流的扫码活动。如果你的活动和他们有冲突，沟通结果一般不理想。当然，如果你是一个有自信的人，也不妨和这些连锁门店谈一谈，也许会有意想不到的结果。

门店的选择建议最好跨行业选择，比如我们是做女性护肤品的，我们可以去美甲店，美发店、女士服装鞋帽店等等，只要没有直接的竞争关系，一般谈判的成功率还是比较高的。

地推扫码

地推扫码其实和门店扫码是一样的，只不过把地点从店内转移到了店外。

在地点的选择上，地推扫码要选择在人流量比较密集的场所，比如大型的商场、商业中心、大型活动的现场、大学校园、住宅小区、游乐场等等。

在时间的选择上，地推扫码一般要选择在节假日，比如五一国庆黄金周或周末等，因为节假日的人流量比较大。也可以选择在一些约定俗成的电商购物节日，比如京东618、天猫双十一等，因为很多实体商家会同步的在线下搞活动。

具体的地推时间和地点的选择需要根据目标人群来决定。

路演案例①

地推扫码中，二维码的形态非常重要，一定要博人眼球，吸引路人的关注。

例如，我们可以通过奇装异服或精彩的表演吸引路人的注意，进而让他们扫码。这个没有固定的套路，唯一的套路就是不走寻常路。

例如，我社群里有一个微商朋友，为了吸引女粉丝，请了一批身材很棒的男模，让他们上身光着膀子在人流密集的广场进行路演，然后在这些男模的前胸后背两胳膊处贴上二维码。路演的旁边有一个大海报，海报上有一个无法抗拒的扫码理由。很多女性感到好奇，纷纷拿出手机扫码，当场吸粉效果非常火爆。当然，这种请专业男模的路演引流需要一定资金，不一定适合所有的微商。

路演案例②

在地推的引流中，我们不一定非要花高价请一些专业的路演人员，其实低成本也同样可以做好一场地推路演。

例如，我社群里的另外一个微商朋友，利用六一儿童节那天，在一家儿童游乐园里面引流了很多宝妈精准粉。她的做法非常简单，就是去定做了几个小朋友们喜欢的卡通玩偶衣服，请了两个兼职大学生，让他们穿戴上玩偶衣服，分布在游乐园的不同角落，然后打出扫码即可免费和玩偶合影的扫码理由。当小朋友们看到可爱的玩偶后，都纷纷想和玩偶合影，妈妈们也自然而然地跑去扫码。

仅仅是这样引流就结束了吗？当然没有。虽然活动结束了，但后期依然还时不时有人扫码加好友。原因是我朋友把二维码的图像直接印刷在了卡通玩偶的身上。这样做的好处在于，妈妈们一般都喜欢在朋友圈晒自己孩子的照片，通过晒孩子和玩偶合影的照片，相当于免费帮我们做了一次二维码推广。因为微信有自动识别图片二维码的功能，有些人好奇可能也顺手就加了好友。

其实，这个活动的引流还可以更完善一点。我们可以在二维码的下面写上扫码理由，字数不要过多，比如"扫我有惊喜""有种你扫我""扫码送红包"等扫码理由，并且在拍照的时候让玩偶做出扫码理由对应的姿势，比如"有种你扫我"，就让玩偶表现得有挑逗的姿势，最好引导孩子一起配合下。这样不仅可以在活动现场增加路人的扫码数量，也可以增加朋友圈的二次扫码率。

同一个活动我们可以千变万化，要学会灵活运用。例如，同样的引流宝妈，我们也可以在儿童游乐园附近，通过给孩子送卡通气球的方式实现引流，这种方法相比合影更加轻松，只是成本可能要稍微贵一点点，但相比线上引流的成本，气球的成本可以忽略不计。要注意的是，引流宝妈后，我们需要在微信中持续地向宝妈输出价值，提升留存率。

在门店里面，我们可以通过送礼物引流，在门店外，我们也可以通过送礼物引流，只是不能用扫码送礼物这么简单的方式，而是要增加免费领取礼物的难度。因为门店外的人流不是很精准。

增加领取礼物难度的方法太多了，比如转发送礼物，让对方转发我们朋友圈的第一条信息。这样既让对方加你为好友，又通过分享实现了吸粉的裂变。在活动之前一定要精心编辑好第一条朋友圈信息，争取实现朋友圈二次推广。这种转发送礼物也可以适用于门店的引流，前提是礼物必须有吸引力，可以是自己销售的产品，也可以是其他小而美的产品。

店外截流法

有时候，为了增加粉丝的精准性，我们可以将地推的场所定位得更精准一点。例如，想引流一些喜欢买美妆产品的人群，我们可以把地推场所选择在美妆店的附近。总之，你的目标人群在哪里，你就把地推的场所定位在目标人群常去地的附近。这种地推方法叫作店外截流法，如果熟练掌握，引流效果非常理想。

有小伙伴会问，我们在别人的门店附近开展地推会不会被赶走呢？这个问题要因地而异，每个地方都不一样。首先，这种地推截流活动，建议选择在广场或者步行街等半封闭式的场所。其次，是否能在相关场合开展地推活动需要事先和相关工作人员沟通，部分场所可能要收取相关的场地费。

第八课
微商吸粉大法之线下引流（二）

游击战玩法

如果所在场地不允许做摆台的地推，我们也可以换个玩法，这里讲一个我在社群里面分享的游击战玩法。

玩法很简单，只需要两个人，一个人负责吸引路人扫码，一个人负责派送礼物。二维码就印在衣服的前胸后背，当然，衣服需要 DIY 定制。如果人手不足，一个人也可以搞定。

领取礼物的条件可以是扫码加好友，也可以是转发朋友圈等等，根据自己的需要和礼物的吸引程度来制定规则。由于是玩游击战，你肯定不能像摆台地推那样，摆个桌架，放一堆玩具娃娃或一堆加多宝等大件。这里玩游击战肯定是为了随时走人，因此这里要求我们的礼物体积是小而美的产品，一个手提袋就可以装完。这种小而美的礼物有没有呢？多得不要不要的，自己可以去淘宝搜。

红包雨玩法

这种玩法是游击战玩法的升级版，最适合土豪微商玩。操作方法很简单，直接在门店附近，拿个小展板或提示牌，上面写上"加微信群，抢红包雨"。

这里一定要注意，你不能等群满员后才发红包，而要时不时就发一批红包，让前面一批领红包的人作见证，让别人知道你是玩真的。

对于领取红包的人，你可以在群里面提一个要求，让抢到红包的人替你转发一下朋友圈的第一条信息。至于第一条信息是什么，这个就看你需求了。毕竟吃人嘴软，拿人手短，领取红包的人一般都愿意帮你转发。

这里要注意的是，一定要让人加微信群，而不是直接添加你个人微信。因为线下红包引流，你让陌生人加你个人微信，可能有些人会顾忌，心想天下怎么可能有免费的午餐呢，会不会是陷阱还是什么阴谋呢？但是微信群不一样，社群有着天然的凝聚基因，会让人的警惕心放松。因为群里面并不只有他一个人，群体的支撑让他愿意去尝试体验。所以说，让一个人玩和让一群人玩是不一样的。

有小伙伴会问，微信群超过一百人就不能直接扫码入群了，后面想进群的人怎么办呢？这里有两种参考方法：

（1）让对方添加你的微信，由你邀请入群。前面一百个人的入群已经可以作为信任的支撑了，添加你不是目的，目的是为了加群，这和直接让人添加你是两码事。给对方一个加你不是为了加你的理由，这才是最牛的引流方法。如果对方不接受这个理由，我们也可以找一个已经进群领取红包的参与者帮忙，让参与者邀请对方入群，这样更有说服力。

每个人的想法和思考的角度都不一样，没有一个方法能适合所有人，我们也不能让所有人都按照我们的思维去行动，所以第一种方法不行，我们来第二种方法。

（2）建立多个微信群，按照一个微信群一百人来算，计划添加多少个一百人就建立多少个群。正常情况下，一次地推活动引流二百个左右的粉丝就可以了。

当微信群达到预期人数后，我们就可以通过一些技巧将群成员人引流到个人微信。比如输出一些价值或者设计一个群引流的游戏与活动。

店外截流的地推玩法如果吸引力比较大，领取礼物的人比较多，为避免蹭客和糊涂粉，我们可以设置一定的门槛，比如参加活动需凭某某门店的购物小票或在某某门店购买了某款类型的产品。

这种门槛的设置，如果配合赠送自己的产品，可以让引流的人群变得非常精准。例如，我们是销售面膜的，可以设置活动门槛为在某某门店购买面膜的客户。如果我们的面膜比门店的面膜更有竞争力，那么下一次客户就很有可能会在我们这里购买了。

地推引流最关键的一个环节就是扫二维码，二维码营销在微营销中起到了非常重要的引流作用。关于二维码营销，小胖再分享几个经典案例，这些案例都是

第八课
微商吸粉大法之线下引流（二）

实体店的玩法，也许我们不能直接运用，但是我们可以借鉴里面一些比较好的营销思维。

经典案例①

第一个案例是我一位开奶茶店的朋友分享的玩法，这个玩法现在在实体引流中也很流行。虽然不是很新颖，但是对于微商线下引流还是很有借鉴意义的。

这个引流的方法很简单，第一步，扫码加微信；第二步，分享朋友圈第一条信息，这个信息一般就是本次活动的信息；第三步，凭转发的朋友圈信息领取奶茶。当然，如果活动方开通了公众号，也可以扫码关注公众号，然后再转发公众号里面某篇文章到朋友圈，或者利用微信第三方平台生成一个活动图片转发到朋友圈。

看上去和我们上面讲的传统扫码送礼物的地推玩法没什么区别。但是，这里面有一个加码的玩法，就是领取奶茶的时间不是当场领取，而是规定从第二天开始，凭转发的朋友圈信息来领取。这个看似不起眼的规定，让客户变得更加的精准和有黏性，同时让活动信息在朋友圈扩散的时间更长。

扫码领礼物活动经常会出现两种人：

第一种人，他们可能是偶尔来逛逛街或者去某个地方玩，恰巧碰见有做活动的，就去参加一下。因为奶茶店是一个实体店，不像微商那样，客户在哪里都无所谓。所以，奶茶店活动的目标人群应该是那些经常经过这家奶茶店的人，比如在附近生活或者工作，或者喜欢经常来这里逛街的人。而上面说的第一种人不是奶茶店活动理想的目标客户，至少他们的复购率不高。像奶茶店这种实体覆盖率比较高的店铺，超出了客户的购买距离，一般可替代性很强，除非你的奶茶无可替代。所以，领取时间延迟到第二天开始，就会让第一种人群减少很多，从而节省了不必要的开支。

第二种人，他们可能在领取礼物后就删掉朋友圈的活动信息。有一些人对朋友圈的每条信息都是精心筛选编辑的，像这种活动推广信息可能并不适合在他的朋友圈出现，但是，他们又想参加活动领取免费的礼物，结果往往是领取礼物后就把信息删掉了。而从第二天开始凭朋友圈信息领取礼物，至少能让这条信息存活 12 小时。

上面两种人群对于实体店开展地推活动的店家一定是最苦恼的，而这个加码的玩法在一定程度上缓解了这种困扰，像这种在传统玩法的基础上加码的玩法还有很多。

经典案例②

第二个案例是一位开餐厅的朋友分享的玩法，也非常经典，目前很多餐厅都在用。这是一个层层加码的玩法：

第一层玩法，只要扫码关注餐厅的公众号，结账打 9 折。正常情况下，没有人会拒绝扫码，除非钱多得没地方花。

第二层玩法，全桌每人都扫码关注公众号，结账打 8 折。第一层玩法只引流了一个人扫码，而第二层玩法直接引流全桌人扫码。正常情况下，被请客的人都不会拒绝扫码，除非不通人情。

第三层玩法，公众号里面会推送一条图文消息，这条消息里面有一个活动，活动名叫"不花钱免费吃大餐"。活动的玩法是要求参与者加入微信群，免费领取代餐券。当大家加入到微信群后，群主会告诉大家将此活动信息转发到朋友圈就可以领取代餐券。

需要要注意的是，我们不能在公众号的图文消息里面直接告诉大家需要转发才能领取代金券，而是一定要先让参与者进入微信群后才告知。这里有四个原因：

第一个原因，公众号里面如果提及此内容，涉及诱导分享，这是微信不允许的。

第二个原因，公众号的互动性不强，更多的是单方面的信息推送，有时候由于种种原因，粉丝不一定能看到公众号推送的信息，而微信群就很好的打通了互动的壁垒，让每一条信息都可以精准地送达。因为每一条重要信息都可以通过群公告@所有人。当然，要适当运用这个功能，否则物极必反。

第三个原因，利用的是人们的一种心理，如果做一件利益驱动的事情需要三个步骤，你已经完成了两个步骤，接下来你只需要完成最后一个轻松的步骤，请问，你是愿意继续，还是愿意放弃？

第四个原因，在微信群里面，大家可以通过互动更好地了解活动的真实性，这样有利于群成员积极地参加活动。

第四层玩法，在微信群发送一条活动消息，活动规则是把刚才转发到朋友圈的活动信息再转发给 10 个好友。完成任务的人，送代金券一张。

有小伙伴会问，为什么转发朋友圈和好友不让他们一次性完成呢？很简单，因为小胖在前面的课程中说过，操作力不能烦琐，一个吸引点只能让参与者完成一项任务，多了会让参与者的积极性减少。

以上就是多层加码的玩法，实际上，后续还可以继续加码。有小伙伴会问，送那么多代餐券和代金券，餐厅会不会亏本？解决这个问题很简单，代餐券和代金券上面可以设置每天限时限量的规则，以此来合理规划客流，让你的餐厅看起来每天都是高朋满座。

经典案例③

第三个案例是我社群里面一位经营咖啡店的朋友分享的玩法，这个玩法也很普遍。

咖啡店这种场所一般客人逗留的时间比较长，很多咖啡店都会提供免费 WIFI。在二维码营销中，任何东西都可以作为二维码的营销工具，哪怕是免费的东西。

我们如何利用免费的 WIFI 做二维码营销呢？其实很简单。我相信住过连锁宾馆并且连接过 WIFI 的人，都应该清楚怎么玩。在宾馆中，当你连接 WIFI 的时候系统会提示，想连接免费 WIFI 要关注公众号。当我们关注公众号后，手机就会自动的连接上 WIFI。当然，这些功能的实现需要和第三方平台来对接。

对于那些能够让客户停留一段时间的实体店，都可以运用上面的免费 WIFI 玩法，比如餐饮店、宾馆、商场等等。

如果我们不想花钱去和第三方平台合作，也可以玩简单一点。制作一个小提示牌，然后放在店内醒目的位置，在提示牌上放一个二维码，旁边写上免费 WIFI 连接步骤。步骤我们可以写：扫描二维码，关注公众号，回复某某关键字，获取免费 WIFI 账号和密码。

课堂小结

作为微商，当我们以后去逛街购物的时候，应该多关注一些身边的店家是如何开展线下引流活动的。当我们在线下发现一个有创意的引流活动时，要想一想为什么店家要这么制定活动规则，就像奶茶店的案例一样，要分析透彻，然后想一想可不可以把活动思维运用在微商的引流活动中。

有很多的创意思维和引流方法，其实就存在于我们的身边，只是以前没有用心关注过。从今天开始，让我们把逛街购物变得更加有意义。特别是那些巾帼不让须眉的女微商，当以后男人们再抱怨你们喜欢逛街购物时，你们可以理直气壮地告诉他们，老娘逛街购物是为了工作。

作为微商，我们要善于发现并学习别人成功的经验，然后运用到自己的微商运营中。成功虽然不能完全复制，但是可以适当借鉴。

微商吸粉大法之线下引流（三）

这一堂课，我们继续来讲一讲微商线下引流的其他方法。

合作引流

很多时候，我们的资源是有限的，但我们可以通过与他人合作的方式，借助他人的资源来帮我们引流，这里举几个典型的与他人合作引流的例子。

合作案例①

我有一个做面膜的微商朋友，为了获取女性粉丝，她专门找到一个餐饮店的外卖哥，然后与他商议，如果送外卖时，对方顾客是女性，就告诉对方可以扫码免费领取一片面膜。

经过一段时间的测试，引流的效果很不错，于是她又找了很多餐饮店的外卖哥，结果一个月下来，她吸粉好几千人，筛选出来的精准粉也有好几百人，转化率也不错。

合作案例②

有一次,我把上面的案例分享到我的社群,一位朋友听后就用同样的方法,也获得了不错的引流效果。

都是借助与他人合作引流,但我这位社群朋友她找的不是外卖哥,而是快递哥,送的不是面膜,而是由她编写的一本护肤小手册。她和快递哥商量,如果送快递的对象是女性,年龄看起来在18到40岁之间,就送给她一本护肤小手册。

这里之所以没有采取先扫码再送小手册的原因有两个,一来考虑到快递哥每天派送量比较大,二来小手册的吸引力不足以让对方立刻扫码。所以,这里只能选择在手册里面放上二维码,通过有价值的内容和一个有吸引力的扫码理由引导对方扫码。这个小册子我曾经看过,里面的内容非常有价值,看完以后基本可以成为半个护肤达人。如果读者是一个比较喜欢护肤的女性,正常情况下,都会扫码。

借助快递哥引流现在很普遍,我最近签收的快递包裹上都有一个小卡片,它是直接贴在包裹上的,通过查看卡片内容会发现,这是一个麻将游戏的App引流广告,扫码理由用的是利益诱惑:扫二维码,领取游戏币和话费。

合作案例③

借助与他人合作的引流的方式有很多,除了外卖哥和快递哥,还可以是各行各业可以接触到你目标人群的从业者。

例如,我们想在线下引流微商的一个从业人群,大学生。我们该如何通过与他人合作来实现引流呢?通过思考我们会发现,大学生经常出没的地方有校园和网吧。

针对校园,我们可以和一些学生组织或者社团合作,合作的方式有很多,比如最常见的活动赞助。就赞助的产品里面,我们就可以拓展出无数的引流媒介。比如可以赞助活动的衣服、海报横幅、奖品等等。这些赞助的产品里面,我们都可以放上二维码和相应的引流信息。针对网吧，我们可以和网吧的经营者合作，在鼠标垫上做引流，也可以贴一些小贴士等等。

除了校园和网吧，大学生还有很多其他常去的地方。总之，目标人群常去哪些场所，我们就可以和所在场所的经营者合作，通过制定有诱惑力的引流方案，从而实现引流。当然，前提是我们要有一个好的合作方案，让经营者愿意和我们合作。

合作案例④

我的社群里面有一个做水果的微商朋友，她们通过和滴滴或优步这样的专车司机合作，将水果放在车载冰箱里面。有乘客搭乘的时候，司机会免费将水果分享给乘客，引导乘客扫描二维码。

这个案例中，专车司机免费给乘客提供良好的服务，而那位微商朋友也成功地实现了引流，双方互惠互利。后来，我帮这位朋友在社群内对接了一套分销系统，利用这套分销系统，司机还可以获得一定的佣金返利，这样就进一步地加深了合作的积极性和牢固性。

合作案例⑤

随着微商本地化的发展，越来越多的微商把招商和零售的目标都聚焦在了本地。一方面，为了增加信任背书，一些资金相对充足的微商都争先恐后地在本地开设实体店铺；另一方面，为了开拓新渠道，一些实体店铺的老板也纷纷加入到了微商行业。无论是先做微商后开店铺，还是先有店铺后做微商，微商和实体店铺的结合将是现在及未来微商发展的趋势，也是微商降低获客成本，提高业绩的有效方式。

对于有实体店铺的微商，在引流的过程中，我们可以和本地有共同目标人群的实体店铺（场所或机构）合作，通过制作一些优惠券或免费券等卡券，让合作店铺按照一定的规则赠送给客户，从而实现目标人群的精准引流。

在合作的过程中，我们需要注意以下几点：

第一，与合作方要有共同目标人群。

为了实现精准的引流，我们一定要确保和合作方有共同的目标人群。简单的理解，我们店铺的客户和合作店铺的客户要是同一群体。

例如，做减肥产品的实体微商，他的客户群体是肥胖人群，如果需要找合作方，可以选择一些肥胖人群经常去的店铺或场所，比如健身房或瘦身整形医院等；做母婴产品的实体微商，他的客户群体是宝妈，如果需要找合作方，可以选择一些宝妈经常去的店铺或场所，比如月子中心或妇幼保健院等。

只要我们的产品和合作方没有直接的竞争关系，都可以开展合作，比如卖婴儿尿不湿产品的实体微商可以和卖婴儿奶粉、婴儿服饰的店铺合作。只要愿意行动，我们可以在当地找到很多可以合作的店铺。实体微商成败的关键在于要不要去行动，想不想走出去。

第二，让合作方清晰合作的好处。

在合作的洽谈中，我们要让合作方清晰地知道，通过合作可以让双方实现互惠共赢。一方面，合作的店铺可以将我们的卡券作为回馈客户的礼品，从而提高客户的好感度和复购率；另一方面，我们可以通过卡券实现目标人群的精准引流，为后端的成交提供机会。

只有让合作方清晰地知道合作的好处，对方才会愿意更加积极的配合合作方案的执行。同样的，我们也可以互换合作方式，让合作方提供卡券作为我们店铺回馈给客户的礼品，帮助对方店铺实现引流，从而实现资源整合的最大化。

第三，卡券的吸引力度一定要大。

在卡券的设计过程中，卡券的吸引力度一定要大，这里小胖建议设置为"凭卡券免费领取赠品"。这样可以有效地提高客户领取赠品的积极性，增加引流的数量，也能够提高合作店铺合作的积极性。

在赠品的设计上，产品一定要针对目标人群有吸引力、有价值。可以是自己销售的微商产品，也可以是和自己销售的产品有关联的产品。不仅可以是实物产品，也可以是信息产品，比如目标人群感兴趣的线上培训课程。

很多思维局限的微商觉得免费送产品（特别是实物产品）不划算，不愿意去做这样亏本的生意。事实上，我们需要改变自己固有的思维，不要过于注重眼前的利益得失，而是要多聚焦客户的后端价值。你的产品再好，如果没有人知道，也是白搭；你的店铺装修的再辉煌，如果没有客户，只是徒劳。所以，做微商，我们一定要有"前端先免费，后端再成交"的全局思维。前端用产品换客户，后端再想办法去成交。只有我们接触到了客户，才有机会去成交客户。

我们不妨来设想一下，假设前端每免费赠送产品给十个客户，如果能成交一个客户就不亏本，那么成交两个客户就有盈利了。当我们知道盈利是这么产生的时候，我们就舍得前端赠送。实际上，如果产品和服务的体验足够好，成交的客户还会持续的复够，甚至会转介绍好友来买。当然，十分之一的成交率只是一个假设，具体的成交率和盈亏平衡点我们需要测试。这里只是想告诉你：拥有全局思维的人才能够持续的盈利，才能够不局限于眼前利益，才能够看到客户的终生价值。

第四，让客户凭卡券领取礼品。

在领取赠品的过程中，一定要让合作店铺的客户凭卡券来我们的店铺领取产品，而不能把产品放在合作店铺，由合作店铺直接赠送。这么做有两个好处：

第一，可以对目标人群进行一个筛选。那些不愿意来店领取赠品的人，显然不是我们的潜在客户，这样可以节省我们的开支，提高引流人群的精准性。

第二，来店领取赠品的客户，可以让他们直观地感受到店铺的触点，增强客户购物的欲望；同时也让我们有了一个和客户交流的机会。有了这种交流的机会，我们就可以通过一些促销手段进行追销，比如凭卡券享受购物折扣等。即使当场不能成交，我们也可以通过后续的维护，让客户持续的复够和裂变，比如可以赠送给客户一些优惠券，让客户下次购买享受优惠。

要注意的是，在客户领取赠品的时候，我们一定要让客户登记相关的联系信息，方便我们后续的沟通维护。在客户领取实物赠品的同时，我们也可以再赠送一套与实物赠品相关的培训课程。例如，领取彩妆产品的客户，可以赠送一套由我们自己主讲的彩妆培训课程；领取母婴产品的客户，可以赠送一套由我们主讲的母婴护理培训课程。借此来塑造我们在客户心目中的专家形象。

第五，对赠送卡券的客户设置门槛。

在与合作方洽谈合作的时候，我们需要要给赠送卡券的客户设置一定的门槛，这一点我们一定要向合作方阐明清楚，避免合作方盲目的赠送。例如，门槛可以是：在合作方店铺购物满多少金额即可获得赠送卡券一张；或者购物满多少金额即可抽奖，抽中赠品卡券的概率我们可以设置高一点。

通过设置门槛，一方面可以提高合作店铺客户的购物积极性，另一方面还可以提高客户对赠品的重视程度。

在小胖分享圈，有很多做本地市场的微商，他们按照上面的合作方式，实现了精准的引流。例如，有一位叫"虫妈"的宝妈，她是一名催乳师，做了微商后在本地开了一家母婴店铺（微商产品是母婴产品），通过整合本地资源，和当地有共同目标人群的店铺、机构合作，利用销售的母婴产品、催乳服务和母婴课程作为前端免费赠品，实现了目标人群的精准引流，销售业绩和团队成员也裂变式的增长。

在线下合作引流中，寻找到合作者很容易，谁能够接触到你的目标人群，你就去找谁合作。难就难在怎么让合作者愿意接受你的合作方案，这个需要靠自己的沟通谈判技巧以及合作方式的合理设计。合作方式需要与合作方相互协商，究竟是双方互惠互利，还是给予合作方一定的分成或酬劳，都需要详细的规划。小胖这里仅仅是提供一个引流的思路。师傅领进门，修行靠个人。

线下媒体引流

所谓线下媒体引流，通俗地说就是利用线下媒体广告做引流。

线下的引流媒介太多了，比如公交车、公交站牌、横幅、灯箱、电梯广告、大海报、摆台展架、报纸广告、出租车、LED广告屏、举牌巡游、口碑传播、派发传单、墙体广告、厕所广告等等。

线下媒体引流需要根据目标人群的特点，在合适的场所选择合适的媒介来投放合适的广告。假设我们是做减肥产品的，比如微商热卖的酵素，我们可以去找一些与减肥有关的场所，比如健身房。然后在这些减肥人群必经的场所投放广告，比如可以在电梯里面投放广告。如果觉得费用高，也可以请人在健身房的附近发传单。

关于发传单，我们也要发的有创意，传统的传单是把广告信息直接印刷在传单上，随着二维码营销浪潮的到来，二维码也出现在了传单的某个角落。但这并不能改变传单被无视和丢弃的命运。我曾在社群里面开玩笑说，发传单的时候一定要离垃圾桶远点。其实这并不是一个玩笑，而是一句实践的总结。一张传单对方能看多久，取决于离垃圾桶有多远。相信发过传单或收过传单的人，对这句话一定有体会。

小胖曾帮社群里面一个做减肥产品的微商团队出过一个创意，这个创意里面就包含线下发传单，但我把传单进行了重新定义：传单不再是信息推送的宣传品，而是一个引流工具。这个创意的思路很简单，我设计的传单里面没有烦琐的广告信息，只有四句话和一个二维码。二维码可以是公众号，也可是个人微信号，这个可以根据需求来决定。四句话也很简洁，第一句话："你想减肥吗？"第二句话："想，请扫我！"第三句话："不想，请将我扔到垃圾桶。"第四句："爱护环境，人人有责！"后来团队给我的数据反馈是，扫码人数比平时增加了五倍。当然，活动成功的前提是必须是找对地方发对人。

  这种创意在我的社群里面太多了，大家如果要用，一定要适当地改编和创新。一个方法用的人越多，效果就会越小。就像有个段子说的：第一个把女人夸做花的是天才，第二个是庸才，第三个是蠢材。所以，当我们发现一个好的引流方法，更多要思考的是方法背后的创意思维，只有这样才能创造出无数的新方法。

  除了发传单，我们也可以和物业合作，在一楼电梯旁摆放一个引流的展架。或者我们可以做一次无间道，办一个健身会员卡，锻炼的时候顺便向周围的朋友来点口碑相传。这里要注意的是，你一定不能是个胖子，因为胖子不具有说服力。如果你的身材和小胖一样"魁梧"，那么你需要换一个身材一级棒的人去，最好是使用过你产品的朋友。不用担心找不到朋友去，给朋友提供免费的锻炼机会，大家都抢着做你朋友。

  除了上面的方法，我们还可以玩得更腹黑一点，直接去健身房所在楼层的厕所贴广告。谈到厕所广告，我们应该向肛泰前辈学习。厕所广告一定不要贴纯广告，要贴点公益性质的广告，比如"来也匆匆、去请冲冲"，"感谢您保持这里的卫生"，"向前一小步、文明一大步"等等。引流信息可以放在公益语的下面。

  媒体引流的方法太多，这里就不具体展开了。总之，我们要根据目标人群找到合适的线下媒体。

第九课
微商吸粉大法之线下引流（三）

事件引流

在线上引流的课程中，我讲过一个利用百度热门话题引流的方法。当时我是以"地铁膏药姐走红"这个热门话题为例，写了一个引流标题，叫《地铁膏药姐走红，公交又现面膜姐》。如果不记得，可以回顾一下前面的课程，不然，我下面讲的你会不知所云。

作为一名微商，想把一个线下营销事件在互联网中炒成一个热门话题，相对而言是比较难的。我们这里讲的事件引流并不是这种方式，而是配合线上热门话题引流来展开的，换句话说，线下事件引流的目的就是为了给线上热门话题引流做图片或视频见证。

例如，《地铁膏药姐走红，公交又现面膜姐》这个引流文章，标题的前部分是热门话题，目的在于增加被搜索的概率，标题的后部分才是这篇引流文章的主要内容。所以，当我们在线上发引流文章的时候，在文章内容里面一定要有足够的图片或视频见证。而我们线下事件引流要做的就是收集事件的图片或视频。

有小伙伴会问，"公交又现面膜姐"是我们杜撰出来的事件，要去哪里收集图片或视频呢？很简单，我们要将杜撰出来的事件演变为真实事件。

操作很简单，我们只需要准备一些面膜，然后在公交车里面免费赠送就可以了。赠送的对象要选一些适合产品的人群。我们可以选择在衣服的前胸后背上印二维码，这种衣服需要我们事先去 DIY 定制。在整个活动中，我们要做好拍照或摄像工作，活动素材越多越好。最后，我们就可以去线上发表引流文章，配上相应的照片或视频即可。

开展活动的照片或视频，我们也可以发送到朋友圈里面，让公众一起来见证。

创业者的理性选择

谈到热门话题，让我想起了这几年微商行业最火的接势话题就是 # 马云进军微商 #，在这一堂课的最后，我们就来聊一聊马云进军微商这件事，顺便拓展一下其他话题。我猜一定有微商到现在都不知道有这个话题的存在，因为我发现有些微商天天只活在自己的小圈子里，圈子外的事情全然不知。

所谓马云进军微商不是说马云也去做微商了，而是阿里巴巴出了一款叫采源宝的 App 应用。采源宝应用是一个为微商提供货源的平台，微商在采源宝找到个人喜欢的货源，然后利用 App 本身附带的一键转发和多图分享等小功能将商品分享至微博或朋友圈，若分享产生了订单，微商再在平台进行采购下单，而货源则由阿里巴巴平台"微供市场"的卖家发货。几个月后，支付宝的应用市场也接入了微供市场。

整个流程类似于小胖在前面课程中提到的天猫供销平台，只不过天猫供销平台的代理商是将产品信息一键转发到淘宝发布，而这里采源宝的代理商是将产品信息一键转发到微博或朋友圈。这种模式就是微商经常玩的一件代发，说的专业点叫一级分销或社交化零售。

一件代发从来不是微商的专有名词，自从有了电商，一件代发就出现了。和一件代发模式相对立的就是代理销售模式。两者最大的区别就在于前者不需要囤货，后者需要囤货。

微商囤货一直以来都是一个备受争议的话题，甚至被一些人当成攻击微商的有力武器。囤货，在商品流通环节中，是一个再正常不过的事情。试问，那些做电商的不需要囤货吗？那些开实体店的不需要囤货吗？难道我们做微商的就不能囤货，非要逼我们空手套白狼吗？显然不合理。当然，我们并不想去争论囤货这个话题。

接下来，我们单纯从微商创业的角度来分析下，一件代发模式和代理销售模式究竟有哪些区别？希望能够给想做微商和初入微商的小伙伴带来一些新的

第九课
微商吸粉大法之线下引流（三）

思考。

很多老微商可能都遇到过一些想做微商的小伙伴跑来问，是否可以一件代发。从品牌商和代理商的角度来思考，一件代发也是一个不错的选择，不管是否能卖出去，至少多了一层产品传播的渠道。但从微商创业的角度来思考，一件代发，至少小胖认为现在不太适合想创业的微商去操作。很多微商小白之所以选择一件代发模式，是因为它不需要资金投入，零成本零门槛零风险，而代理销售模式恰恰相反，有成本有门槛有风险。

下面小胖就从三个方面来分析下，两者的区别究竟在哪里。

第一，参与感不同。

很多做一件代发的小伙伴，可能从来没有见到过代发的产品，更谈不上体验，对产品的了解仅仅是从上家那里获取。在客户售前咨询的时候，也许不能够很好地介绍产品的卖点，也不能够现身说法。产品一旦出现质量问题，就是在透支自己的信用和口碑。当然，也有一些负责任的小伙伴会买产品来体验，但大部分代发的小伙伴是没有体验过的。

一件代发的利润很低，大部分代发的小伙伴都不会只选择一两款产品代发，更多的是像杂货店一样的海纳百川。反过来说，这么多代发的产品，如果每件都买来体验，可能也是一笔不小的费用。很显然，大部分代发的小伙伴是不会一一买来体验的。代发的产品一旦多了，每件产品的参与感就会减少。所谓参与感，这里指的是对产品的认知、体验等与产品有关联的感知度。

而代理销售模式的微商恰恰相反，由于资金、时间和精力有限，微商代理商往往只选择一款或少数的品牌产品代理。因为需要囤货，产品在自己身边，因此微商代理商可以对产品的各方面性能进行体验，从而让自己对产品更加了解。

对产品的了解，在销售中又能很好地帮助他们成交客户。因为只有对产品足够了解，才能准确地发现客户的需求，了解客户的痛点，最终成交。不仅如此，在成交后的发货及售后中，囤货的微商在参与感方面都很强，因为他们要亲力亲为参与到每一个环节，而一件代发的小伙伴在这个环节就处于弱势。但这个环节恰恰是留住客户，让客户产生复购的关键环节。

第二，归属感不同

所谓的归属感放在微商中，无非就是团队。代发这个层级，一般不会被微商上家纳入到团队体系中，所以代发的小伙伴只能单打独斗。一个人没有方法、没有资源、没有人脉，时间一长，就会坚持不下去，当他们想放弃的时候，没有人会在他们身边给予鼓励和挽留。小胖相信这是大部分一件代发的小伙伴都能感受到的内心独白。

而微商代理商往往都有属于自己团队，要么是加入上家的团队，要么是组建自己的团队。小胖以前说过，微商已经不再属于一个人的战场，单打独斗的时代早已过去。我们天天在讲微商要有团队，团队到底有什么用呢？

首先，微商团队里面都是一群志同道合的朋友，我们从事着同样的微商事业，代理着同样的微商品牌，有着共同的价值理念，团队成员是我们事业上最亲密的伙伴。也许有些微商小伙伴觉得小胖太能扯了，还亲密伙伴，我看里面都是竞争对手吧？对于有这样想法的微商，我只想说，你没有真正领悟到微商团队的存在价值，你没有真正融入你的微商团队中，或者你团队的老大没有给你灌输正确的团队价值观。

小胖认为，微商团队于我们而言最大的价值在于让我们懂得了感恩和互助。我们可以回想一下，当我们还是微商小白的时候，是谁在帮我们成长？是我们的团队。当我们一穷二白毫无方法可寻的时候，是谁在帮我们进步？是我们的团队。当我们遇到瓶颈想放弃的时候，是谁在帮我们坚持？还是我们的团队。在微商团队中，我们可以学到很多微商知识，有团队老大的分享，也有战友的互助，我们抱团取暖，才能抵挡住一次又一次的寒潮。

在小胖分享圈里面，很多微商都和我分享过他们的创业经历，我更多听到的是他们一路走来的辛酸，我也见证过很多微商从小白一路走过来很不容易。其实想通过微商创业，把微商当作一份事业来做的人，很多都是阴差阳错，或者走投无路、被逼无奈等原因才加入到微商行列的。在加入微商前，其实也没有真正掌握太多的微商知识，更多的是把自己当成一个小白，想破釜沉舟拼一次，这样的案例在我的身边太多了。

在我们微商创业的路上，支持我们人也许并不多，更多的可能是来自家庭或亲朋好友的不理解。即使有一天我们微商创业成功了，真心祝福我们的人，其实也不多，更多的可能是羡慕嫉妒恨。而微商团队的存在，让我们知道在微商创业的路上，我们并不孤独。团队，让我们拥有了家的感觉，让我们能找到归属感。而这种感受是一件代发的小伙伴永远体会不到的，也是所有不理解、不支持微商的人永远理解不了的。

第三，压力感不同

一件代发的小伙伴，由于不需要资金投入，不需要囤货，所以没有压力感，往往存在三天打鱼两天晒网的现象。没有压力就没有动力，没有动力就找不到要努力的理由。久而久之，就会自甘堕落，慢慢地放弃。其实，每一个人或多或少都有一点惰性，有的人说，惰性是与生俱来的，但小胖认为惰性是可以改变的。

很多微商创业失败的人都喜欢为自己找借口，比如微商创业环境不好，微信天天在打压，人脉资源不够多等等一堆借口。我只想问，为什么还有这么多微商活得好好的，连马云都想挤进来分一杯羹。

小胖一直认为：**这个世界上最好的借口莫过于为努力找借口，最糟糕的借口莫过于为失败找借口**。囤货的微商恰恰为自己的努力找了一个完美的借口，因为我投入了资金，所以我有压力；因为我有压力，所以我要投入更多的时间和精力；因为我投入了时间和精力，所以我才要让自己更加努力；因为只有这样，我才能创业成功，缓解我的压力。

当然，我不是说所有囤货的微商都能成功，前提是你愿意为努力找借口并为之努力。虽然努力一定不会成功，但放弃注定失败。

所以，我觉得微商囤货并没有什么问题，如果非要说有问题，那也是个别品牌商和代理商的问题。就像我以前说过的，红烧肉好不好吃关键在于是谁在做和怎么做的问题。如果有些人认为红烧肉不好吃，要么是你不喜欢吃，要么是红烧肉做得不好吃。无论是不喜欢吃还是不好吃，不要去怪红烧肉，因为它是无辜的。如果你不喜欢吃红烧肉，就不要去吃，因为你不喜欢吃，无论是谁在做，你都觉得不好吃。如果你想吃红烧肉，但常常遇到厨艺不行的，小胖建议你可以去一些正儿八经的餐厅吃，不要老是去一些不合格的路边摊吃。因为路边摊的味道代表不了红烧肉的烹饪标准，就像一些投机取巧、坑蒙诱骗的假微商代表不了微商行业的价值标准。

当然，我这里不是鼓励所有微商都去玩命地囤货。囤货我们也需要量力而行，根据自身定位去选择合适的产品和代理级别，慢慢地发展壮大。不能一口吃成一个胖子或者急于求成，成功没有捷径。有时候给自己一点压力或许是一个不错的选择，不仅仅微商囤货有压力，保险推销员、信用卡推销员都有压力，每个岗位每个职业都有压力。有压力才有动力，有动力才会努力。马叔叔也说过，不吃苦，不奋斗，你要青春做什么？

上面就是我认为的一件代发模式和代理销售模式在微商中的区别，这里我是从一个创业者的角度去分析的。如果你想微商创业，小胖建议你可以选择成为一名职业微商，一件代发并不适合微商创业者去操作。大部分的人试着试着也就放弃了，结果，你以为你尝试过微商创业，其实你从来没有开始。

再三强调，小胖这里讲的微商创业者，是指想从事微商创业的人，想成为职业微商的人，不是那些想兼职做微商的小伙伴。对于有着自己本职工作，只是想通过微商赚点零花钱的小伙伴，一件代发我认为是一个不错的选择。就马云进军微商来看，阿里的采源宝对于想一件代发的小伙伴来说，是一个非常好的货源平台。但对于职业微商，至少从目前来看，想收编他们几乎不可能。因为从价值导向来看，采源宝的核心在于产品，而微商的核心在于人和社交。

最后，想提醒各位微商小伙伴的是，《互联网广告管理暂行办法》中明确规定：广告主应当对广告内容的真实性负责。也就是说，在朋友圈、微博等社交平台转发广告也是需要承担责任的。特别是一件代发的小伙伴，在一键转发产品的时候，一定要先了解产品的相关信息。

课堂小结

线下引流没有固定的套路，唯一的套路就是不走寻常路。随着微商线上引流成本和难度的逐渐增加，小胖预测，今年会成为微商线上线下相结合的爆发年，微商O2O已经成为一个新的趋势和红利点。

像我社群里面已经有很多团队都在行动了，如果你有团队，一定要鼓励你的团队成员走到线下，我们从哪里来，就回哪里去。团队成员里面有同城的可以经常约出来开展线下活动，没有同城的可以发展同城代理，或者相邻城市的团队成员约定好去对方城市一起搞线下活动，今天你来我这里，明天我去你那里。

线下活动不仅可以增加团队成员的好友度，还可以增加团队的凝聚力。最重要的是线下引流的精准性更强，成本更低。一个团队想做大，必须在团队内部构建参与感，线下活动就是构建团队成员参与感的最佳方式。所以，我经常和一些微商团队的老大讲，参与感不是喊出来的，是做出来的。

随着微商O2O的到来，同城这个词被赋予更多的含义，如果说以前我们把微商招商和零售的对象放眼于整个互联网这个大范围，那么现在请你像二郎神那样多一个心眼，把招商和零售的对象回归一部分到同城，因为同城代理和同城销售将是微商O2O趋势的一对孪生姐妹。

小米的雷军说过这么一句话："站在风口上，猪都会飞。"微商O2O并不是今年才提出来的概念，去年就已经有人在呐喊了。如果说以前只是听一听，那今年一定要做一做了，你不做别人会做，谁把握好了微商趋势，谁就能赢得微商市场。当别人都去做后你才去做，那市场已经被瓜分完了，你只能吃一点残羹冷炙。

第十课
微商吸粉大法之思维拓展（一）

传统互联网的运营靠的是流量思维，而移动互联网的运营靠的是粉丝思维。以前是没有调查就没有发言权，如今是没有粉丝就没有发言权。在移动互联网时代，粉丝将是现在及未来商业的核心竞争力，而核心粉丝将是决胜的关键。这一堂课，我们就来了解下什么是移动互联网下的粉丝思维。

粉丝的类别

吸粉引流对于大部分微商小白而言也许是一件很头痛也是最迫切的事情。于是很多微商小白通过各种渠道和方法在不停地加粉。也许有些微商并没有想清楚加完粉丝后的下一步该怎么做，或者根本不知道加粉的目的是什么，可能想法很简单，先把粉丝加了再说。当然，加粉本身没有什么问题，在移动互联网时代，得粉丝者得天下，谁拥有了粉丝，谁就有变现的能力。但在加粉之前，我们必须知道自己需要加什么类型的粉丝，这样才能提高加粉的效率。

对于微商而言，小胖将粉丝分为两类：

第一类是精准粉。

所谓精准粉，也就是我们常说的目标人群。对于微商而言，精准粉往往是潜在零售客户或潜在代理商的最佳人选，通过一定的营销技巧，转化率很高。

第二类是糊涂粉。

所谓糊涂粉，是指不精准的粉丝，即非目标人群。糊涂粉往往不太可能发展成为零售客户或代理商，转化的概率很小。

小胖以前说过，加一百个糊涂粉不如加一个精准粉。主要原因在于糊涂粉的转化以及变现能力比较弱。假设你是从事于女性护肤品销售的微商，一个对护肤感兴趣的女性和一群对护肤不感兴趣的男性，你更愿意让谁成为你的微信好友呢？很显然是前者。因为后者虽然人数众多，但转化的能力相对而言比较弱。当然，转化弱并不代表不能转化，也许这一群男性里面，会有个别人愿意买你的护肤品送给自己的伴侣。

有些小伙伴也许会认为，既然糊涂粉也可以弱转化，那还在意粉丝的质量干吗呢？在不考虑外在因素的情况下，只要是粉丝都有可能被转化，仅仅是时间的问题。但是，我们回过头来分析下外在因素，无论你是加粉还是吸粉，微信每天都有人数上限。即使抛开微信人数限制，加粉需要时间，互动需要时间，转化需要时间，想成交一个客户要花很多的时间成本。

有句话说得好，时间就是金钱，效率就是生命。请问，你是要钱还是要命？如果你既要钱又要命，你就必须学会在有限的时间内转化更多的粉丝。所以，微商加对粉丝很重要。至于哪些人群是目标人群？如何寻找目标人群？我们会在续本中讲到。

微商引流思维

小胖认为做微商有三个学习境界：三流的微商学方法，二流的微商学思路，一流的微商学思维。思维决定思路，思路决定方法。俗话说，思路对了头，一步一层楼，思路不对头，步步栽跟头。思路都错了，越努力越惨败。要想方法好，思路对，就必须有正确的思维。

微商应该具备一个什么样的引流思维呢？换句话说，微商能够成功吸粉引流的核心是什么呢？其实，答案在本篇的一开始就讲过，**一切的引流都源于价值的吸引**。

无论是谁，想要被关注，一定是因为他有一个亮点能够吸引别人，有一个特长被别人认可。要不然，别人凭什么要加你？加你是因为你能给他带来价值。没有人会愿意去浪费时间关注一个不能给他带来任何价值的陌生人。

所以，微商想要引流，我们就必须给目标人群一个加我们的理由。这个理由可以是各种各样、五花八门的。理由可以是：我是某个圈子的专家，比如我是微商大咖，可以教你怎么通过微商赚钱。理由也可以是：我有一项别人不知道的绝活，比如我会拍照，我可以教你如何拍出360度无死角的照片。理由还可以是：我能给你利益，比如我能给你红包，我能给你赠品等等，这些都是理由。甚至你可以告诉对方，我能让你哭，让你笑，让你睡不着觉。只要对方觉得有价值，他就会加你，被你吸引。

你知道的别人不知道，你就是他们的专家；你知道的比别人多，你也是他们的专家。当别人想从你身上获得价值的时候，你的引流就成功了。

微商引流方法的类型

微商的吸粉引流方法一般有两种类型：

第一种类型是短频快。

这种类型的吸粉方法特点表现在时间短、操作频率高、见效快。短频快的方法适用于曝光量大的平台，比如我们前面讲过的问答类、贴吧论坛类等。因此我们更多要从标题入手，也就是俗称的标题党。通过一个有吸引力的标题来吸引对方关注。

第二种类型是长稳慢。

这种类型的特点表现在时间长、稳定性好、见效慢。长稳慢的方法适用于自媒体平台，比如我们前面讲过的博客空间、微信公众号等自媒体。因此我们要更多从内容入手，也就是俗称的内容党。通过持续的、有价值的内容来吸引对方关注。

在平时的吸粉引流中，我们要善于把两种方法融合起来使用，做到兼容并包。短频快的方法能够帮我们快速吸粉，长稳慢的方法可以帮我们培养铁杆粉。我们可以用短频快的方法帮长稳慢的自媒体引流。从而让粉丝变铁丝，让铁丝变成钢丝。

微商掉粉的原因

在微商的吸粉引流过程中，无论你多么牛，多么大咖，也不得不面对一个问题，那就是掉粉。

马云说过，成功的原因千千万万，失败的原因就那么几个，去学习别人失败的经验，不仅不会让自己的胆子变小，反而会让自己的胆子更壮。所以，我们要多去学习别人失败的经验。

那我们就来分析下，微商掉粉的原因有哪些呢？这里小胖将掉粉的主要原因归纳为三种：

第一，感觉被骚扰。

在生活中，我每天都会接收到一些微商发来的毫无价值的朋友圈信息和群发消息。微商加粉不是用来发广告的，而是用来互动的。有些微商加了我后从来不互动，好不容易互动一次，居然还是一个群发的广告。作为微商的我，可以容忍，但是很多不做微商的客户，未必可以容忍，容忍不下去就只能删除好友了。

第二，失去价值。

以前之所以被你吸引是因为你有价值，现在之所以删掉你是因为你没有价值了。有些微商在前期通过各种价值的输出，增加了很多粉丝，但是后期由于没有持续地和粉丝沟通互动，以及输出价值，导致了一批又一批粉丝的流失。关于如何和粉丝沟通互动，我们在课堂拓展中再详细讲解。

第三，加粉不精准。

现在微商加粉的方法太多了，我们可以在互联网中搜到很多教你加粉的文章，但有些加粉的方法不是很精准。一个吸粉方法是否精准，你只需要问自己一个问题就可以了：这个方法吸引来的粉丝是不是我想要的目标人群？如果是，那就是精准的，如果不是，那就不精准。

所以，作为微商，有时候我们要善于辨别吸粉方法的好坏。在互联网中，经常可以搜到一天可以吸粉百人千人的引流方法。我可以很肯定地说，这些方法基本都不靠谱，往往加来的都是一堆糊涂粉，转化率非常低。试想，如果转化率好，那些人早就赚发了，哪还有时间来写文章。所以，真相只有一个，这些人发文章的目的就是在引流看文章的人，而愿意相信这些文章的人基本都是微商小白，因为他们满脑子都想加粉，缺乏辨别能力。当然，这也是一种引流的方法，它的吸粉对象就是微商小白。

很多微商还停留在传统的互联网思维，片面地追求粉丝的数量，加上媒体放大微商创业的各种案例，让很多人都觉得微商就应该在短时间内获得大量的粉丝，做不到都不能说自己是一个成功的微商。其实这种观点是错误的，真正有价值的粉丝是铁杆粉。如果你关注过一些微商导师或大咖的公众号，会发现他们公众号文章的阅读量其实只有几千人，和那些动不动阅读量就十万加的公众号相比，这几千人的价值不亚于十万加的粉丝价值，因为这几千人都是铁杆粉。

微商从来不是以量取胜，而是以质取胜。我们在吸粉引流的过程中，应该想一想，我们能为粉丝提供什么价值？能帮他们解决什么问题？只有用价值吸引来的粉丝才是最有价值的粉丝。

为什么说加粉不精准会掉粉呢？很简单，因为这些人不是你的目标人群，他对你的互动沟通、朋友圈内容等等一切都不会感兴趣。所以，你对他发送的一切消息都会被当成是一种骚扰，这又回到了第一种掉粉的原因。

加不精准粉最严重的后果是影响微商创业的激情，特别是对微商小白，好不容易加了这么多粉丝，却没有一个转化成交的。如果个人微信中糊涂粉太多了，我们想在茫茫人海中去寻找到精准粉的概率会很小。失败多次后，还以为是自己没有能力，慢慢会觉得微商很难做，最后会失望而归。其实是微商难做吗？不是，是加粉加错了。

所以，微商个人微信加粉一定要加精准粉，宁可一天加一个精准粉，也不要那一百个糊涂粉。微商营销的成败做到最后，其实是成交概率的问题。

综合三个掉粉的原因，我们应该在今后的微商运营中多加注意，避免发生上面三种现象。

在很多情况下，无论是线上引流还是线下引流，我们都没有办法那么精准地通过一个吸粉方法加到百分之百的目标人群，糊涂粉里面也会有少许的精准粉，精准粉里面也有少许的糊涂粉，这些都在我们可以接受的范围内。正常情况下，一个健康的个人微信粉丝占比权重是，精准粉占比大于等于80%，糊涂粉占比小于等于20%。这种个人微信号一般都有良好的转化成交率。

鱼塘和大海的故事

在微营销的课程体系里面，有这么一堂课，叫微信营销。有种观点认为，如果传统互联网入口是百度，那么移动互联网入口一定是微信。微信作为微商的主要阵地，也是微商的一个聚宝盆。

既然谈到微信营销，那么我们不得不谈一谈微信营销的三大利器，它们分别是公众号、微信群和个人微信。这三大利器也是微商聚粉的法宝，小胖把它们称为鱼塘三宝：公众号是大鱼塘，微信群是小鱼塘，个人微信是鱼缸。大鱼塘我们要广撒网，小鱼塘我们要多敛鱼，最后，放到鱼缸里的鱼都一定是择优而从之的。这就是"广撒网，多敛鱼，择优而从之"这句话在微商引流中的一个具体运用。个人微信的精准粉并不是一步就可以搞定的，很多时候我们要通过层层筛选，最后才能做到择优而从之。

我社群里的一个小伙伴曾经问我：用什么办法能够大海捞针呢？小胖的回答是：我没有大海捞针的办法，但我有大海吸针的办法。只需要一块磁铁就可以轻松搞定，只要磁铁足够大，磁性足够强，再多再小的针也可以吸到。而微信公众号和微信群就是这块能在大海吸针的磁铁。

微商运营公众号的思维

在前面的线上引流课程中，我们讲过可以通过公众号和微信群来做引流。想成功实现引流，我们就必须运营好公众号和微信群。接下来，我们就来讲一讲如何利用公众号和微信群筛选精准粉，换句话说，我们应该如何运营好公众号和微信群。微信群的运营，我们放到续本的社群篇里面再来详细讲解，这一堂课就先来讲一讲微信公众号的运营思维。

在前面的课程中，我们也简单介绍了微信公众号的创建和一些基础的操作步骤。当时讲得不是很详细，具体的运营方法我也没有讲，因为我一直觉得公众号没有必要讲得那么详细。公众号从 2012 年上线到现在，相关的使用教程，互联网多得已经快堆不下了，小胖再讲一遍也不过是重复别人的话。

但我社群的一些小伙伴经常跟我反馈，说他们很缺乏这方面的知识。这让我意识到，有些微商缺的可能不仅仅是知识，更多的是缺乏获取知识的能力。小胖在前面的课程中说过，懂得怎么获取知识比知识本身更重要。所以，大家应该学会如何提高获取知识的能力。互联网的很多知识也许是碎片化的，但我们要学会搜集、整理、归纳这些碎片化的知识。

微商运营公众号的思路

在运营公众号之前，我们要有一个清晰的定位，我们做公众号的目的是为了聚粉和引流。传统的公众号运营思路是"关注—互动—传播—成交"，而我们的运营思路是"关注—互动—传播—引流"。我们不需要直接通过公众号来达成交易，只需要通过公众号来聚粉和引流，最终在个人微信中实现成交。如果直接通过公众号文章成交，对于大部分微商而言，这个难度可能有点大。

我们要做的公众号类型是订阅号，因为订阅号每天都可以推送一条消息，服务号一个月只能推送四条消息。我们想成功实现引流就需要有足够多的传播力。

上面是我们对公众号的一个基础定位，定位好了，才能更好地朝着这个方向努力。

公众号运营三部曲

个人微商想通过运营公众号成功的实现聚粉和引流需要想清楚三个问题,换句话说,我们要分三个步骤去运营。

第一步,要想清楚如何规划公众号传播的内容。

内容规划是整个公众号运营的核心,如果这一步错了,后面再努力也是白费工夫。公众号的内容规划一般要根据个人品牌的定位来决定。在个人品牌定位中,要想清楚我们希望把自己打造成一个什么样的专业形象。换句话说,我们想通过一个什么样的形象去吸引我们的目标人群。想好了该用什么样形象,我们就要在公众号中塑造这个形象。

例如,我社群里面有位朋友,他对自己的个人定位是微商导师,那么在他的公众号中,他会努力地塑造微商导师的专业形象。再比如我有一位朋友,他的个人定位是美妆达人,他就需要在公众号中塑造自己美妆方面的专业形象。

公众号形象的塑造需要通过内容来传达,所以我们就来看看公众号的内容应该如何规划。

这里要推送的公众号消息肯定是图文消息。图文消息一次可以编辑八篇文章。根据经验,建议一次最多推送四篇文章,超过四篇,点击和阅读的兴趣就会大打折扣。这四篇文章我们应该怎么发呢?小胖简单阐述下我的思维,不一定适合所有人,对于有不同异议的人,去其糟粕,取其精华就可以了。

传统的企业公众号内容规划要与企业相关、与品牌相关、与行业相关、与产品相关,总结一句话就是内容定位要专业,任何一篇内容都要和公众号的定位相关联。而我认为微商公众号的内容规划恰恰相反,不一定每篇内容都要与定位相关。我们创建公众号的目的是为了聚粉和引流，因此我们要最大限度的让公众号的信息传播出去，同时又不损害公众号自身的定位。

小胖把公众号内容分为四个类型，换句话说，每条推送的消息应该包含以下四种内容：

第一种：专业性的内容。

所谓专业性的内容就是与目标人群相关的内容，目的在于吸引目标人群。例如，如果想通过公众号来吸引宝妈人群，我们可以推送一些与宝妈相关的专业性文章；如果想通过公众号来招代理商，我们可以推送一些与微商营销相关的专业性文章。不一定每一篇公众号文章都要与目标人群相关，但一定要有一篇与之相关，这是绝对不能少的，少了这一篇就真的不专业了。专业性的文章建议放在图文消息的第一篇，因为第一篇图文消息是有特殊优待的，比如封面图片、标题以及整个布局都和其他图文消息不一样。

第二种：大众化的内容。

所谓大众化的内容就是我们俗称的心灵鸡汤。为什么要发心灵鸡汤呢？因为这样的内容大部分人都可以接受。现实生活中，快节奏的生活和无处不在的压力，让我们需要有一股力量来支撑我们前行，这时候喝点心灵鸡汤也是一个不错选择。

所谓心灵鸡汤，就是"充满知识与感情的话语"，柔软、温暖、充满正能量。心灵鸡汤是一种安慰剂，可以怡情，作阅读快餐；亦可移情，当挫折、抑郁时，疗效直逼"打鸡血"。

心灵鸡汤有很多类型，每次不要发同类型的，要换着类型轮流发。同一类型的鸡汤喝多了，可能会有点审美疲劳。如果你觉得心灵鸡汤发多了没意思，你也可以发点反心灵鸡汤的内容。

关于微商要不要发心灵鸡汤，一直存在争议。我认为鸡汤还是要喝的，关键在于喝多少的问题：如果喝多了可能会撑死，无法行动；如果喝少了，可能没体力去行动。所以，我们要适当地喝，适当地滋补，最重要的是，喝完以后要有充沛的体力去行动，这样的鸡汤喝得才有意义，每天来一碗也无妨。

第三种：粉丝喜欢的内容。

所谓粉丝，是指关注公众号的用户。我们可以在公众号后台的用户分析数据中了解我们公众号粉丝的一些特征，比如性别、语言、省份、终端、机型的分布占比。根据这些特征，我们就可以有针对性的发布一些粉丝喜欢的内容。例如，如果通过数据发现公众号粉丝以女性居多，我们就可以发一些女性喜欢的文章，比如情感类的婚姻爱情，时尚类的美容护肤、服装搭配，家庭类的亲子教育，健康类的瘦身减肥、保健养生等等。

为什么要发粉丝喜欢的内容呢？因为只有粉丝喜欢的内容，他才愿意去转发分享。我们往往会发现这么一个现象，虽然专业性的内容对目标人群有价值，目标人群也愿意去阅读，但是转发率却不高。后来分析发现，粉丝愿意转发公众号文章到他的朋友圈，其目的一定是因为他想把好的内容分享给好友，让大家一起来阅读。而专业性的文章虽然目标人群感兴趣，但是朋友圈其他好友未必感兴趣。如果转发到朋友圈，反而显得枯燥无味。

例如，目标人群对微商文章感兴趣，但如果他的好友都不做微商，即使这篇微商文章写得再好，他也未必会把文章转发到朋友圈。再例如，小胖对编程技术很感兴趣，我也关注了很多与编程技术相关的公众号，但我很少转发这些专业性的文章到朋友圈，因为我的朋友圈几乎没人对编程技术感兴趣。

什么样的内容是好的内容呢？借用罗胖的话，叫有种、有趣、有料的内容。专业性的内容虽然有价值，但不一定具备传播的特性。因为专业性的内容对于目标人群而言是有价值的，但对于非目标人群而言，那就等同于和广告一样的地位。所以，很少有人愿意发广告到朋友圈。而粉丝喜欢的内容就满足了有种、有趣、有料的传播特性。

第四种：个性化的内容。

小胖认为一个人想引起别人的关注，他一定要有个性。这是一个彰显个性的时代，个性化是打造个人品牌核心竞争力的关键。同样的，公众号的文章想要被传播，也需要有个性。什么样的文章内容有个性呢？比如罗辑思维的罗胖，他的公众号每次只发一条60秒语音。再比如papi酱，她的公众号每次只发一个视频。

虽然我们不是大咖名人，但也可以把公众号玩出自己的个性。我们知道图文消息的正文里面除了可以编辑文字，还可以插入图片、视频、音乐、音频、投票。如果是小胖来运营公众号，我会在图文消息里面选择一篇文章专门做个性化的内容。例如，可以学习罗辑思维和papi酱的公众号，每一条图文消息都会有一篇专门做语音或视频的文章。

同样的，我们也可以单独做一篇只有图片或音乐或投票内容的文章。比如视频，我们可以播放一些人们平时容易忽视的生活小常识或揭秘一些骗局的视频，这样的视频在网上可以搜到很多。当然，这仅仅是一个例子，至于内容的构思，大家可以好好想想。在满大街都是文字充斥着眼球的公众号中，如果我们可以做出非文字化的个性内容，一定会博人眼球。

以上就是微商打造聚粉和引流公众号的四种内容，如果想让公众号有足够的传播力，建议每条图文消息推送四篇文章，这样可以将上面四种类型的内容都包含在内，从而最大化的实现传播和引流。

我们要知道，不可能一篇文章能让所有的粉丝都关注，也不可能所有的粉丝都是因为某一篇文章关注我们。而我们的文章里面只要有一篇满足粉丝的需求，就可以吸引粉丝长期的关注。所以，上面的四篇文章类型，是从最大化的角度来满足粉丝的需求。

第一种内容：满足目标人群的需求。

第二种内容：满足大众化的需求。

第三种内容：满足粉丝的需求。

第十课
微商吸粉大法之思维拓展（一）

第四种内容：满足个性化的需求。

从上面的粉丝需求中，我们发现公众号里面会存在两类人群：
第一类是被第一种内容吸引的目标人群。
第二类是被后面三种内容吸引的粉丝人群。

公众号的粉丝不一定是我们的目标人群，但粉丝的朋友或粉丝的朋友的朋友有可能是我们的目标人群。

我们经常说物以类聚，人以群分。当我们在微信中添加好友，加入微信群的时候，往往会不自觉地出现同质化、同圈化的现象。我们添加的总是那些与我们志同道合的朋友，我们加入的总是那些我们感兴趣的社群和圈子。正如我们是微商，我们的微信中会出现很多微商好友和微商社群。如果我们是胖子，我们的微信中就会出现和我们有着同样困扰的胖子好友和减肥社群。这就是为什么我要让大家选择上面四种类型文章的原因。我们可以通过粉丝的转发传播帮我们寻找目标人群。

在微信的好友圈中，我们的身份和兴趣往往不止一种，比如我是一名微商，也是一个胖子。所以，在我的微信好友里面，不仅有微商存在，也有胖子好友存在。当胖子好友分享了一篇减肥文章的时候，我也许会去阅读下，因为这是胖子喜欢的内容。如果这篇减肥文章有价值，我一定会去查看这个公众号的其他文章。这时候，如果我发现这个公众号不仅推送减肥文章，还会定期推送很多有价值的微商文章，我一定会关注。即使我不是微商，我依然会将这篇减肥文章分享到我的朋友圈，或转发给对减肥有需求的好友。通过不断的裂变传播，一定会有人同时满足胖子和微商这两重身份。

在公众号的粉丝筛选中，我们最终引流到个人微信的一定是目标人群。懂得了这个思维，公众号的运营将会得心应手。这里要注意的是，一旦规划好了内容以及文章的数量，就不能轻易改变。想让一件事情做成功，不是靠坚持，而是靠坚持到底。在内容的排序中，第一篇文章一定要是专业性的内容，目的在于引起目标人群的注意。后面三篇可以按照有种、有料、有趣的程度来排序。

第二步，要想清楚内容从何而来。

内容规划好后，我们接下来就要编辑内容了。在讲如何编辑内容之前，不妨按照我的提示做如下的操作：

打开你微信，依次选择通讯录 – 公众号，然后做两件事：
第一，数一数你目前关注的公众号有几个。
第二，想一想在这些公众号里面，平时经常阅读的有几个。

在小胖分享圈，我对社群成员的建议是：至少要关注50个有种、有趣、有料的公众号，在这些公众号里面至少要经常阅读20个有态度的公众号文章。做不到上面两个基础要求，不要奢求能运营好公众号。

俗话说，读书破万卷，下笔如有神。想写好公众号文章，我们就一定要多看多听多想。当你关注的公众号多了，看的文章多了，你才能知道公众号文章应该怎么写才会有种、有趣、有料、有态度，才会有灵感去创作自己的原创文章。

公众号的文章如果是原创的最好，长期发表原创文章可以获得微信团队的原创认证以及留言和赞赏功能的邀请，我们要鼓励原创。如果你文采有限、经验不足，前期你也可以搜一些相关的文章回来自己改编下。一篇文章一定要有自己的观点、自己的个性。文章可以被复制，但个性不能被复制，有个性的文章才能够吸引粉丝的长期关注。即使是别人做好的现饭，我们也要拿回来重新翻炒一遍，加入自己的调味料，做出属于自己的味道。

我们在编辑公众号文章的时候，一定要以第一人称的方式来阐述文章内容，即使你的公众号注册主体是企业。这样做的好处在于能够让读者感觉到文章的背后是一个活生生的有温度的人在和他们交流。具体怎么做呢？很简单，给第一人称赋予一个姓名，让读者知道这篇文章是谁在和他们对话。

例如，我们在一些专业媒体文章中经常看到作者常常以小编自称，这里的小编是一个泛指的岗位称呼，而不是一个具体的人的称呼。我们必须给第一人称一个具体的姓名，这里的姓名可以是真实姓名，也可以是昵称。比如我在这本书中常常以小胖自称，这样当别人在看文章的时候，就知道是小胖在和我们对话，而不是张三李四或者不知道姓名的小编。同样的，当你在写公众号文章的时候，也一定要让读者知道是谁在和他们对话，这样有利于培养读者对你的信任感，也有利于塑造个人品牌。

公众号文章可以通过搜狗微信来查询，在搜狗微信中，你可以搜索查询到所有已发布过的微信公众号文章。同时，也可以借助一些第三方公众号运营工具或平台来协助自己，比如西瓜公众号助手。如果你的文笔有限，也可以去猪八戒等威客网站悬赏写手。

未来的趋势一定是，广告就是内容，内容就是广告。做好了内容就做好了推广，因为好的内容粉丝会主动帮你推广。

第三步，要想清楚如何提高文章的传播率。

我们运营公众号的目的是为了聚粉和引流，想实现这一目的传播率是关键。再好的规划、再好的内容，如果不能被转发传播，那意义何在呢？要解决传播率，首先要解决点击率，只有点击了才有转发传播的希望。因此，一篇传播率好的文章一定是标题党和内容党的两党融合，因为标题决定点击率，内容决定传播率。

这样就够了吗？远远不够，我们还需要做好以下三点：

第一，重视视觉体验。

在我们的公众号文章编辑列表里面，有很多排版的功能，比如分段、字体、字号、对齐等等。既然存在，我们就要把它利用好。一个好的排版就是一场视觉盛宴，会让阅读者回味无穷，看了一遍还想再看一遍。

这里有一个非常重要的点，就是图文消息的第一篇文章的标题一定要限制字数。为什么呢？因为订阅号推送的消息会出现在个人微信的订阅号列表里面，而这个列表里面只会显示公众号名称和推送消息的第一篇文章的标题。标题超过一定字数将用省略号替代。如果粉丝看不到完整的标题，点击率就会大打折扣。

关于标题字数究竟超过多少个字就被省略号替代，这个要具体看手机屏幕的尺寸。大家可以自己去测试一下，然后选择一个标准去操作。在微信中，有很多文字的显示内容都是根据手机屏幕的大小去自适应的，这就要求在平时的文字编辑中，我们要有一个参考标准。这个参考标准不能以我们自己的参考物作为标准，而要以最低或平均的那个参考物作为参考标准。例如，我们用5.5英寸屏幕的手机去测试标题字数显然不合理，测试的结果肯定不适应屏幕在5.0英寸及以下的手机。所以，我们的操作标准一定要适用于大部分人。

第二，重视数据分析。

一个不会看数据的运营者，就像一只不会捉老鼠的猫。猫眼睁睁地看着老鼠离开就像运营者很无奈地看着粉丝流失。猫放走了老鼠还可以吃到鱼，但运营者放走了粉丝不一定能够吃到肉（因为要失业）。

曾经有位运营者告诉我，检验公众号排版的好坏，可以通过自我感受来评判，如果自己都不愿意看，那别人肯定不会看。但小胖认为，这远远不够精准，你自己愿意看的，别人就一定愿意看吗？

互联网时代是一个看数据的时代，有句话叫"不以数据分析为基础的执行都是耍流氓"，我们要学会通过对数据的分析来完善公众号的运营思路。

在公众号后台有一个统计功能，里面有用户、图文、菜单等分析数据，上面我们讲过通过用户分析数据，我们可以掌握我们的用户属性。同样的，我们在图文分析里面，可以清晰地了解每一篇文章被转发和收藏的数量，阅读者是从哪个渠道打开文章以及哪个时间段阅读文章的。

通过这些数据，我们就可以知道哪些文章比较受欢迎，转发率比较高；哪个时间段阅读者最多等等一系列的反馈。有了这些数据反馈，我们就可以进一步完善公众号的运营思路。

例如，我们通过对时间段的分析发现，有四个时间段是阅读的高峰期，它们分别是早上6点~9点，中午12点~14点，傍晚17点~19点，晚上20点~22点。所以，以后我们发公众号文章就从这里面选择一个时间段发。甚至我们可以再去监测，这四个时间段哪个阅读量最高，转发率最好，周末和工作日又有什么数据变化。

第三，重视操作规律。

这里的操作规律指的是推送消息的时间、频率和数量。

在消息的推送时间上，不要今天早上发，明天下午发，后天又晚上发。推送时间要有一个大致的规律，让客户可以准时守候。

在消息的推送频率上，不一定每天都要发送，但是发送的频率要有规律，我们可以一天发一次，也可以两天发一次，不要让顾客摸不透你。

在消息的推送数量上，不要今天一条推送消息发四篇文章，明天发三篇，后天又发两篇。我们要从第一天开始就规划好文章数量，小胖这里建议四篇文章最合适。

在操作规律上，要么不做，要做就坚持做到底，不要三天打鱼两天晒网。当我们的操作规律后，粉丝也会慢慢被我们的规律所影响，就像如果晚上七点不播放新闻联播，我们都会不习惯。

公众号的引流方法

公众号的引流分为两部分：主动引流和被动引流

主动引流

主动引流，即通过一些吸粉引流的方法实现粉丝的增长。

具体的引流方法其实和前面讲的个人微信引流方法是一样的，只是这里把引流的终端变成了公众号。同时，我们还可以把个人微信的精准粉引流到公众号。

微商吸粉的方法中存在一些不精准但流量又很可观的引流方法。对于个人微信，我们不建议导入这些糊涂粉，但对于公众号，却是一个非常好的选择。通过公众号的筛选和传播机制，可以源源不断地让糊涂粉带来精准粉，让铁杆粉变成钢丝粉。

主动引流在公众号运营初期起着非常重要的作用，是第一批粉丝的主要来源。

被动引流

被动引流，即通过粉丝的自发传播实现粉丝的增长。

虽然我们可以通过不同的营销手段来实现公众号的主动引流，但这里的关注行为仅仅是用户为了获取某种需求而采取的行动，当需求满足以后用户随时都可以离开。例如，一些运营者喜欢用关注送红包等诱惑方式引导用户关注公众号，当用户领完红包后是否依然愿意停留和持续地关注，取决于该公众号本身的运营内容。

因此，想要被动引流就必须先留住粉丝，要留住粉丝就需要做好公众号运营三部曲，这样才能化被动为主动。

在公众号的运营过程中，我们可以借助第三方平台提升粉丝对公众号的黏性。

例如，我们可以使用搜狐快站建立移动网站，用微赞建立微信论坛，这些平台我们都可以通过公众号的自定义菜单进行绑定。

个人微信引流精准粉

很多小伙伴会疑惑，怎么把公众号里面的精准粉导入到个人微信呢？其实很简单，只需要在专业性文章里面放一点引流广告就可以了。这里有两点需要注意：

第一，只在专业性文章中做引流广告。

在推送消息的四篇文章中，只有关注专业性文章的粉丝才是我们需要引流的目标人群。而关注其他三篇文章的粉丝不一定是我们的目标人群。如果我们在非专业性文章中植入广告，可能会引起阅读者的反感，甚至会让他们取消关注。

第二，提供价值后再做引流广告。

在公众号中做引流广告一定要是软广，因为硬广伤胃，软广暖心。不要在内容中直接打广告，更不要提及你的产品或其他营销目的，而是要在提供一个有价值的内容后再做一个软广。

我们要让粉丝先爽一爽，爽完之后再去接受你的广告，让一切看起来是那么的自然，那么的合情合理。就像我们在看一些电视音乐节目的时候，即使片尾在不停地滚动广告，我们依然愿意看完，因为节目中歌手的歌声让我们很爽。当我们还在回味那种爽感的时候，一切广告都可以进入我们的法眼。

软广的位置可以放在文章内容的后面，我们可以放上个人微信号或二维码，然后给一个添加的理由。例如，添加个人微信可以获得更多精彩的内容，可以获得一对一的指导等等。这里可以去参考一些做得好的公众号，看看它们文章的最后是怎么做导流描述的。

课堂拓展一

这一堂课的总结，我们来拓展一个小话题。在 16 年底，微信公众号对于微商而言，最火的一个话题就是微信团队整顿公众号文章，净化朋友圈这么一个事件。当时有些微商小伙伴很惊慌。当然，我相信一定还有一部分微商不知道这件事情，天天待在自己的团队群里面，也不出去看看外面的世界。在这次整顿中，微信团队删了很多公众号文章，也封了一些发布这类文章的公众号。但从被删的数据中我们发现这些文章都是一些没有价值的硬广告文章。特别是以黑五类和丰减壮广告为主的文章。（黑五类广告指的是药品、医疗器械、丰胸产品、减肥产品和增高产品，因其内容夸张，表现手法恶俗被广大观众讥讽为广告"黑五类"。丰减壮是指丰胸、减肥、壮阳类广告的统称。）

很多小伙伴会问，为什么公众号里面有这么多硬广呢？我们知道，在微信衍生出来的众多第三方服务中，有一种服务叫微信派单。微信派单服务商和一些营销公众号合作，将广告主的产品通过公众号文章的方式推广出去。这也是吸粉的一种途径，有些微商不想自己运营公众号，就可以直接找派单服务商合作，将自己的产品通过植入文章的方式投放到一些粉丝多的公众号中。

当时社群里面很多小伙伴问我，微信团队为什么会整顿这些公众号文章呢？小胖认为有两个原因：

第一个原因，来自于微信内部的因素，四个字概括，被逼无奈。由于公众号文章中充斥着大量的硬广告，阅读量已经大不如前了。再不整顿，微信可能会步履维艰。

第二个原因，因为当时《互联网广告管理暂行办法》正式实施，微信的整顿在一定程度上配合了《办法》的出台。

第十课 微商吸粉大法之思维拓展（一）

小胖为什么要讲这个话题呢？因为有些微商小伙伴总是杞人忧天，生怕哪天在微信混不下去了。小胖相信，随着《办法》的实施，未来微信乃至整个互联网对广告的整顿力度一定会加大，会不会有一天微商做不下去了呢？

小胖这里提供几个参考意见：

第一，随着《办法》的出台，我相信未来的确会有一部分"微商"做不下去，但是这群"微商"不是我们，而是那群打着"微商"的名义在朋友圈虚假宣传、坑蒙诱骗的假微商。这群假微商就是微商行业的毒瘤，毒瘤不除，真微商难以洗刷冤屈。

第二，如果把《办法》仔细看完，再回顾这次微信整顿公众号事件，会发现微信净化朋友圈反而是在帮微商重新建立生态圈。曾经微商的懵懂无知，暴力刷屏以及假微商的坑蒙诱骗让朋友圈变得枯燥无味、让信任变得薄弱无力，让沟通变得举步维艰。而微信的整顿正好让我们有机会再一次重塑微商的形象。

第三，微信当时整顿的是公众号，也许不久的将来会把清理范围扩大到个人发布的朋友圈内容，实际上现在已经在逐步规划了。微信在不断升级，我们的玩法也应该不断更新，当更新赶不上升级，我们必将被淘汰。所以，我们应该想一想，怎么样才能合理愉快地玩转朋友圈。

与此同时，我们也应该适度地走出去，不要总停留在微信朋友圈。我们可以往线下走一走，或者去其他的社交圈逛一逛。微信只是微商的一个社交工具，不是微商的全部。如果我们把微信当作微商的全部，那么我们必将受制于人。

综上所述，对于微信的整顿，小胖认为对于做正规产品的微商，没有必要过于紧张和担忧。如果你认同的你的产品，就坚定地走下去。对于那些被整顿的公众号运营者，不如借这次机会好好沉淀一下，想一想如何写出一些有价值的文章回馈粉丝。微信每一次的整顿都是微商前进的动力，我们应该多想一想、多反思一下，微商未来的路应该怎么走。因为生于忧患，死于安乐。

课堂拓展二

在前面的课程中，我们讲过微商掉粉有三个原因，其中第二个原因是失去价值。之所以会失去价值是因为没有和粉丝持续的沟通互动和输出价值。这里我们就简单讲一讲，如何才能够和粉丝保持持续的沟通互动和输出价值。

沟通互动和输出价值的形式分为一对一和一对多两种。一对一就是直接和对方一个人互动，一对多就是通过批量的方式来和对方互动。

在微信中，沟通互动和输出价值的方式有群发信息、微信群和朋友圈。

在微商的运营中，有一点不可否认，粉丝如果多了，真的没有办法一对一沟通。以小胖为例，在我社群里面，每天都有很多人来问我问题。如果遇到问题比较多的时候，我就是一天不吃不喝不睡觉，也没办法一对一回复完。遇到这样的情况，我一般选择一对多的方式来回复。对于同一个重复或类似的问题，我直接去社群里面批量式回复，这样也可以带动社群成员一起来互动某个话题。

同样的，如果粉丝比较多，我们可以通过一对多的方式来和粉丝互动沟通。例如，我们可以建立微信群，在群里面和粉丝互动，输出一个价值可以互动一群人。没有人规定和粉丝互动就必须要一对一的聊天，只要你出现在对方的视野中，让对方接收到你输出的价值就可以了。

微商想做好，一定要学会批量式互动和筛选互动对象。不是所有人都要去一对一的互动，即使你的个人微信中都是精准粉，但是精准粉也分等级的。我们要学会通过批量式互动筛选出值得你去一对一互动的人。

第十课
微商吸粉大法之思维拓展（一）

一些微商讲师或大咖，在培训微商的时候，要求微商需保持和每一位粉丝沟通互动的频率。我想说的是，如果你这么做了，一定会累到趴下。我们顶多能做到，在粉丝刚出现在好友列表的时候，真诚地问候几句或和对方做一个自我介绍。

微商在学习的过程中，无论是导师还是大咖的言论，我们都不要尽信，要学会分辨出哪些是鸡血口号，哪些能落地执行。包括小胖讲的一些理论方法，无论你是我的铁杆粉还是钢丝粉，也不要尽信我说的一切。如果你觉得我说得有道理，能落地执行，你就吸收实践转化分享；如果你觉得我讲得没道理，纯属胡扯，那你就直接抛弃。学习的过程就是筛选的过程，把好的留为己用，把坏的弃之不用，最终才能炼成披沙拣金之术。

所以，我们想做好微商，就必须提高成交概率，想提高成交概率，就必须学会在批量式互动中筛选值得你去一对一互动的对象。而想学会批量式互动，就要利用好群发助手、微信群和朋友圈这三大利器。

第十一课
微商吸粉大法之思维拓展（二）

上家和下家的博弈

在微商的招商过程中，我们会看到有些品牌商或代理商承诺只要加入我们就送多少粉丝或下级代理。这种送的粉丝或下级代理一般来源于卫视导流、公众号等自媒体导流以及上家一些其他的吸粉引流方法。这种招商术本身没有对错，但一些微商上家盲目地使用，一些下家也盲目地追求。

对于微商下家，我们要思考的是，送的粉丝有没有黏性，能不能被转化成交？送的代理是否对自己心悦诚服，能不能融入自己的团队？

对于微商上家，我们要思考的是，送的粉丝能不能帮助下家解决转化成交的问题？送的代理能不能帮助下家解决团队建设的问题？

中国有句古话叫"授人以鱼不如授人以渔"，道理其实很简单，鱼是目的，钓鱼是手段，一条鱼能解一时之饥，却不能解长久之饥，如果想永远有鱼吃，那就要学会钓鱼的方法。而现在有些微商上家只是单纯通过送粉丝和代理的形式作

微商吸粉大法之思维拓展（二）

为招商诱饵，却没有教会下家吸粉引流的方法。与此同时，有些下家愿者上钩，他们认为这是一条快速获取粉丝的捷径，却没有真正领悟粉丝的价值所在。送的粉丝如果不能转化成交，那再多的粉丝又有什么意义呢？

小胖一直认为，缺粉丝从来都不是微商的痛点，只要方法运营得当，我们可以引流到非常多的粉丝。微商真正的痛点在于缺铁杆粉。在微商的世界中，谁的铁杆粉多，谁就是最大的赢家。铁杆粉需要满足四大要素，即关注你、信任你、支持你、传播你。这样的粉丝既挖不走也抢不走，只会跟你走。而想获得铁杆粉靠钱买不到，靠送得不到，我们只能靠价值才能吸引到。

所以，对于微商下家而言，不要把送粉丝或代理的行为作为选择上家的依据，而是要由心出发，从上家的产品和人品两方面来综合考虑。微商要的是成交不是粉丝，粉丝不代表成交，成交了这次也不代表下次还会成交。不是因你而来，终究会离你而去。对于微商上家，不要过分攀比送的数量，人是有贪性的，你送得越多，他们胃口越大，当你无法喂饱的那一天，就是你自食其果的时候。不是为你而来，终究会离你远去。还是那句话，授人以鱼不如授人以渔。在很多时候，对于微商而言，选择大于努力。

大战僵尸粉

在微商的运营过程中，由于种种原因，好友列表里面有些粉丝可能会删掉你。之前我们也分析过掉粉的三大原因：有些可能是使用了不合理的吸粉方法产生了糊涂粉，有些可能是因为你没有给他带来持续的价值而离开，有些可能是因为你不合理的行为导致对方感觉被骚扰，忍无可忍之下和你绝交。

不论是哪种原因，删掉就删掉吧，只要我们不断地完善自己，以后还会有粉丝为我们而来。怕就怕有一天粉丝有了，却没有粉丝的位置，因为这些位置可能被僵尸粉占领了。为了避免这一天的到来，我们要学会和僵尸粉作战，大战僵尸粉。

大战僵尸粉的误区

在微信中，即使对方删掉了你，对方依旧存在于你的好友列表中。对于一般人无所谓，也许这辈子所有好友加起来都装不满一个微信。但是作为微商，装满一个微信只是时间的问题。那些删掉你的粉丝，你微信的任何动态对方都接收不到，可这些人却占着一个空位，浪费我们的时间和精力。

于是，网上流传了很多微信检测僵尸粉的方法，最流行的一个是群发，结果我们经常收到一堆群发消息，美其名曰是为了检测你还是不是她的好友。相信大部分的微商都收到过这样的群发消息。消息内容大致是："不要让拉黑你的人占用你的空间，不用回，你也试试吧，复制我的消息，找到微信里的设置，通用，群发助手，全选，复制粘贴消息发送就行，谁的名字变色了，就是把你拉黑了，删掉就行。"群发也就算了，问题是不仅群发，还在群发的内容中告诉群发对象群发的原因。结果一传十，十传百，大家都在群发检测各自的好友是否还活着。结果不仅没有检测出来，有些原本在你好友列表活得好好的粉丝，你这么一群发就真的变僵尸粉了。

后来有些人发现了这个方法的无效性，在各大论坛以及微信公众号等自媒体平台的文章中都有阐明群发这个办法不可行。现在群发这类消息的人少了很多，但还是偶尔会收到几条这样的消息。

移动互联网时代，人人是信息的生产者，人人也是信息的接收者。移动互联网所带来的信息高速传播和迅速扩散的特性，一方面给我们带来了诸多的实惠和便利，另一方面也给我们带来了一些忧患。从这次群发事件中，让我们看到一个检测僵尸粉的无效方法，传播所覆盖的范围是如此之广，影响时长是如此之久。兴起于2014年，直到现在依然还有少部分人在群发。想验证群发检测僵尸粉的方法是否有效其实很简单，但是很多人在没有验证有效性的前提下，就直接按照消息的提示复制粘贴群发了。

当小胖第一次收到这个消息的时候，我的直觉告诉我，这个消息不太可靠。

因为微信团队不会自己挖坑自己跳。如果这个方法有效，那微信所有的用户将有可能变成群发的牺牲品。从用户体验的角度来看，微信团队是绝对不会开发这样的功能。我记得这个群发方法传播的比较火的时候，我一天能收到几百条这样的消息。面对这些错误的信息，我们不能无视，任其传播，而是应该及时纠正告知他们。

小胖的做法是把他们拉到一个微信群里面，每天累积一定人数后，通过群公告的方式来告知他们群发的方法不可行，并告诉他们正确的检测方法。与此同时，我还建议他们把这条纠正公告转发给自己的好友、微信群以及朋友圈。当然，我们不一定非要通过微信群告知。人数不多的情况下，可以一对一地告知。如果人数比较多，也可以通过先备注昵称或添加标签，事后再通过群发的方式来批量式告知。

小胖之所以用微信群的方式告知是因为想一举两得，一来可以及时阻止无效方法的继续传播，二来可以通过社群公众见证的方式来提升我的信任度。通过这种做法，我的个人形象在这群人里面瞬间提升一个档次。所以，有时候，做一件好事也需要有一个好的方法。如果你一个一个地发消息告知，在人数多的情况下，估计你发到一半就不想发了，那剩下的一批人可能就错过了纠正的机会。

大战僵尸粉的思索

小胖认为每一个微商都应该利用自己所掌握的移动互联网知识，去传播一些正能量，阻挡一些负能量。就像上面说的群发检测僵尸粉，虽然只是一个无关痛痒的谣言，但它折射了一些人在信息制造和传播过程中的随性和盲从，一方面源于法律意识的淡薄，另一方面源于理智和存在感的缺失。

移动互联网让人们更便捷地获取信息，随时随地可以彼此联系，但它的负面外溢效应之一，就是提供了大量不负责任的信息，同时干掉了经过进化变得可信的传统媒体机构。

作为信息接收者的我们要知道，每一次的阅读和转发，都代表着我们在鼓励什么样的内容生产。因为信息的生产者会把我们每一次的阅读、点击和转发都视为激励。

谣言的不断传播，破坏了人与人之间的信任，我们每个人都是最终的受害者。面对谣言，我们要做到不起哄、不跟风、不传播，这样谣言便会不攻自破。

以上是我对群发事件延伸出来的个人感想，也许有小伙伴会觉得小题大做，我只想说："勿以恶小而为之，勿以善小而不为。"

在此，给大家推荐一个微信官方的公众号：微信安全中心（微信号：weixinsrc），它每个月都会评选出"朋友圈十大谣言"，然后逐一击破，感兴趣的朋友可以关注下，建议积极分享出去。

检测僵尸粉的正确方法

正确检测僵尸粉有四种方法：

（1）发送消息验证。

如果对方已经将你删除好友列表，当你给对方发送消息的时候，系统会提示："某某已开启了朋友验证，你还不是她朋友。请先发送朋友验证请求，对方验证通过后，才能聊天。"

当然，这是个最笨的方法，你需要一个一个去发送消息，有可能会骚扰到好友。

（2）朋友圈验证。

在通讯录界面，点击任意好友，在打开的详细资料界面点击个人相册。如果发现此人朋友圈信息是空白的，我们按照第一种方法，发送消息验证来判断是否是僵尸粉。

有小伙伴会问，为什么要发消息验证呢？因为朋友圈信息是空白的，除了对方是僵尸粉，还有其他可能，比如对方设置了朋友圈访问权限，或者对方从来没有发过朋友圈。

（3）微信群验证。

在微信界面点击右上角的加号，选择发起群聊。在选择联系人界面，选择你需要检测的好友，然后点击右上角的确定即可。如果在群聊系统消息中出现"请先发送朋友验证申请给某某，对方将你加为微信好友后，你才能邀请其加入群聊"，则说明某某就是僵尸粉。一般在群聊系统消息中，僵尸粉的昵称会显示蓝色字样，一眼就可以看出来。

通过小胖的测试，发起群聊一次性最多可以邀请39位好友，超过39位系统就会提示"人数已达上限，无法邀请成员加入"。由于微信版本和手机类型的不同，小胖的数据不一定精准，大家可以自己测试下。

在微信群建立好后，我们还可以继续邀请好友进群，直到系统提示"当前群聊人数较多，为减少打扰，对方同意邀请后才会进入群聊，现在邀请？"这个对话框出现的时候，我们就停止邀请，因为这样可能会骚扰到对方。而前面那些不需要经过对方同意就可以将对方邀请进群的好友，只要创建者不在群里面发言，这个群就不会被激活，我们悄悄邀请进来的好友也不会知道有这个群的存在，这样可以在没有骚扰到对方的前提下检测出僵尸粉。等到检测结束后，我们就将这个群聊解散即可。

（4）第三方工具验证。

以上三种验证方法，都是人工操作，如果好友人数较多，操作步骤会比较烦琐。因此，有一些人会选择通过第三方工具来验证。这种检测微信僵尸粉的工具在网上可以找到，小胖的社群里面也有一些朋友在销售。由于第三方工具不是微信团队开发的，存在被封号的风险，建议大家慎用。

关于检测僵尸粉的工具，有这么一个小插曲。不知道大家是否收到过这样的消息，内容是"清粉，如有打扰，还望见谅"。经过我的探查，发这种消息的微信好友和上面我们说的群发检测僵尸粉的好友不是一个类型的，但他们有着同样的目的，就是检测僵尸粉。因为第三方检测工具要求在发送消息给好友后才能识别僵尸粉。这实际上和第一种验证方法是一个原理，只不过这里用自动工具代替了人工操作。

小胖说这件事情只是想引出下面一个疑问，为什么这些人偏要发"清粉，如有打扰，还望见谅"这样的内容呢？这里随便发一条其他消息，哪怕是一个笑脸，一声问候，又或是一句心灵鸡汤都比这条内容好。这哪是在清理僵尸粉，这分明是在制造更多的僵尸粉。

小胖通过咨询社群里面销售这类软件的微商，发现内容消息的编辑分为两种：

第一种是检测工具自带的消息内容，买家无法修改。

第二种是买家可以自定义消息内容。

第一种小胖还可以理解，但是这类不以用户体验为出发点的工具，不用也罢。第二种，小胖就无法理解了，谁能理解麻烦微信关注小胖分享圈，然后回复公众号对话框，告诉我你的理解。

最后，要提醒各位微商小伙伴，现在朋友圈流行免费帮忙检测僵尸粉的活动，据一些微商小编测试，存在一定的风险，建议不要轻易参加此类活动。具体什么风险，请在百度和搜狗微信中搜关键词"帮忙检测僵尸粉"或"清理僵尸粉是个什么鬼"就知道了。

微信在 6.5.13 更新版本中也增加了"不常联系的朋友"功能，该功能可以根据不同的选择条件筛选出不常联系的朋友，这样就可以很轻松的检测出隐藏在好友列表中的潜水者和僵尸粉了。

如何玩转微信规则

每间隔一段时间，社群里的小伙伴就会来抱怨，微信号又被封了，问小胖有没有对策。虽然小胖懂得那么一丁点微营销知识，但很抱歉，我没有很牛的对策。

第十一课
微商吸粉大法之思维拓展（二）

小胖认为，在我们没有强大到可以改变规则的时候，不如先学会如何去适应规则。

接下来，我们就来聊一聊如何更好地适应微信的规则。

很多微商小伙伴都会抱怨微信号被封。如果想不再被封号，那我们就要了解微信号为什么会被封。知己知彼，才能游刃有余。

微信号被封的原因

根据微信的规则，微信号被封必须同时满足两个条件：
第一，系统检测到异常操作。
第二，一定数量的用户投诉举报。

当你的微信号被系统判定为异常账号的时候，你和好友发送消息或在微信群发送消息的时候，聊天界面会弹出一个系统提示，内容是："与对方发生资金往来可能存在风险，请注意核实身份，涉及汇款、转账等务必电话确认，谨防诈骗。"在系统提示的后面有一个投诉按钮。

而这个聊天界面账号异常的系统提示，作为账号的使用者是看不见的。所以，当我们在不知情的前提下，作为微商的我们，如果还在继续通过群发助手或在微信群里面发送一些带有骚扰性的广告消息，那被封号的第二个条件用户投诉举报将很快被满足。

自我检测方法

为了避免账号被判定为异常，自己却没有及时察觉的情况发生。每一位微商都可以进行以下两步操作：

第一步，将自己其他的微信号添加为好友。如果没有其他的微信号，也可以添加若干位你身边或团队中亲密的小伙伴。

第二步，用自己的微信号组建一个微信群，群成员就是第一步的成员。

第一步的微信好友和第二步的微信群将是你及时发现账号异常的好帮手。

这里要注意的是，当你发现自己的账号被判定为异常的时候，除了和亲密小伙伴发送消息外，不要和任何人发送消息，尤其是不能在微信群里面发送消息。即使你发送的是正常消息，群里面有些人也许手比较痒，在好奇和恶搞的心情下，可能会毫无理智地点了投诉按钮。这时候，你只能欲哭无泪、无处申冤。面对账号异常，正确的做法应该是安心养号，等待微信账号异常提醒消失后再重新运作。

微信号异常原因

微信号被系统判定为异常账号通常有三种原因：

第一种原因是防欺诈。

在微信官方给出的防欺诈提醒中，列举了三个异常行为：

（1）对方没有经常联系的好友；

（2）对方是一个月内新注册账户；

（3）对方注册的手机号归属地与你不在同一个省份。

第二个原因是异常操作。

异常操作小胖总结了以下几种行为：

（1）同一部手机批量注册微信账号；

（2）同一个手机 IP 地址批量注册的微信账号；

（3）微信消息中频繁使用敏感词汇；

（4）微信钱包中频繁的资金往来行为；

（5）注册的新号立即大量添加好友和微信群；

（6）同一微信客户端频繁切换登录不同微信账号；

（7）使用第三方客户端登录微信账号和安装第三方插件。

第三个原因是过度营销。

过度营销小胖总结了以下几种行为：

（1）因频繁对微信好友或微信群发送广告等骚扰信息被投诉；

（2）因发布仿冒品信息、存在欺诈骗钱行为、存在侵权行为被投诉；

（3）因频繁对微信好友或微信群发送诱导性分享和恶意营销信息被投诉；

（4）同一时间段操作微信功能（包括主动或被动添加好友、微信群等）超过安全数量范围。

以上就是导致微信账号异常的三种主要原因。在平时的微信操作中，我们要避免出现上面的异常行为。如果平时不加以注意，很容易被封号。

微信好友上限的痛点

如果你是上班族，你想不想要一个只有你的朋友而没有你上司的微信？这样即使朋友圈每日牢骚满怀，也不担心被上司记恨。

如果你是微商，你想不想要一个只有你的客户而没有你朋友的微信？这样即使朋友圈每日刷屏发广告，也不会担心被自己平日里关系最好的朋友屏蔽。

如果你是手机党，你想不想要一个只有陌生朋友而没有熟人的微信？这样即使每日聊天聊得火热也不会与自己原本的世界重叠，做到网络与生活的完美分割。

然而，微信原则上要求一部手机只能够安装一个微信，可是这种规则已经无法满足我们在生活或工作中的需求。

对于微商，无论是将生活号与营销号分开，还是通过不同的微信号筛选不同类型的粉丝，我们至少要准备两个微信号。但现在要想合理地解决，我们只能选择多买一部手机。

在登录功能上，微信也没有QQ人性化。电脑端，QQ可以同时登录N个账号；而微信只能登录一个账号。手机端，QQ可以在保存密码的情况下，轻松切换登录不同的账号，还可以自动接收关联账号的消息；而微信账号的每次切换都很烦琐，并且有异常操作的风险性，也无法关联其他账号消息。

当然，从微信的用户体验角度来看，微信团队有着自己的考量。但从微信营销的角度来看，我们希望微信在未来的更新版本中，能够提供一些针对微信营销人群的增值服务。毕竟微信已经不单单是一款即时通信工具，它同时还是移动互联网的营销入口。希望在未来的微信中，微信好友和微信群人数的上限数量，可以通过增值服务的形式，来满足不同人群的需求。因为微信已经不是简单的沟通服务的工具，而是承载着大众创业的梦想和希望。

在微信还没有满足营销需求之前，微商在解决好友上线问题时，普遍选择了第三方工具微信双开或多开的方式。与此同时，很多手机厂商也开发了类似的双开或多开功能。

在数量上，有双开和多开之分。在类型上，有第三方App和手机自带之分。在版本上，有安卓和苹果之分。

从目前小胖分享圈社群成员反馈的情况来看，双开的比多开的安全，手机自带的比第三方App的安全，安卓的比苹果的安全。

从上面的分析中，我们得出最安全的方案应该是使用安卓手机自带的双开。目前有些国产手机就有这样的双开功能，甚至以后这种功能将会成为手机的标配。比如小胖目前使用的小米手机就有应用双开和系统分身的功能，一个手机可以安装三个微信客户端。

我们知道微信账号如果被检测到使用第三方工具登录，将有可能被永久封号。从安全性上考虑，小胖建议如果有可能，请你买一部这样的有双开或多开功能的手机。

有些人既想做好微商，又不愿意花钱投资一些硬件工具。如果你想把微商当作一份事业来经营，一定要完善自己的硬件或软件方面的工具。工欲善其事，必先利其器。

现在很多国产手机的性价比很高，比如小米旗下的红米系列手机，价格低一点的只需要几百元。如果我们仅仅是用来做微信运营，手机的配置完全够用。对于那些几百元都不愿意投入的微商，难道你微信好友的价值都比不过这几百元的手机吗？

除了小米手机支持应用双开外，还有乐视、VIVO、酷派、金立等国产手机支持类似的功能。前段时间，360手机推出了Infinity无限分身功能，感觉这款手机是专为微商而生的。作为手机控的我，也买了一部360手机，现在正在测试Infinity无限分身功能，后期测试结果会在小胖分享圈内部公布。

微信养号三部曲

前面说过，想做微商至少要准备两个微信号。但随着微商行业越来越热门，加入微商的人越来越多，作为一名职业微商，两个微信号未必能够满足日益增长的粉丝需求，这时候我们需要学会养号。以小胖为例，我有两个类型的微信号，分别是生活号和微商号。微商号又分为公开号和社群号，其中公开号是我对外公开的微信号，社群号仅局限于对社群成员公开。不同用途的微信号，方便了我对微信好友的管理和沟通。

据粗略统计，平均每五个月我就会有一个微信号满员。在我每使用一个微信号的时候，我都会准备好下一个微信号，也就是俗称的养号。有小伙伴会问，为什么要养号，我不可以在微信号满员后再注册一个新的微信号吗？如果你是一个正常的生活号，那绝对没有问题。但是，作为微商的我们，不可能像生活号那样去操作微信。而微信对新号的监控和管理十分严格，新号操作稍有异常，很容易被判定为异常账号。就像一个新生的婴儿，如果一出生就乱蹦乱跳，一定会引起关注。如何让微商的微信号看起来更像正常的微信号呢？接下来，我们就来聊一聊微商应该如何养新号。

微信对新号的认定是一个月内注册的微信账号。对于新号我们要分三个步骤来安全度过第一个月。

第一步：新生期

新注册的账号，在操作上，我们一定把自己当成一个微信小白，而不是一个微商老手。新生期的操作周期为 14 天左右。

1. 注册微信号

新微信号一定要在正版的微信客户端注册，切忌使用第三方 App 客户端注册，养号期间也不要使用第三方 App 客户端登录，因为存在被封号的风险。

微信要求使用手机号注册，我们可以通过阿里小号等多号工具来解决。目前注册微信暂不支持 QQ 号码直接注册，成功使用手机注册微信后可绑定 QQ 使用。

2. 完善个人信息

个人信息包括头像、名字、微信号、我的地址、性别、地区和个性签名。如果同一时间段养多个新号，每个微信号的个人信息要有唯一性，不要批量式的复制粘贴同一信息。

3. 完善账号与安全

除注册时使用的手机号会默认作为微信绑定的方式外，还有另种两种绑定方式，分别是 QQ 号和邮箱，以上两者建议至少选择一个方式绑定。换句话说，微信号至少要有两种绑定方式。由于 QQ 业务调整，2016 年 6 月 17 日及以后注册的 QQ 号，暂不支持绑定微信。至于什么时候恢复，我们只能静候佳音。在此期间，如果需要绑定QQ号的朋友可以去淘宝购买一些老号。

声音锁和微信密码都要进行相应的设置；账号保护建议暂时不要开启。

4. 添加若干好友和微信群

每日添加1~5个好友，这里包括主动添加和被动添加。添加人数可以逐日递增，每日最多不得超过5个好友。要每天适度保持和好友互动，比如对话聊天、朋友圈点赞和评论等。

微信群在新生期可以添加1~3个，每日最多添加1个微信群。因为群里面的信息更新快，能保持新号的活跃度。在微信群里面要保持适当的聊天频次，不要一言不发，更不要过度发言。对微信群进行一些必要的操作，比如对消息免打扰、置顶聊天、保存通讯录、群昵称等进行设置。

聊天内容不要涉及微信敏感内容，包括但不限于有关于淘宝、谣言、付款、色情、政治等方面的内容。

5. 关注和阅读腾讯新闻

新注册的微信号都会默认关注微信的通用功能腾讯新闻，并且每天都会自动接收来自腾讯新闻推送的消息。这里我们不要取消关注这个功能，在新生期，我们要每天坚持点击阅读里面的消息内容。这种操作对提升微信的活跃度有着很大的帮助。

第二步：成长期

新生期顺利度过后，成长期主要以增加微信号的活跃度为主。成长期的操作周期为10天左右。

1. 保持新生期的操作要求

每日添加好友数可增至3~6个，可适度增加和好友的互动频率，要培养出一些经常保持聊天的好友。微信群在成长期可以添加3~5个，每日最多保持添加1个微信群。适度增加在微信群的互动和操作频次。继续关注和阅读腾讯新闻。

2. 开通微信钱包

绑定银行卡，开通微信钱包。

当开通了微信钱包后，我们需要完成下面一些操作：

在微信钱包的零钱中进行充值；
在微信群发红包；给微信好友转账；
在微信钱包的理财通中购买理财产品；
在微信钱包的腾讯公益中进行公益捐款；
在微信的京东购物中购买产品。

以上操作目的在于增加新号和微信增值服务的黏性，请至少选择三项来完成，其中公益捐款为必选项。单项每日最多操作一次，每次操作金额不超过99元。总的操作频率和金额不要千篇一律的一次和一元。

3. 关注微信公众号

在成长期，可关注1~5个公众号。每日最多关注两个公众号。并坚持每天点击阅读最少两个公众号的推送消息。

每天分享1~2篇公众号文章给好友或朋友圈，同时做好文章收藏。对原创文章可进行点赞、评论或打赏。

4. 操作摇一摇和漂流瓶

成长期可以开始操作摇一摇和漂流瓶。

摇一摇分为人、歌曲和电视。针对摇一摇人，每日可以间隔时间操作摇一摇3~6次，其中最多可向两位好友打招呼，剩下的好友只查看朋友圈不打招呼。打招呼添加好友数将累积到每日添加好友数量中。针对摇一摇歌曲和电视，每日可以间隔时间操作3~6次，并且可以配合正在听的歌曲或正在看的电视节目来互动摇一摇。

5. 玩转朋友圈

成长期可以对朋友圈的相册封面进行编辑。按照逐日递增的方式每天可发送1~3篇朋友圈消息，发送间隔时间建议上午、下午和晚上。发送的消息不要涉及与营销有关联的内容，建议生活类和心灵鸡汤为宜。

第三步：成熟期

到了成熟期，账号基本就稳定下来了，我们要做的就是稳扎稳打地合理操作。成熟期的操作周期为10天左右。

1. 保持成长期的操作要求

每日添加好友数可增至3~9个，继续增加和好友的互动频率，可尝试语音聊天功能。此时，可对好友进行备注和标签分组。微信群在成长期可以添加3~9个，每日最多添加两个微信群。提高更新朋友圈频率，增加点赞与评论次数。其他操作要求和成长期保持一致即可。

2. 进行微信游戏体验

在微信游戏中下载1~3个游戏，并通过微信号登录游戏进行体验。

小胖友情提醒：作为微商，不要沉迷于游戏，事业更重要。

3. 绑定有道云笔记

微信关注公众号有道云笔记，在自定义菜单的更多功能中进行账号绑定。并在好友或微信群聊天对话框中体验有道云笔记的保存消息功能。

4. 操作附近的人

附近的人功能现在被微信监管得很严格，因为这是营销炮轰下的重灾区。但是作为一个正常的微信号，不去玩一玩有点说不过去。

附近的人每日可以间隔时间操作 3~6 次，其中最多可向两位好友打招呼，剩下的好友只查看朋友圈不打招呼。打招呼添加好友数将累积到每日添加好友数量中。打招呼的时候，请男女通吃，不要有性别偏见。

5. 启用微信运动功能

微信运动是腾讯开发的一个类似计步数据库的功能应用。在微信的"我—设置—通用—功能"中就有这项功能，我们将其启用后在数据来源中添加任一数据来源即可。

按照上面的要求来做，新号基本上可以安全地度过第一个月，但这不意味着一个月后你就可以无限制地操作。在第一个月的操作中，我们要循序渐进，由少到多，要学会间隔时间来完成不同的操作。同样的，一个月后，在操作微信的时候，也要循序渐进地增加操作频次。在时间充足的前提下，强烈建议养号周期可以适当延长。这就要求我们在使用微信的时候要习惯同时养一个微信号。

微信安全操作范围

以下数据由社群成员通过测试提供，测试数据仅供参考。

通信录导入：12 小时内最多只能加 30 位好友。

查找添加：一天最多只能查找 30 人。

扫一扫：一次最多只能添加 15 个。

摇一摇：一次只能摇 10 个。

面对面建群：现场能建 100 人群。

被动添加：理论上每天可以被加 500 人，测试最多只能加 260 人。

主动添加：一天最多加 30 人。

好友上限：理论上限 5000 人，亲测超过 4980 人后就很容易被限制对话，删减人数到 4980 及以下后即可恢复对话，建议微信添加人数保持在 4900 人以下。

微信常见问题解答

以下常见问题解答仅供参考，由于时效性，答案可能会有所变动，详情请咨询腾讯客服。

一、微信绑定和解除绑定操作方法

登录微信后选择我—设置—账号与安全—QQ 号码、手机号码、邮箱，根据需要操作绑定解绑即可；

微信必须保留有至少一种绑定方式才能解绑，不支持解绑所有绑定方式；

微信目前不支持同时绑定 QQ 号码与同一 QQ 邮箱；

新设备需连续登录三天后才能操作绑定或解绑；

由于 QQ 业务调整，2016-06-17 日及以后注册的 QQ 号，暂不支持绑定微信。

二、微信群人数限制说明

微信群最多为 500 人。为了避免恶意账号给群带来骚扰，更好地保护信息安全，100 人以上的微信群主要针对已通过实名验证的微信用户：

超过 40 人，你的邀请需要对方同意；

超过 100 人，对方需要通过实名验证才能接受邀请，可通过绑定银行卡进行验证。

三、微信号被封后如何安全解封？

微信封号分为短期封号和长期封号；

微信号被短期封号，用户可以在登录微信时，根据登录弹窗提示操作自助解封；

如封号原因为使用非官方微信客户端或账号通过非法客户端注册，请不要直接解封，正确做法应该是卸载第三方微信客户端，使用正版微信客户端登录解封；

解封成功后，千万不要添加好友或修改资料等，正常使用三天后再操作，否则极有可能刚解封再次被封；

通过软件解封，追封概率高，且易永久封号，解封保持一机一微信号一IP；

每个手机号每月仅可解封一次，已解封过一次可让朋友帮忙收发短信解封；

最好一次准备两个手机号，因为解封后，普遍会追封一次，要再次解封；

注：微信账号被永久封号，无法自助解封，珍惜微信，远离外挂。

四、电脑端如何同时登录多个正版微信？

注意：你即将看到的是一个赤裸裸的广告，如不想被骚扰请直接跳过！

我们知道电脑端微信只能登录一个微信账号，使用电脑多开又存在被封号的风险，使用微信网页版又感觉不方便。

如何在电脑上通过正版微信客户端登录多个微信账号呢？请关注微信公众号小胖分享圈，我将为你揭晓答案。

微信常见诈骗手段

微信在给我们带来通讯便利的同时，也给不法分子提供了可乘之机，越来越多的不法分子通过微信进行诈骗。微信交友要保持警惕，不要轻易见面，如果对方涉及钱财，更要三思而后行。如发现问题，及时向警方求助。

在此，提供几个腾讯官方公布的十大常见微信诈骗案例：

第十一课
微商吸粉大法之思维拓展（二）

① 伪装诈骗

骗子一般都在朋友圈中发布旅游风景、奢侈品、豪车等照片，通过附近的人或摇一摇的渠道伪装成成高富帅或白富美，与你搭讪，首先骗取你感情的信任，进而以借钱、商业资金紧张、手术等为由骗取钱财。

防骗提醒：别被"肥皂剧"洗脑，脚踏实地地等待那个属于你的伴侣。

② 代购诈骗

骗子声一般会以"低价代购"、"海外代购"为诱饵，待付款后，骗子以"商品被海关扣下，要加缴关税"等类似理由，让你加付"关税"，等你付钱后，骗子消失了，钱、货也没了。

防骗提醒：你爸不是"李刚"，别人凭什么卖你低于市场价的商品。

③ 二维码诈骗

骗子以低于市场价的物品为诱饵，但需要通过指定的二维码、客户端购买，骗取消费者进行二维码扫描，实则藏有木马病毒。一旦安装，木马就会盗取银行账号、密码等其他个人隐私信息。

防骗提醒：不扫不明二维码，一扫即安，必是木马。

④ 盗号诈骗

通过盗取微信号、绑定微信的QQ号码以及手机号码等方式，获取微信个人信息，骗子冒充主人与其家人朋友联系，并以各种理由要钱。

防骗提醒：遇事需冷静，不要相信文字汇钱，若需汇钱必须电话确认。

⑤ 点赞诈骗

点赞诈骗分两种：

第一种是集满多少个赞就可以获得什么礼品或优惠，实际等你集满了要求的"赞"，去兑换礼品或领取免费消费卡时，发现拿到手的奖励"缩水"。

第二种是商家发布"点赞"信息但需要填写提供姓名和手机号码，一旦所征集的信息数量够多，这种网站、公众号会自动消失，目的是套取更多人的真实个人信息。

防骗提醒：对这种点赞的信息要先查证一下，打个电话咨询，必要时可把咨询答复录下，防止商家"赖账"；也可直接实地查看，眼见为实。

⑥ "克隆"头像诈骗

骗子一般都是盗取了好友的账号，之后下载其好友中其他人的微信头像，然后把昵称改成一样，屏蔽所有人查看朋友圈，最后冒充好友进行诈骗。

防骗提醒：昵称、头像可以设置一样，但微信号无法修改成一样，只要将微信好友都添加备注，即可一眼识破。

⑦ 假公众账号诈骗

骗子会在微信平台上取类似"xx官方"或取相似字的公众账号名称，让人误以为这是官方的微信发布账号，然后再进行诈骗。

防骗提醒：知名公众号都已认证，请勿轻信非认证的公众号消息。

⑧ 招嫖诈骗

骗子一般会用衣着暴露的美女图片作头像，以昵称、签名等方式暗示提供"特殊服务"，在见面的地点很可能早已有几名大汉在等待着你的到来实施抢劫。

防骗提醒：色字头上一把刀，施主放下屠刀吧！

⑨ "爱心传递"诈骗

骗子一般会以虚构的寻人、扶困的帖子以"爱心传递"的方式发在微信中疯传，引发不少善良网民转发，实则帖内所留联系方式绝大多数为外地号码，打过去不是吸费电话就是电信诈骗。

防骗提醒：转发需谨慎，扩散会害人。

⑩ **招聘诈骗**

骗子会通过发布优越的待遇来吸引待业中的人士，以各种报名费、佣金为由实施诈骗，待缴费后骗子会"人间蒸发"。

防骗提醒： 人才市场的大门每天都敞开着，不妨多走走，找份自己理想的工作。

在此，推荐一个微信官方的公众号：微信110（微信号：weixinsrc110），里面有更完善的微信安全知识，建议微商小伙伴积极关注并转发。

课堂小结

由于篇幅所限，《小胖微商课堂：微商升职记》入门版也只能到这里就结束了。说实话，如果你在购买这本书之前已经脱离了微商小白的身份，这本书也许对你的价值不大。但如果你现在的身份是一个微商小白，这本书也许会给你带来一些指导价值。

如果你在这本书中获得了一些价值，或者认同我的微商价值观，我真诚地建议你接着续读《小胖微商课堂：微商升职记2》进阶版。如果说入门版告诉了你什么是微商，那么进阶版将会告诉你怎么做微商。虽然小胖无法保证你读完进阶版后就一定能成为微商大咖，但我可以保证的是，你离微商大咖又近了一步。

在此，感谢你购买了小胖的这本书，希望这本书能让你有所收获。我也真诚地希望你能够在微商的创业路上一帆风顺。当你不小心遇到挫折的时候，也希望你能够坚持下去，不要轻易放弃。任何一条创业之路都会遇到诸多的挫折和不顺，没有人能随随便便地成功。在遇到挫折的时候，我们要回过头多想一想问题出在哪里，有没有更好的方法让我们继续前行。

如果对书中的知识点不理解，或者在创业的路上遇到困难，你都可以找小胖私下聊一聊。我不知道是否能够精准地帮到你，但至少我能成为你的聊伴，和你一起唠几句嗑，聊一聊我们的未来和我们的梦想。正如我在胖圈经常说的那句话：在微商的创业路上，我并不想成为你的导师，我只想成为你的伙伴。

最后，如果你想加入小胖分享圈和我并肩作战，这本书我将作为胖圈的第一份礼物免费送给你，详情请关注胖圈的公众号。请相信我，小胖分享圈是一个有微商情怀的社群，因为他的创始人胡小胖是一个有情怀的微商人。

好，我们下一本书再见！

我是小胖，越分享，越懂分享！